JN096964

書き下ろし

教育学特別講義

森部英生――著

川島書店

まえがき

家畜の間で感染症が発生すると、飼育している豚や鶏は即刻殺処分されます。港に上陸したヒアリや、「在来種」の近辺に生息している「外来種」の動植物も、同じように「駆除」されます。私たちの社会は、安全で安心な生活を確保するためには不都合なものを徹底的に排除・抹殺する、そういう仕組みによって成り立っているのです。

私たちはこのような社会で生きていて、本を読んだり、音楽を聴いたり、時には大規模な祝祭やイベントやパレードに参加して、感動し、熱狂し、歓呼の声を上げたりします。祝祭やイベントやパレードに動員されることに大きな誇りと喜びを感じる市民も、世間にはたくさんいます。街には華やかな商業ネオンが光り輝き、家庭ではＴＶの前で、豪華絢爛な時代劇や歌番組、バラエティやクイズやお笑い番組、旅行やグルメや健康番組を楽しんでいます。

アニメやゲーム、スポーツや芸能などの娯楽を欠くことが、現代人にとっていかに味気なく苦痛であるかは言うまでもありません。同時に、しかし、次々と繰り出される多彩な催し・きらめき・賑わい・饒舌の中には、際限のない浪費、取り返しのつかない自然破壊、弱者の負担と屈辱によって支えられているものもあります。それでも私たちは、そうした浪費・破壊・搾取・犠牲などに思いめぐらすことなどほとんどせず、「豊かな社会」に取り込まれて日々貪欲に消費を重ね、愉快なこと・面白いことを追い求めてやみません。「安楽の全体主義」「安楽への隷属状態」（藤田省三）さながらに。

文明の進歩は今後さらに、科学・技術の面でも福祉・医療の面でも、そして教育の面でも、幾何級数的な勢いを増していく筈です。人工頭脳（ＡＩ）が普及すれば学校や教師は不要になるだろうというのが、大方の科学者・有識者・専門家たちが確信を持って描く教育の近未来像です。しかし、高度に無秩序に発達した文明は、私たちにこの上なく便利で快適な生活を提供してくれる反面、例えば、フェイクやデマや中傷を拡散させ、プライバシーを侵害するなど、絶望的な過ち・荒廃に導く危険性をも孕んでいます。人間は、自らが作り上げ、もはや制御できなくなりつつある巨大な文明リヴァイアサンに押しひしがれているかのようです。「先進技術大国ニッポン」「一億総活躍の美しい国ニッポン」「女性が輝く社会ニッポン」「教育立国ニッポン」で暮らす私たちもその例外ではありません。これを「時代の宿命」（ウェーバー）と捉え、行き着く所まで行くしかないのでしょうか。

大学で教員養成の仕事に携わってきた私は、このような状況に囲まれながら、いま改めて、教育の問題を振り返ってみる必要を痛感するのです。一九世紀後半になって整えられた近代公教育制度を通じて、この国の人々は何を注入され、何に流され、何を学んできたのか、これから何を後の世代に伝えていこうとしているのだろうか、そうしてまた、わが国の教育は何を受け継ぎ、何を打ち捨て、何を付け加えて現在に至り、子ども・教師・保護者たちはどのような場に立っているのだろうか、と。こんなふうに思うのは、教職にあった者の「悲しい性（さが）」なのかもしれませんが、ともかくそうした思いを込めて、わずかな知見をもとに、この国が辿ってきた教育の断面を書き留めておくことは、人生の終わりに近づきつつある私のささやかな責務でもあるような気がします。

わが国の教育は、戦前・戦中の国家主義的・全体主義的・軍国主義的・権威的・強権的であったそれに取って代わり、戦後の「憲法・教育基本法体制」のもと、人権・個性尊重、自由・平等、民主主義・平和主義等の理念を掲げて展開してきました。そしてその後の内外の動向に直接間接の影響を受けながら何度も手が加えられ、大小の「改革」が試みられました。しかし、一九四五年の敗戦から七〇数年の時を経る過程で、それら教育改革には少なからぬ問題も付着しています。例えば教育政策の面では、国は教育を、国際競争で生き残り勝ち残るための国家戦略の重要な手段と位置づけ、教育はあたかも国策遂行の道具となっています。また、教育における「自由化」や規制緩和の導入は、「自由」の名のもと、教育という公共の営みに私人の利己心を持ち込むことを許容し、その結果、もっぱら営利と私欲を追求する者が学校を設置し運営する可能性や、一部保護者の理不尽な要求あるいは不寛容が増大する状況をもたらしました。教育に求められる独立性や自律性などは脇に追いやられ、効率や競争、実益や成果といった市場原理が幅をきかせています。自由・平等・人権・平和の思想に満ちた主権者を育てることこそ教育の重要な責務の一つである筈ですが、今日のわが国の教育は、この責務をよく果たしえていないように思われます。

子ども・青年たちの様子に目を向けると、少子化、貧困、引きこもり、ネット依存、文字離れ、ＳＮＳ被害、政治的無関心（政治不信）等々が広まっています。学校では、道徳の教科化やＩＴ教育の導入といった教育課程の「充実」と、多彩な教授テクニックの開発・流布を前に、教師たちは翻弄され、一方で、本来の教育活動ではない業務を強いられ、過重な責任を負わされて困惑・疲労の度を深くしています。常勤の教師は採用が抑制され、非常勤教師が増加し、若者たちは教職に魅力を失って教師を志望しなくなっています。

こうした現実を前に私は、この国の子ども達は本当に幸せなのだろうか、教師たちは本当にその使命を果たしえているのだろうか、そして保護者たちは本当に公教育を信頼できているのだろうか、と問いかけずにはいられません。豊かで良質な文化を媒介として人と人とが直に触れ合って教え合い、育て合い、伝え合い、学び合い、共感の感性と批判力を備えた自立的な社会人にしていく、すぐれて人間的な営みである教育が、これからも「人間的な教育」であり続けることができるのかということも、併せて問いかけずにはいられません。

私は一九四二年に生まれ、幼少時に敗戦とその直後の混乱に遭遇し、戦後初期の「新教育」を受け、やがて訪れた高度経済成長、マイホーム主義、ニューレフトによる「大学紛争」、バブル崩壊、東西冷戦の終焉、グローバル化、大規模災害、少子高齢化、人口減少、格差・貧困その他もろもろの出来事とともに、この国の教育のありようを見つめてきました。六〇年代から七〇年代にかけての多様な思想状況の中で、学部生時代は自由で新鮮な教育学と法学を、院生時代は鋭敏で活力に溢れた教育学を学び、その延長線上で教育・研究に携わってきた私は、かつて学んだ批判的教育学と護憲法学の原点、言い換えれば、まだ多くの国民が共有していた戦後日本の、平和主義・国民主権主義・基本的人権尊重・普遍的個性的文化創造教育という、今はしかし、ひょっとすると「幻想」ないし「反故」にされようとしているかもしれない理念に立ち戻って、この国の近現代の教育を眺め直してみようと考えたのです。

教育の制度・内容・方法はこれからもさまざまな変化を遂げていくことでしょうが、この本は、教育をめぐる諸問題に何らかの提言や処方箋を示したり、ノウハウを披瀝したり、状況に獅子吼するのではなく、これまでのわが国の教育が辿ってきた道程を概観してみようとするものです。過去の人物の言説や政策関連の文書、法令の条文、教育をめぐって生じた裁判の判決文など、堅苦しい引用が煩わしいまでに多く、はなはだ読みづらい代物になってしまったのは、できるだけ客観的に記述しようとしたからです。読者におかれては、一つ一つご自身の考えと照らし合わせ、吟味しながら、どうか途中で投げ出さず、辛抱強く最後までじっくり読み進んでくださるよう、お願いいたします。

なお、予めご了承頂きたいことを二、三記しておきます。

まず、本文の特別支援教育を記述した箇所では、「障害児」「障害者」等の語を用いたことです。「障害」はいずれもっと別の表現に代えるべきものと考えますが、本書はこれまでの慣例と法令の用語に倣(なら)いました。

また、本文中の引用については、煩雑を避けるため、学術論文のように脚注を付して後掲の出典・文献で頁を示すという方法をとらず、各章（一、二、三、四、五）の末尾に、引用・出典・参考文献の一覧を列挙するに留めました。脚注は付けませんでしたが、本文ではできるだけ当該箇所で、引用・参照に係る出典・資料・文献がわかるようにしたつもりです。

判決文の引用は可能な限りその都度、裁判所・年月日・登載誌・巻号・頁を明記しておきました。この場合、登載誌は、「判例時報」を「判時」、「判例タイムズ」を「判タ」などと略記し、判決・決定については、最高裁判所大法廷判決は「最大判」、最高裁判所第三小法廷判決は「最三判」、高等裁判所判決は「高判」、地方裁判所判決は「地判」、そして、地方裁判所決定は「地決」等と略記してあります。このほか、「WEB：裁判所 COURTS IN JAPAN 裁判例情報」などからも引用しています。

最後に、本文中の年号は基本的に西暦（和暦）の形で表記し、引用・出典・参考文献等の出版年号は、それぞれの奥付に従いました。

目次

一　教育の思想

1　欧米の教育思想

(1)　古　代

教育について思索した人々は、古今東西星の数ほど存在する。教育学の入門書、あるいは教育学部あたりで行われる「教育学概論」や「教育原理」といった講義では、こうした無数の人々のうち、後世の教育に大きな影響を与えたり深い印象を残した思想家・哲学者たちの言説が、時に体系立てて、時に脈絡なく、叙述されるのが通例である。わが国ではその場合、もっぱら西欧の思想家・哲学者から始められることが多い。「教育とは」と書き出し、これら巨人たちの紹介に移るのが教育学テキストの定石であるが、本書でもさしあたりそうした伝統に倣い、何人かの大小の言説を取り上げることにする。これらは既にその人名も主張内容も十分に知られており、今さら何を、の感もするに違いないが、現代日本の教育を改めて考える上で、それらはやはり深い示唆に富んでいるのである。無数の星々をつないで星座を描いたり、そのうちどれが最も光り輝いているかを指し示したりする余裕はもとよりなく、それは本書の任務でもないが、それゆえ、羅列的・断片的で脈絡のない寄せ集めにすぎないとの批判を承知の上で、以下、復習を兼ねて、「教育思想」に該当すると思われるものを私なりにピックアップし、まずソクラテスとプラトンから始める。

紀元前四六九年、アテナイに生まれたソクラテスは、アテナイの街で人々に、市民としての生き方を自覚させる活動を続けたが、その活動が神に対する不敬と青少年に対する害悪を理由として罪に問われ、裁判にかけられて死刑の宣告を受けた後、国法を遵守することを選んで牢獄で毒を仰いだ。ソクラテス七〇歳過ぎの紀元前三九九年のことである。彼が街で人々を引き止めては議論した方法は、問答を重ねて（問答法）自分自身の無知を自覚させ（無知の知）、真理を生み出させる（産婆術）というものであった。法廷の被告席でソクラテスは、次のように弁明する。「私は、少なくとも、自ら知らぬことを知っているとは思っていない限りにおいて、……知恵の上で少しばかり優っているらしく思われる」「私は、私自身に関することは一切これを顧みず、……何人にも個人的に接近して、徳を追求するようにこれを説きつけて来た」。ソクラテス自身は著述をしていないため、その思想は弟子プラトンの著書を通じて伝えられている。右に引用した『ソクラテスの弁明』は、法廷の傍聴席にいたプラトンが、ソクラテスの死後、記憶に基づいて書いたものである。

知らないことは知らないと率直に認めることや、自分は無知であると自覚することの重要性は、今日でも教育・学習の場において指摘されるところである。また、問いを発してそれに答えるという問答法は、後年ソクラテス・メソッドと呼ばれ、アメリカのロー・スクールでの法学教育や心理学でのサイコセラピー・カウンセリングなどの場面で応用されている。近時わが国で流行の「アクティブ・ラーニング」の源流とも言われる。

ソクラテスの弟子プラトン（紀元前四二七〜三四七年）は若い頃政治家を志していたが、三〇歳を前にした紀元前三九九年、師ソクラテスが裁判で死刑を宣告されたことなどが契機となって現実政治に幻滅し、以後政治への直接的な関わりは避けて、国家や法律や政治や哲学についての思索を深めるようになった。そして四〇歳の頃、アテナイ郊外のアカデメイアという地に学園を開き、ソクラテスから受け継いだ問答法をもとに対話による教育を行って人材養成に携わるとともに、多くの著作を執筆した。学問・学術を意味する「アカデミー」「アカデミック」「アカデミズム」等の語は、アカデメイアに由来する。このアカデメイアで長く学究生活を送り、やがて倫理学や論理学などを確立し、『ニコマコス倫理学』で正義を論じたことでも知られるアリストテレス（紀元前三八四～三二二年）は、プラトンの弟子である。

プラトンの教育思想は、『法律』第七巻と『国家』第六巻に見られる。子どもの教育についてプラトンは、三歳から六歳までは遊びが必要だとし、六歳以後は男女を分け、女性の役人は子ども達の遊びと養育を、男性の役人は学習を監督し、また、立派な市民になるためには一〇歳から三年間は読み書きを、一三歳から三年間は竪琴を習うのが適当だとする。子どもは両親のものであるよりも国家のものであるのだから、全ての少年少女が強制的に教育を受け、能力を損なうことのないようにしなければならないとした上で、次のように言う。「子供というものは、すべての獣のなかで最も手に負えないものです。……ですから、彼をたくさんのいわば手綱で、縛っておかなければなりません。……自由民にふさわしい仕かたで縛っておかなければならないのです」。一方でプラトンは、国家の守護者（支配者層・軍人層）に対する教育については、身体のためには体育が、魂のためには音楽・文芸が必要で、前者よりも先に後者を手がけるべきだと述べる。「人が正しく育てられる場合には、気品ある優雅さをもたらしてその人を気品ある人間に形づくり、そうでない場合には反対の人間にするのだから」と。プラトンの教育論は、もっぱら国の支配者、国家・国法を守護する者、そして自由な市民を念頭に置いたものであった。

(2)　中世・近世

世界史の時代区分は、区分する者の視座等によって一様でない。ここではとりあえず、概ね五世紀から一五世紀後半にわたる約一〇〇〇年間、キリスト教が大衆に浸透し、絶対君主による中央集権国家が築かれ始め、封建制・農奴制によって特徴づけられる時代を中世とし、それ以後の、ルネサンス・宗教改革・大航海が行われた一五・六世紀頃から、産業革命・絶対王政などをメルクマールとする一八世紀後半あたりまでを近世と捉えておくことにする。本項では、この時期に教育を論じたトマス・アクィナスとコメニウスの思想を見る。

トマス・アクィナス（一二二五年頃～七四年）は、シチリア王国に生まれ、幼い頃に修道院に預けられ、やがてパリ大学の神学部教授となり、後にナポリで暮らし、著作と思索に専念した。中世は宗教（キリスト教）の時代でもあったが、トマスが生きた時代は、商業が著しく発展し、繁栄と豊かさがもたらされた半面、民衆の「堕落」が見られた。こうした中で彼は、キリスト教思想とアリストテレス哲学を結びつけ、新たな神学を樹立しようとしたのである。一二六五年頃から取りかかり、彼の死後、弟子たちによって完成された大著『神学大全』で彼は言う。「人間の救済のためには、人間理性によって追求される哲学的諸学問のほかに、神の啓示による何らかの教の存在することが必要」だと。神や信仰と調和を図りつつ、「人間は理性を越えることがらを知ろうとしてはならない」『学はすべて自明の原理から出発する」とも。スコラ学的に形式的な方法で論証していく『神学大全』は、もともと神学を初学者に説くことにその目的があった。「初学者を導くにふさわしい仕方」として同書の「序」で、不必要な問題・項目・論証をいたずらに増加させたり、初学者がぜひとも知るべきことがらを学習の順序によらないで教えたり、また、同じことを度重なる反復によって倦怠と混乱をもたらしたりしないよう、「簡潔明瞭に追求してみたい」と記している部分は、トマスの教育・学習論にほかならない。

時代が中世から近世に移る頃、モラヴィア東部（現在のスロヴァキア辺り）に生まれたコメニウス（一五九二～一六七〇年　別名コメンスキー）は、プロテスタントの宣教師であり教育学者でもあった。二〇代後半の頃、プロテスタントを弾圧する宗教的混乱に遭遇し、残虐な場面を目撃した彼は、子どもに対する教育に望みをかけることになった。教育学を体系化したと言われる『大教授学』（Didaktica Magna　一六五七年）は、コメニウスの代表的な著作である。「あらゆる人に　あらゆる事柄を教授する　普遍的な技法を　提示する　大教授学」とのタイトルに続き、

「都市および村落のすべてにわたり、男女両性の全青少年が、ひとりも無視されることなく、学問を教えられ、徳行を磨かれ、敬神の心を養われ、かくして青年期までの年月の間に、現世と来世との生命に属する・あらゆる事柄を僅かな労力で　愉快に　着実に　教わることのできる学校を　創設する・的確な・熟考された方法」という長文の題名の、全三三章から成る同書から幾つかの章を拾い上げると、次のようである。第七章「人間形成は、人生の・最初の時期に行われるのが最も適切であり、また、この時期を失しては、行われないこと」、第九章「男女両性の青少年全部が、学校の手に託ねられなければならないこと」、第一〇章「学校での教育は、普遍的でなくてはならないこと」、第二七章「年齢と発育との段階にしたがって構築された・学校の四段階について」等々。例えば第一〇章では、人間の形成は、人生の春である少年期に始めなくてはならないこと、午前中の時間が学習に最適であること、学習しなくてはならない対象は年齢の段階に応じて配置され、生徒の理解力が受け入れるもの以外は学習させないようにすること、などが述べられる。

発達段階に応じた学習、同一年齢・同一学年・同一内容など、学校教育の制度や教授法を、コメニウスは早い時期に主張していた。コメニウスにはこのほか、世界で最初の子ども向けの絵入り事典『世界図絵』（一六五八年）などの著作がある。彼はまた、一六四五年から執筆を始めた未完の『人類の諸問題改革についての普遍的協議』という著作の中で、新しい世界の組織として、「光の大学」「聖なる評議会」「国際的平和裁判所」によって国々を指導すべきことを提言した。この理念は三〇〇年を経て、国際連合やユネスコの創設につながるものとなった。

(3)　近　代

ヨーロッパにおける市民革命、産業革命、資本主義、国民国家など、一八世紀後半以降顕著となった現象が「近代」のメルクマールである。そしてこの時期の教育思想は、その多くがなお現代に深く大きな影響を残している。自らは新興の商工業者層に属し、自然権や社会契約論を主張しつつ、一方でジェントルマン階級の子どもの家庭教育の重要性を『教育に関する考察』（一六九三年）で、また他方、貧民階級の子どもの学校教育の重要性を『労働学校』（一六九七年）で説いたジョン・ロック（一六三二～一七〇四年）は、近代のさきがけの時期の教育思想家であった。近代に入ると、次々と教育論の先達たちが登場した。啓蒙思想の代表選手であるジャン・ジャック ルソー（一七一二～七八年）は、さしずめその第一走者と言える。

スイスのジュネーブに時計屋の次男として生まれたルソーは、若い頃から放浪と貧困の生活を送っていたが、三七歳の折、フランスのディジョン・アカデミーの懸賞論文に応募した「学問芸術論」が当選したのをきっかけに、一躍有名になった。この論文で彼は、習俗や道徳や文明を鋭く批判したが、その延長上に『人間不平等起原論』（一七五四年）などを執筆・公刊、やがて彼は「危険な思想家」として名を馳せることとなった。「人間は自由なものとして生まれた。しかもいたるところで鎖につながれている」という『社会契約論』（一七六二年）の冒頭の一句は、彼の教育書『エミール』の出だしでも、表現を変えて同じ趣旨が述べられている。

一人の母親の依頼に基づいて書かれた長編の『エミール』（一七六二年）は、エミールという名の少年を、生まれた時から結婚するまで同一の教師が導いていくというフィクションの形をとった教育論である。「万物をつくる者の手をはなれるときすべてはよいものであるが、人間の手にうつるとすべてが悪くなる」との書き出しに続けて、ルソーは、教育は「自然か人間か事物によって与えられる」とし、この三つの中で「自然の教育はわたしたちの力ではどうすることもできない」から、「わたしたちの力でどうすることもできないものにほかの二つを一致させなければならない」と述べる。社会は人間を堕落させる、だから子どもを自然の法則に委ね、生まれながらに発達の能力を備えている子どもを阻害しないよう、教育はそれゆえ、知識を作為的に教え込むべきでないというのが、『エミール』の全体を通じての思想である。

教え過ぎないこと（消極教育）、子どもはおとなとは異なるものであること（子どもの発見）等、ルソーの教育論は、教育とは何か、子どもとは何かを根本から問いかけ、問い直すものであった。ロシア革命の指導者レーニンの妻クルプスカヤ（一八六九〜一九三九年）は、一九三〇年の著作『国民教育と民主主義（第四版）』において、『エミール』を高く評価している。「当時の教育方法にたいするするどい批判によって、人びとを深く感動させ、あらゆる貧困、身分的な偏狭さ、当時の教育の不自然さを明るみにだした」ルソーの思想は、「一五〇年たち、まったく事情がちがい、高度に発達した社会関係をもつ現在でも、その意義を失ってない」と。

ルソーに三〇年ほど遅れてスイス・チューリヒに生まれたヨハン・ハインリヒ・ペスタロッチ（一七四六〜一八二七年）は、必ずしも裕福でない家庭に育ち、農民たちの生活実態を見ることで貧民の救済を自らの使命とした。二〇代前半で農場を経営したがうまくいかず、また、その後携わった貧民学校も順調でなく、やがて執筆活動に転じた。一七八〇年の『隠者の夕暮』はこの頃の著作である。「玉座の上にあっても木の葉の屋根の蔭に住まっても同じ人間、その本質から見た人間、そも彼は何であるか」との一節から始まるこの小冊子は、一八九編の断想から成る。教育における「学校の人為的な方法」に対する批判、人生の浄福への探求、単純と無邪気、親心と子心、家庭教育の重要性等を説く本書は、全編が神に対する信仰で貫かれており、その信仰心の強さと語り口には、「教育バイブル」とも呼ぶべき雰囲気が漂う。

ペスタロッチの名をとどろかせたのは、彼が五〇歳を過ぎた一七九八年から翌年にかけてのシュタンツにおける孤児院での実践であった。スイス国内で起きた騒乱で数多くの孤児が生じ、彼らのために開かれた孤児院の管理と教育がペスタロッチに委ねられたのである。彼は寝食を共にしながら数十人の孤児たちを世話した。しかしこの孤児院も間もなく閉鎖され、シュタンツを去ったペスタロッチが友人に宛てた手紙が『シュタンツだより』で、ペスタロッチの子ども達に対する深い愛情と信頼が記されていることで知られる。この愛と信頼のもとに、彼は「体罰」をも辞さなかった。日夜子どもと全く純な関係で生活しないような学校教師の加える処罰と、終日一緒にいて純な愛情を傾倒して子ども達に身を捧げている者の仕打ちとは異なるとの考えから、「私が横面を殴ったこと」に対する「両親や友人や外来の参観人や教育者」たちの「誤解」についても、彼は、「私の子供さえ私を理解してくれれば私は全世界に目もくれなかった」と書いている。「生活が陶冶する」(Das Leben bildet) との定式を与えたのも、シュタンツにおける実践からであった。彼にはこのほか、『リーンハルトとゲルトルート』『ゲルトルートはいかにその子を教えたか』『白鳥の歌』など多くの著作がある。

ペスタロッチの教育実践はヨーロッパに広く知れ渡った。幼児教育の祖として知られるフレーベル（一七八二〜一八五二年）や、実業家で社会主義者でもあり、性格形成学院を設立したイギリスのロバート・オウエン（一七七一〜一八五八年）も、ペスタロッチの実践現場を訪問している。直観教授・労作教育などのペスタロッチ教育思想は、戦前のわが国の教育現場でも種々の形で取り入れられた。

ペスタロッチの影響を受けた一人に、科学としての教育学を樹立したと言われるヨハン・フリードリヒ・ヘルバルト（一七七六〜一八四一年）がいる。少年時代にはカント哲学に関心を持ち、大学に入学してからはフィヒテやギリシャ哲学に親しんで自らの思想を形成した。彼は、教育の目的は「強固な道徳的品性」にありとして倫理学に依拠し、教育の方法は心理学に依拠して、『一般教育学』を著わした（一八〇六年）。その教育学は大きな影響力を及ぼし、学派を形成するまでになった。彼は、多様で多面的な興味は人の心情の中で統一されなければならないとし、この過程を明らかにするために、一定の対象に没入する「専心」と、「専心」で獲得した表象を統一する作用としての「致思」を設定する。そして、個々のものを明瞭に見る「静止的専心」、「専心」の他の「専心」への前進としての連合、連合によって得た「致思」の豊富な秩序としての系統、「致思」の前進としての方法・応用に分節した上で、「教授は一般に、指示し　結合し　教え　哲学しなければならない」と総括した。これは、「明瞭―連合―系統―方法」というへルバルトの「四段階教授法」と呼ばれる。これをもとに後年、ヘルバルト学派に属するツィラー（一八一七〜八一年）が「分析―総合―連合―系統―方法」を考案し、同学派の代表的な一人であったヴィルヘルム・ライン（一八四七〜一九二九年）がさらに吟味を加えて、「予備―提示―比較―総括―応用」を開発した。一般に五段階教授法として親しまれたのはラインのそれを指す。

五段階教授法は多くの国の教育実践の場で広く試みられ、とりわけわが国の明治期の学校現場で歓迎され、大流行した。当時教師の間で、「五段教授で　汗水たらし　きょうもお腹が　ヘルバルト」という歌が盛んに口ずさまれたのはそのことを物語る。定型的で実際的・処方箋的な方法で汎用性があると捉えられたこともあろうが、「あらゆる道徳的関係において無能力」な子ども達には「予防措置」としての「有効な管理」＝「権威及び愛」が必要だとするヘルバルトの主張が、明治期の権威的・権力的な学校教育にマッチしていたからでもあろう。五段階教授実践はやがて形式に陥ってしまったが、今日でも学校現場で多くの指導案が「導入―展開―まとめ」という三段階で構成されているのは、五段階教授法の名残と見ることができよう。

(4) 現　代

現在進行中の時代が現代であるが、それがいつから始まるのかについては論が分かれる。ここではさしあたり、区分の学問的成果よりも、もっぱらイメージのしやすさという観点から、ほぼ二〇世紀以降を現代と捉えることにする。世界恐慌、二度にわたる世界大戦、冷戦、新自由主義、テロ、金融危機、国際社会の多極化、グローバル化、保護主義、難民の続出等々が「現代」を特徴づける現象である。そして「現代」も他の時代と同様、種々の出来事によってさらに細かく区切られうるが、ここではそれには立ち入らない。

現代の教育思想家としては、まずジョン・デューイ（一八五九〜一九五二年）を取り上げなければならない。アメリカ・バーモント州の食料品店に生まれ、大学卒業後は高校や小学校で教師をしたが、大学院に進学後は心理学や哲学を学び、ミシガン大学、シカゴ大学、コロンビア大学で教授を務めた、プラグマティズムを代表する思想家・哲学者であるとともに民主主義者であり、進歩的教育の主張者である。シカゴ大学時代には実験学校を設置して教育実践に携わった。実験学校の関係者たちを前に行った講演『学校と社会』（一八九九年）をはじめ、『民主主義と教育』（一九一六年）や『経験と教育』（一九二八年）などの著作がある。

実験学校での実践経験から、彼は当時のアメリカにおける学校教育を批判し、コペルニクスにも比する変革を迫る。『学校と社会』で彼は言う。「こんにちの学校の悲劇的な弱点は、社会的精神の諸条件がとりわけ欠けている環境のなかで、社会的秩序の未来の成員を準備することにつとめていることである」「学校はいまや、たんに将来いとなまれるべき或る種の生活にたいして抽象的な、迂遠な関係をもつ学科を学ぶ場所であるのではなしに、……学校は小型の社会、胎芽的な社会」となるべきであり、「旧教育は、……重力の中心が、教師・教科書、その他どこであろうとよいが、とにかく子ども自身の直接の本能と活動以外のところにある。……このたびは子どもが太陽となり、……子どもが中心であり、この中心のまわりに諸々のいとなみが組織される」べきだと。教育とは経験の意味を増加させ、経験を改造ないし再組織することであり、学校はそれにふさわしい場でなければならないというのがデューイ教育論の中核である。彼の唱えた問題解決学習、生活経験、進歩主義などは、「新教育」の名のもと、わが国でも、「大正デモクラシー」におけるほか、とりわけ戦後教育の一時期を席巻した。

デューイの新教育に批判的な一人に、『教育の過程』（一九六〇年）を執筆したジェローム・シーモア・ブルーナー（一九一五〜二〇一六年）がいる。一九五七年に当時のソビエト連邦が世界初の人工衛星スプートニクを打ち上げたことは、アメリカに大きな衝撃を与え、この危機感から、一九五九年に三五人の科学者・教育者たちが集まって会議を開催し（ウッズ・ホール会議）、科学教育の振興を討議した。この時の議長が心理学者のブルーナーで、『教育の過程』は、「構造の重要性」「学習のためのレディネス」「直観的思考と分析的思考」「学習のための動機づけ」の四つのテーマについて、委員たちの共通理解をまとめた報告書である。ブルーナーの、「教育のもっとも一般的な目的は、優秀性(エキセレンス)を育てることではないかと思われる」との言は、生活経験を重視する進歩主義教育に対する批判である。『教育の過程』は、時あたかも高度経済成長の初期にあって人的能力開発・科学技術教育に力を注いでいたわが国の教育界が、「学習のしかたを学習する（learn how to learn）」という同書のキーワードとともに、大いに歓迎するところとなった。

二〇世紀後半の教育・学習の思潮を変えたとも言いうる教育思想としては、ポール・ラングラン（一九一〇〜二〇〇三年）の生涯教育論がある。フランスに生まれ、大学在学中、第二次大戦の勃発後に関与したレジスタンス運動の現場で、成人たちの姿を目の当たりにした経験から、ラングランは、学校教育以後ないし学校教育以外の教育・学習の必要性と意義を実感した。戦後間もなくの一九四八年にユネスコの職員となり、成人教育部長を務めていた一九六五年、パリで開催された第三回成人教育推進国際委員会の席上、彼は「生涯教育」と題するワーキングペーパーを提出した。「教育は、人間存在のあらゆる部門に行なわれるものであり、人格発展のあらゆる流れのあいだ――つまり人生――を通じて行なわれなくてはならない」というのが同ペーパーの趣旨である。従来の伝統的学校では、「最後の瞬間まで、青年になって大学を出るまで他の者より上位になり、ほんのわずかであっても、競争者を追いぬこうと心をくだくのである。……それというのも、……恵まれた地位は、試験の難関を突破したもっとも輝かしい人々にのみ与えられるからである」「しかし、われわれの生活と社会のなかに、生涯教育の概念と実現をもたらすならば、伝統的教育の条件のいくらかを急速に変えることができるであろうし、少なくとも、その伝統的側面に制約を加えることがあるだろう」。

ペーパーが出された当時、わが国は高度経済成長期の真只中で、人的能力開発の掛け声の中、小学生も中学生も、教師も保護者も、「有名校」に進学して恵まれた地位を獲得しようとしのぎを削り、一方で、多くの人たちが「詰め込み教育」に苦しんでいた。知識は常に変化・発展するものであり、知識を完璧なものとするには一生涯かかるとするラングランの生涯教育論は、「知育」を重視し（過ぎ）ていたわが国の教育状況にあって、関係者の大きな共感を呼んだ。かくてこのワーキングペーパーは、国際社会のみならず、わが国の教育界、とりわけ、早いスピードで発展する科学技術に対応できる労働者を必要としていた産業界が歓迎するところとなった。わが国が諸国に先がけて熱心に生涯教育論を受け入れたゆえんである。「生涯教育論」はその後さまざまな論争や実践を経て、やがて「生涯学習論」にシフトし、わが国の教育政策の大きな流れとなっていくのである。

ジョン・ロールズ（一九二一〜二〇〇二年）が一九七一年に公刊した大著『正義論』（改訂版は一九九〇年）は、「最大多数の最大幸福」を主張する功利主義を批判し、ルソーらの「社会契約」に回帰して社会正義＝「公正としての正義」を詳述し、「正義の二原理」を掲げながら随所で教育問題を論じている。「正義の二原理」とは、「各人は、平等な基本的諸自由の最も広範な制度的枠組みに対する対等な権利を保持すべきである」という第一原理（自由平等原理）と、「社会的・経済的不平等は、ⓐそうした不平等が各人の利益になると無理なく予期しうること、かつⓑ全員に開かれている地位や職務に付帯すること」という第二原理（機会均等・格差原理）から成る。人は基本的に自由で平等な権利を有しているのであって、社会的・経済的な不平等は、全ての人に平等に開かれている地位や職務に付随する限りにおいてのみ認められ、それが正義の原理である、との趣旨である。

ロールズは教育の役割を、「自分が帰属する社会の文化の享受および社会の運営への参画を可能にし、それを通じて各個人におのれの価値に関する確固とした感覚を与える」点にあるとした上で、「公正な機会均等」とは、「同様な意欲を有する人びとに教育や教養を積む同等のチャンスを保障し、関連する義務および任務に無理なく結びついた資質と努力に基づいて、地位と職務を全員に開かれたものとする、制度の一定の集合である」とする。わが国の高度経済成長に陰が差し込み始めていた時期、ともすれば他者を顧みず、もっぱら自己の利益に執着しがちな状況にあった教育現実において、ロールズのこの穏健かつ用意周到な正義論は、わが国でも、リベラリズム教育学の立場から、教育における正義、あるいは教育の公正な「分配」とは何かを問いかける論拠を提供した。

2　日本の教育思想

(1)　近　世

日本史における時代区分についても、政治史・経済史・社会史・文化史・思想史ごとに諸説がありうるが、本節では前節の区分名称にほぼ合わせる形で、便宜的・大雑把に古代、中世、近世、近代、現代をイメージした上で（もとより、各名称は同じでも、世界史における時代区分とは多かれ少なかれ時間的なズレがある）、近世から始めることにする。ここで近世とは、さしあたり、江戸幕府が開かれてから明治維新までの概ね二七〇年間を指す時期としておく。そしてこの近世の教育思想として、わが国で最初のまとまった教育論を展開したと言われる貝原益軒と、教育論者ではないが、俳人にして作家であり、庶民生活を描いた中に子どもの教育についても触れている井原西鶴を取り上げる。

益軒は一六三〇（寛永七）年に生まれた福岡藩士で、京都で本草学や朱子学を学び、藩での務めを終えてから、老年になって著述に専念した。多くの著作があり、庶民・子ども・婦女子向けの教育書も少なくないが、体系的なものとしては、「すでに八そじ（八十路）にいたりて」書いた五巻から成る『和俗童子訓』（一七一〇年）がよく知られている。『養生訓』の著者にふさわしく、一七一四（正徳四）年、当時としては長寿に属する八四歳で没した。益軒は、父母や師の子育てを詳細に叙述する。「いとけなき時より、早くよき人にちかづけ、よき道を、をしゆべき事にこそあれ」「凡（そ）小児のおしえ（教）は、はやくすべし」などは、子どもの早期に然るべき人物と出会わせて教育するのがよいとの主張である。この場合、「四民ともに」礼儀、作法、聖経、仁義、算数を習い、「武士の子には、学問のひまに弓馬、剣戟、拳法など」を、「農工商の子には、いとけなき時より、只、物かき・算数をのみをしえて、其家業を専らにしらしむ」べきだとする。ただし、「小児のあそびをこのむは、つねの情」であるから、「あながちにおさえかがめて、其気を屈せ」しめてはならないと、子どもにとって自然なことである遊びをむやみに圧迫することを戒めている。その他、六歳で数の名と東西南北などを教え、二〇歳までの間に「小学、四書等の大義に通ず」べきことや、女児には「まづはやく、女徳をおしゆ」べきこと、女性には婦徳（心だてのよき）、婦言（ことばのよき）、婦容（かたちのよき）、婦功（女のつとむべきわざ）の「四行」が重要である等々と述べる。「武士の子」「農工商の子」「富貴の家の子」「位高く禄おもき人の子」など、身分の違いを前提とし、男女の別を強調するなど時代的制約はいかんともし難いが、それまでの教育論がもっぱら家族を中心とする秘伝の家訓的なものであったのに対し、子ども一般に視野を広げようとした姿勢には、それとして先見性が窺える。なお、江戸中期以降の女子教育の書で、現在では「女性差別の典型として悪名高い」（末木文美士）ものとして知られる『女大学』は、『和俗童子訓』の「巻之五　教女子法」の部分をもとにした、著作者不明の通俗本（一七二〇年代後半頃の発刊）である。

　井原西鶴は益軒より一回り年下の一六四二（寛永一九）年頃に和歌山に生まれ、益軒より二一年前、一六九三（元禄六）年に没した浮世草子作家である。『好色一代男』『好色一代女』『好色五人女』といった好色物のほか、『日本永代蔵』『世間胸算用』などの町人物を書き、浄瑠璃台本の執筆にも関わった。教育に関する議論を体系立てて展開しているわけではないが、当時の町人生活を活写する中で、子育て・教育に触れる場面が散見され、それはまさしく町人の視点に立った教育論である。舞台を大晦日に設定し、金銭上のやりくりを生き生きと描いた晩年の傑作『世間胸算用』（一六九二年　副題は「大晦日は一日千金」）の最終巻（五）にある「才覚の軸すだれ」の短い一節は、その好例であろう。「父母の朝夕仰せられしは、『外の事なく、手習を情(せい)に入れよ。成人してのその身のためになること』との言葉、反古(ほうぐ)にはなりがたしと、明(あけ)くれ読書(よみかき)に油断なく、後には、兄弟子(あにでし)どもにすぐれて能書になりぬ」「とかく少年の時は、花をむしり、紙鳥(いか)をのぼし、智恵(ちゑ)付き時に、身をもちかためたるこそ、道の常なれ」。余計なことを考えずに手習いに精出せば、おとなになってから身の為になるという言葉は、無駄にはならないと思って朝に夕に読書に余念なくすれば、遂には寺子屋の先輩たちに勝るのだ。また、子ども時代には花を摘んだり凧を揚げたりし、知恵がつく頃になったら将来の基礎を固めるのが間違いのない生き方だ。――西鶴は当時の庶民の処世術を、子育てに触れてそう書き留めたのである。

(2) 近　代

封建制が廃止されて明治新政府が成立してから一九四五（昭和二〇）年の敗戦までの約八〇年間を、わが国の「近代」と設定することにする。ペリーの浦賀来航、雄藩の倒幕運動などを経て大政奉還となり、天皇を頂点として発足した明治政府は、早期に列国に伍していけるよう、外国の文物を積極的に受け入れながら、富国強兵・殖産興業をスローガンとして国家と国民の形成に力を注いだ。政府による急激な近代化・文明開化の過程で、自由民権運動といった開明的・革新的動きと保守勢力との対立が生じる中、「大正デモクラシー」などのエポックはあったものの、全体としてこの時期は、国家主義・軍国主義が覆い、日中戦争を経て、「大東亜共栄」などの掛け声のもと、太平洋戦争に突入し、敗戦という大きな痛手を経験するのである。

明治初期の代表的教育思想としては、福沢諭吉（一八三五〜一九〇一年）を取り上げなくてはならない。大阪の藩屋敷に生まれた福沢は、青年期に緒方洪庵の塾に学び、二三歳で江戸に蘭学塾を開き、二五歳で咸臨丸に乗船してアメリカに、さらにヨーロッパに赴き、三二歳で再びアメリカに渡った。一八六六（慶応二）年から一八七〇（明治三）年にわたって公刊された『西洋事情』は、明治維新を象徴する啓蒙書である。彼の学問・教育論である全一七編の『学問のすすめ』は、一八七二（明治五）年から一八七六（明治九）年にかけて執筆された。実学の重要性、国家の独立、新社会の建設を論述したもので、「天は人の上に人を造らず人の下に人を造らず」という書き出しとともに、その平明な表現と鋭い観察・批判は広く人々の歓迎するところとなり、版を重ねて当時のベストセラーとなった。「人は生まれながらにして貴賤・貧富の別なし。ただ学問を勤めて物事をよく知る者は貴人となり富人となり、無学なる者は貧人となり下人（げにん）となるなり」「学問とは、……世上に実のなき文学を言うにあらず」「実なき学問はまず次にし、もっぱら勤むべきは人間普通日用に近き実学なり」（初編）、「学問の要は活用にあるのみ。活用なき学問は無学に等し」（二編）等々、『学問のすすめ』における福沢の実学教育論は徹底している。

一八七九（明治一二）年の『小学教育の事』でも、彼は次のように説いている。習字は「字の骨」（楷書）から入って「字の肉」（草書）に及ぶのが順序であると書家は言い、「かの小学校の掛図などに楷書を用いたるも、この趣旨ならん。一応もっとも至極の説なれども、田舎の叔母より楷書の手紙到来したることなし、干鰯の仕切に楷書を見たることなし、世間日用の文書は、悪筆にても骨なしにても、草書ばかりを用うるをいかんせん」と。学問・教育の不可欠なこと、しかもそれは机上の学問ではなく、日常の生活に通用する実学でなければならないこと、人間は平等であるべきことなどを説く福沢の諸著作は、封建制・身分制のしがらみからともかくも「解放」され、「自由と平等」がほの見えたこの時期、西洋の文明を精力的に紹介するとともに、日本のあるべき姿を描く啓蒙の書として、広く人々の心を捉えた。

福沢らとともに「明六社」に集（つど）った森有礼（一八四七～八九年）は、外交官としての豊富な欧米滞在経験を生かし、初代文部大臣として斬新な教育改革に着手した。彼は教育を国家目的のために制度化されなければならないとしたが、それは教育の国家統制とは必ずしも同じでなく、国民各自に国家を担う一員であるという意識を求めるものであったと、森有礼の研究者（犬塚孝明）は言う。彼は、教育事務における「経済主義」＝費用対効果論を主張する一方、教育は政治的にも宗教的にも中立でなければならないとも考えていた。宮城県庁での講演で森は、教育事務に携わる者は「其費シタル力ヲシテ充分ノ効験ヲ顕ハサシムル」ようにしなければならないこと、また、教員は宗教を学校内に持ち込むべきでなく、「宗門ニ引込メントスルハ、不法ノ甚キモノナリ」と述べている。森はまた、学者を養成するための「学問」と学術以外の職業に従事するための「教育」とを区分した。教育行政に対する彼の熱意と覚悟は、彼が初代文部大臣となった折、自ら記して文部省の自室に掲げた「自警」と題する一文に如実に記されている。「文部省ハ全国ノ教育学問ニ関スル行政ノ大権ヲ有シテ其任スル所ノ責随テ至重ナリ　然レハ省務ヲ掌ル者ハ須ラク専心鋭意各其責ヲ盡クシテ以テ学政官吏タルノ任ヲ全フセサル可カラス　而テ之ヲ為スニハ明ニ学政官吏ノ何モノタルヲ辨へ……終ニ以テ其職ニ死スルノ精神覚悟セルヲ要ス」。しかし彼は一八八九（明治二二）年二月の大日本帝国憲法発布の当日朝、国粋主義者の刺客に襲われ、翌日死亡した。森は一八八七（明治二〇）年一一月、学事視察の途中で伊勢神宮に立ち寄って参拝した際、社殿の御簾（みす）をステッキでどけて中を覗いたり、拝殿に土足で上がったなどと新聞報道されていた。これが事実かどうかは不明であるが、この「不敬事件」が暗殺の原因とされる。

森の開明的な教育方針は保守派の歓迎するところでなく、特に、天皇親政をめざしていた儒学者・元田永孚（ながざね）（一八一八～九一年）は、森を厳しく批判した。森と大きな隔たりがある元田の教育観は、元田が一八七九（明治一二）年、「学制」以来の教育が知育に偏っていることを批判して起草した「教学大旨」に明らかである。「教学ノ要仁義忠孝ヲ明カニシテ智識才芸ヲ究メ以テ人道ヲ尽スハ我祖訓国典ノ大旨上下一般ノ教トスル所ナリ然ルニ輓近（ばんきん）専ラ智識才芸ノミヲ尚トヒ文明開化ノ末ニ馳セ品行ヲ破リ風俗ヲ傷（そこな）フ者少ナカラス……是我邦教学ノ本意ニ非サル也故ニ自今以往祖宗ノ訓典ニ基ツキ専ラ仁義忠孝ヲ明カニシ道徳ノ学ハ孔子ヲ主トシテ人々誠実品行ヲ尚トヒ然ル上各科ノ学ハ其才器ニ随テ益々長進シ道徳才芸本末全備シテ大中至正ノ教学天下ニ布満セシメハ我邦独立ノ精紳ニ於テ宇内ニ恥ルヿ（こと）無カル可シ」（ふりがなは森部）。文明開化の弊を憂え、仁義忠孝を教育の要にすべきだというのがその趣旨である。後に元田が起草に参加した教育勅語は、森が暗殺された翌一八九〇（明治二三）年一〇月に発布された。

大正期には、国家主義体制をさらに強めるための「臣民教育」の徹底が図られるが、一方民衆の間では、政治参加を求める普通選挙運動が広がり、教育の面でも、新教育運動の影響を受けて「大正自由教育」がブームとなった。芦田恵之助の「綴り方」、鈴木三重吉・北原白秋らの「赤い鳥」や、山本鼎らの「自由画」などの芸術教育運動はその代表例である。一九二一（大正一〇）年八月、八日間にわたって東京で開催された「八大教育主張講演会」も、こうした流れに背を押されてのものにほかならない。これは、当時名を馳せていた八人の教育者（師範学校や私立大学の附属小学校の教師、大学教授等）による講演会であった。論者とその講演内容は次の通りである。及川平治「動的教育論」、稲毛金七「創造教育論」、樋口長市「自学教育論」、手塚岸衛「自由教育論」、片山伸「文芸教育論」、千葉命吉「一切衝動皆満足論」、河野清丸「自動教育論」、小原國芳「全人教育論」。例えば玉川学園の創始者で新教育の重要性を説いた小原國芳（一八八七〜一九七七年）は、「総合的人格をこしらえるやうな総合的教育と云はうか、全人教育といはうか、それが欲しいのである」「児童そのものを本位におき中心において教育をする」と述べている。各論者はそれぞれ自信に満ち溢れて、子どもの自発性や個性の尊重を掲げながら、独自の実践・理論を開陳した。会場の東京高等師範学校の講堂は連日満員であったと言われる。

国家体制そのものを揺るがさない限りでの条件付きの、ともかくも子どもを中心とする「自由」で「民主的」な「大正自由教育」の思想と運動は、しかし、昭和に入ると萎え、一九三五（昭和一〇）年のいわゆる「天皇機関説事件」を機に、「国体」をさらに明確にしようとする動き（国体明徴運動）が顕著となっていった。天皇機関説とは、当時東京帝国大学の憲法学教授であり、貴族院議員でもあった美濃部達吉（一八七三〜一九四八年）が、大日本帝国憲法第四条「天皇ハ国ノ元首ニシテ統治権ヲ総攬シ此ノ憲法ノ条規ニ依リテ之ヲ行フ」を根拠に、国家を法律上の

「法人」とし、天皇は法人の機関だとする学説である。美濃部憲法学は当時むしろ通説的な地位にあったが、昭和の時代に入って、この天皇機関説は、万世一系の天皇が統治するというのが大日本帝国の国家体制だとする立場から、一転して、許し難い「不敬の学説」とされた。この学説を排撃すべく、「真に我が国独自の立場に還り、万古不易の国体を闡明」するために文部省が作成した冊子が、一九三七（昭和一二）年の『国体の本義』であった。『本義』は言う。「天皇はその機関に過ぎないといふ説の如きは、西洋国家学説の踏襲といふ以外には何らの根拠はない」のであり、天皇は「現御神（あきつみかみ）として肇国以来の大義に随って、この国をしろしめし給ふ」のである、と。前年一九三六（昭和一一）年の二・二六事件を経て、天皇の神格化は既に絶対的なものとなっていた。

アジアでいち早く近代化を遂げ、世界の列強に加わった日本は、大正期にひとときの自由でモダンなきらめきの時を過ごしたが、その後は唯我独尊の道を歩み、官製の独自な国体思想と教育（教化、教導、錬成）のもと、狭量に陥り、国民の多様な思考・批判精神を奪いつつ、ひたすら拡張政策と戦争に突き進んだのである。

(3) 現　代

ここでは一九四五（昭和二〇）年八月の敗戦以後今日までを、とりあえず「現代」とする。敗戦によってそれまでの天皇主権主義的・国家主義的・軍国主義的な教育は大きく転換され、「憲法・教育基本法体制」のもと、新たな教育制度と教育活動が発足した。その方向づけは、一九四六（昭和二一）年三月に来日した第一次米国教育使節団の報告によってなされた。以下本項では、敗戦直後の文部省の教育方針、米国教育使節団報告、及び、勤評裁判・教科書裁判・学テ裁判の進行と歩みを共にした「国民の教育権論」「学習権論」、そして、「民主教育論」には与（くみ）しない「近代化論」を、さしあたり現代の教育思想として取り上げることとする。世界のあり方や人間の生き方についての根源的な思考・追求を「思想」と捉える考えからすれば、報告書や行政方針は政策提言にほかならず、「思想」からは外れる嫌いもあるが、戦後わが国の教育を思索する人々に深い内的影響を与えた限りにおいて、教育思想に含めることも許されるであろう。

敗戦から一カ月後の一九四五（昭和二〇）年九月、文部省は「新日本建設ノ教育方針」を発出した。そこでは、「今後ノ教育ハ益々国体ノ護持ニ努ムルト共ニ軍国的思想及施策ヲ払拭シ平和国家ノ建設ヲ目途トシテ謙虚反省只管国民ノ教養ヲ深メ科学的思考力ヲ養ヒ平和愛好ノ念ヲ篤クシ智徳ノ一般水準ヲ昂メテ世界ノ進運ニ貢献スルモノタラシメン」と述べている。軍国思想の払拭、平和国家、科学的思考など、戦前の教育に対する反省と今後の方針についての決意表明ではあるが、なお「国体の護持」を大前提としている点で、アンシャンレジーム（旧体制）との決別にはまだ距離があった。「国体」とは、治安維持法違反事件に係る大審院昭和四年五月三一日判決（大審院刑事判例集第八巻三一七頁　国立国会図書館デジタルコレクション）によれば、「万世一系ノ天皇君臨シ統治権ヲ総覧シ給フコト」であり、一九三七（昭和一二）年五月刊の『国体の本義』によれば、「一大家族国家として億兆一心聖旨を奉体して、克く忠孝の美徳を発揮する」万古不易の国家体制である。敗戦一カ月後においてもなお文部省は、この体制を「護持」しようとしていたのである。敗戦直後のわが国の、このいわば不徹底な教育改革志向に対して、連合国最高司令部（ＧＨＱ　General Headquarters）はより徹底した政策をとるよう求めた。敗戦の年の一〇月から一二月にかけての、「日本教育制度ニ対スル管理政策」「教員及ビ教育関係官ノ調査、除外、認可ニ関スル件」「国家神道、神社神道ニ対スル政府ノ保証、支援、保全、監督並ニ弘布ノ廃止ニ関スル件」「修身、日本歴史及ビ地理停止ニ関スル件」（いわゆる「四大指令」）がそれである。

翌一九四六（昭和二一）年三月初旬、ＧＨＱはアメリカからの教育使節団の派遣を要請した。二七名の専門家から構成された使節団は、わが国の教育全般を調査の上、日本側の二九名の委員の協力を得て同月下旬に報告書を作成し（第一次米国教育使節団報告書）、最高司令官に提出した。報告書は「序論」で言う。「我々は、征服者の精神を持って来朝したのではなく、すべての人間には、自由を求め更に個人的並に社会的発展を求める、測り知れない力がひそんでゐることを確信する教育経験者として、来朝したのである」「我々の最大の希望は子供にある。……我々は、……子供達の心情を硬化させることなくその心を啓発するやうに、教師と学校とを準備して、できる限り公平に機会を与へてやりたいと思ってゐる」。人は全て自由を求めるものだと述べたこの報告書は、旧体制のもとで呻吟していた多くの教育関係者に感動を与えた。戦後当初の日本の教育改革は、この報告書に沿う形で進められた。

しかし、一九五〇（昭和二五）年六月に朝鮮戦争が勃発し、東西の対立の激化は教育にも色濃く反映することになった。朝鮮戦争勃発直後の八月、第二次米国教育使節団が来日し、同年九月に作成された報告書の「社会教育」の項には、「極東において共産主義に対抗する最大の武器の一つは、日本の啓発された選挙民である」と書き込まれた。翌一九五一（昭和二六）年一月にはマッカーサー総司令官が年頭の声明で日本の再武装の必要を説き、一九五二（昭和二七）年一〇月には警察予備隊が保安隊に改組され、一九五四（昭和二九）年七月には自衛隊が発足した。教育に対する国の関与が強められ、保守政党が教員の「政治的中立」や教科書の「不偏不党」を求める動きも顕著となった。「文部省対日教組」の対立が先鋭化し、教員の勤務評定、教科書検定、全国中学校一斉学力調査（学テ）をめぐって激しい衝突が生じ、裁判事件になるなど、教育紛争が多発した。そうした状況の中で一九六〇年前後、教育学と法学の両分野にまたがる「教育法学」という新たな学問が生まれ、「国民の教育権」論が登場した。

「国民の教育権論」の嚆矢となったのは、東大で教育行政学を講じていた宗像誠也（一九〇八～七〇年）の論考である。いわゆる勤評裁判が進行していた当時、法廷での証言や鑑定に追われていた宗像は、その著『教育と教育政策』の「まえがき」で次のように振り返る。「昭和三十五（一九六〇）年は、すこし大げさにいえば、裁判に明け、裁判に暮れた。……十件ぐらいの裁判に関係したことになる」「私は一介の大学教師であり、大学教師に過ぎない。弁護士でもなんでもない。その私が、一人で同時に十件もの裁判に引き出されるということは、つまりは教育基本法制の根底が今や争点になっているということを示す」。そして宗像は、一つの疑問を呈する。「私にも中学三年の子がおり、私は、良心の問題として、この子に君が代を歌ってもらいたくないし、この子自身も歌いたくないといっているのだが、私は、この子を君が代が歌われる時には退席させてほしい、という権利、君が代を拒否する権利をもっているのだろうかいないのだろうか」。これに自答して彼は言う。「(教育権とは)教育にたいする権利、発言権」であるが、「教育基本法は教育権を国家の独占から解放することを規定しており」「国家から解放された教育権は国民の手に移ったのだ、ということになる」。そして、「親の教育権は自然的権利」であり、教師は子どもが文化を継承し真理を学びとる権利に奉仕するものであって、「教師の教育権とは、子どもの学習権の照り返しだ」。宗像はかつて、第一次米国教育使節団報告書を「むさぼり読」み、「非常な感激」を覚えた一人であった。

東京教育大で教育経営論を講じていた伊藤和衛(一九一一〜八九年)は、宗像教育行政学を、「教育行政権力の発動を正当化する」ことを認めず、その一方で、「教育行政そのものをオーソライズする権力の存在まで否定することをしなかった」と批判する。科学的管理論ないしシステム理論を応用しながら、「学校経営と市町村・都道府県・国家の経営」は「同心円的に重なり合ったもの、つまり重層構造」をなしているのであり、校長・教頭・各種主任・事務長などの「学校経営組織も重層構造」なのであって、学校経営は「学校教育の計画・組織・評価のマネジメント・サイクル」と捉えなければならないというのが、公教育における集権化・合理化・効率化を説いた伊藤の「学校経営の近代化論」であった。この「近代化論」は、「教育権論」に代表される当時の「民主教育論」とは一線を画しており、伊藤と宗像の間で激しい論争が行われた(『教育評論』誌　昭和四二年一〇月号、一二月号)。

宗像の「教育権」提起を受けて、教育法学の生成・樹立に携わった若い研究者たちは「国民の教育権」の深化に精力を注いだ。東京都立大学で行政法を担当していた兼子仁は、その代表的なリーダーであった。教育権論のいわば生きた実験舞台であった「家永教科書検定裁判」のいわゆる杉本判決(東京地判昭和四五年七月一七日　判時六〇四号二九頁）が出された一年余り後、兼子は『国民の教育権』を著わし、「教育裁判たけなわのこんにち、教育権の法論理を努めてはっきりさせておく必要がある」と、当時高揚していた教育権論に、教育法解釈学の立場から理論的なエールを送った。最も広い意味での教育権は「教育に関して決定ないし実施を行なう権能」であり、「国民の教育権」が教育に対する国民の権利であることを示す法論理だとすれば、その中心的実体は「国民の教育の自由」であるとして、次のように結論づける。「国民の教育権は、……国民の教育の自由としてまず確立され、あわせて教師の教育権の独立を促進していく法論理でなくてはならないが、いずれは、子どもをはじめとする『国民の学習権』と完全によびかえてよい時代にいたる、むしろ過渡的なステップなのではないであろうか」。兼子が見通しを示したように、「教育権」概念はやがて「学習権」概念に移っていった。

一九八五（昭和六〇）年三月にはユネスコ国際成人教育会議が「学習権宣言」で、「学習権とは、読み、書きできる権利であり、疑問をもち、じっくりと考える権利であり、想像し、創造する権利であり、自分自身の世界を知り、歴史を書き綴る権利であり、教育の諸条件を利用する権利であり、個人および集団の技能を発達させる権利である」と謳った（訳文は、市川須美子他『教育小六法　２０２０』学陽書房　所収）。子どもの教育を受ける権利を学習する権利（学習権）と表現し、学習権を基礎として親の「教育権」や教師の「教育権限」があるという理論体系が、次第に確立されていった。

宗像や兼子とともに「国民の教育権」を中核に据えて、教育法学をリードした堀尾輝久は、「学習権」を正面に掲げて人権としての教育を論じる。学習権は、「人間が人間である限り譲り渡すことのできない権利」であり、「国民の学習権」は、「子ども・青年にとっては、人間的に成長・発達の権利と不可分に結びついた探求の自由を中心にし、成人にとっては、国民主権を担い、幸福追求の主体としての不断の自己教育の権利であり、それはさらに、学問の自由や報道の自由を、専門家の特権から解放し、学問の国民化、情報の国民化を要請するとともに、学問や情報に関する専門家の専門的自由（学問の自由、プレスの自由）に国民的根拠を付与し、同時にその社会的責任意識を明確にする視点を含む包括的な原理」であって、「国民の教育権とは、これらすべての観点を含んで構想される教育についての思想である」。「学習権」を「人権中の人権」と位置づけ、学習権をいわば一元的・究極的に人権の出発点ないし帰結点に位置づけようとする立論は、その確固たる視座とその知的地平、そしてその思索の一貫性において、他の教育人権論に抜きん出ている。

引用・出典・参考文献

・プラトン『ソクラテスの弁明　クリトン』久保　勉訳　岩波文庫　昭和三三年
・プラトン『法律　下』森　進一・池田美恵・加来彰俊訳　岩波文庫　一九九三年
・プラトン『国家　上』藤沢令夫訳　岩波文庫　二〇〇九年
・トマス・アクィナス『神学大全Ⅰ』山田　晶訳　中央公論新社　二〇一四年
・コメニウス『大教授学Ⅰ』鈴木秀勇訳　明治図書　一九六二年
・ルソー『社会契約論』桑原武夫・前川貞次郎訳　岩波文庫　昭和三六年
・ルソー『エミール（上）』今野一雄訳　岩波文庫　一九八六年
・クループスカヤ『国民教育と民主主義』勝田昌二訳　岩波文庫　昭和四八年
・ペスタロッチ『隠者の夕暮　シュタンツだより』長田　新訳　岩波文庫　昭和三六年
・ヘルバルト『一般教育学』三枝孝弘訳　明治図書　一九六〇年
・島　為男『明治百年教育史　上下巻』日本教図　昭和四三年
・デューイ『学校と社会』宮原誠一訳　岩波文庫　昭和四八年
・ブルーナー『教育の過程』鈴木祥蔵・佐藤三郎訳　岩波書店　一九六八年

・ラングラン「生涯教育について」波多野完治訳　日本ユネスコ国内委員会『社会教育の新しい方向』昭和四二年　所収
・今井康雄編『教育思想史』有斐閣　二〇〇九年
・眞壁宏幹編『西洋教育思想史』慶應義塾大学出版会　二〇一六年
・藤井千春編著『時代から読み解く西洋教育思想』ミネルヴァ書房　二〇一六年
・ポール・ラングラン『生涯教育入門　第一部』波多野完治訳　全日本社会教育連合会　平成二年、同『生涯教育入門　第二部』平成元年
・ジョン・ロールズ『正義論　改訂版』川本隆史・福間　聡・神島裕子訳　紀伊國屋書店　二〇一〇年
・森　政稔『戦後「社会科学」の思想』NHK出版　二〇二〇年
・宮寺晃夫『教育の分配論』勁草書房　二〇〇六年
・宮寺晃夫『教育の正義論』勁草書房　二〇一四年
・貝原益軒『養生訓・和俗童子訓』石川　謙校訂　岩波文庫　一九六一年
・末木文美士『日本思想史』岩波新書　二〇二〇年
・新潮日本古典集成『世間胸算用』金井寅之助　松原秀江校注　新潮社　一九八九年
・山住正己編『福沢諭吉教育論集』岩波文庫　一九九一年
・福沢諭吉『学問のすすめ』岩波文庫　一九九四年
・永井道雄責任編集『日本の名著33　福沢諭吉』中央公論社　昭和四四年
・犬塚孝明『森　有礼』吉川弘文館　昭和六一年
・沼田　哲『元田永孚と明治国家』吉川弘文館　二〇〇五年
・『教育の名著　八大教育主張』玉川大学出版部　昭和五一年
・宗像誠也『教育と教育政策』岩波新書　一九六一年
・伊藤和衛編著『教育経営の基礎理論』第一法規　昭和四九年

・兼子　仁『国民の教育権』岩波新書　一九七一年
・堀尾輝久『人権としての教育』岩波現代文庫　二〇一九年

二　教育制度と学校

1　教育法制

(1)　教育法令の整備

八世紀の律令制における主として貴族・官人の子弟のための大学寮はしばらく措くことにして、もっぱら武家の子ども達のための藩校、もっぱら町人の子ども達のための寺子屋、それらの両者に門を開いていた郷学など、階層によって分けられていた江戸時代の教育を、全国の全ての子ども達を対象とする制度に統一したのは明治政府である。一八六八（慶応四）年閏四月の「政体書」では、「太政官ノ権力ヲ分ツテ立法行政司法ノ三権」とするという権力分立の原則が謳われたが、一八七一（明治四）年七月の廃藩置県に伴って中央集権体制が確立し、教育行政機関として文部省が設置された。その一〇日ほど後の太政官制により、太政官が発するものは「布告」、各省が発するものは「布達」という法形式が定められた。太政官を中心とする強大な中央集権体制のもとで、文部省が文明開化と富国をめざす方策の一つとして手がけたのは「学制」の制定であった。

一八七二（明治五）年九月に公布された「学制」本文（文部省布達）の前には、「学事奨励に関する被仰出書」（太政官布告）が置かれた。俗に「学制序文」と呼ばれる「被仰出書」は、実学思想を前面に打ち出した。

「人々自ら其身を立て其産を治め其業を昌にして以て其生を遂るゆゑんのものは他なし身を脩め智を開き才芸を長ずるによるなり而て其身を脩め知を開き才芸を長ずるは学にあらざれば能はず是れ学校の設あるゆゑんにして日用常行言語書算を初め……凡人の営むところの事学あらざるはなし……学問は身を立るの財本ともいふべきものにして人たるもの誰か学ばずして可ならんや」「自今以後一般の人民（華士族農工商及婦女子）必ず邑に不学の戸なく家に不学の人なからしめん事を期す」。

学制本文は「全国ノ学政ハ之ヲ文部一省ニ統フ」と書き出し（第一章）、全国を八つの大学区、一五六の中学区、五三七六〇の小学区に分け、それぞれに大学・中学・小学を設置することとした。小学校は「教育ノ初級ニシテ人民一般必ス学ハスンハアルヘカラサルモノ」（第二一章）、中学は「小学ヲ経タル生徒ニ普通ノ学科ヲ教ル所」（第二九章）、そして大学は「高尚ノ諸学ヲ教ル専門科ノ学校」（第三八章）である。「学制」という単一の法規範で、小学校から大学に至る全ての学校種を規定したわけである。

「学制」に基づいて、例えば長野県の開智学校など多くの地方で学校が造られたが、しかし「学制」は西欧の制度を機械的に引き写した机上のプランの色彩が濃く、その壮大な計画は実現に遠く及ばず、急進的な就学督励や学校設置費用の地区民負担など、無理な面が少なからずあり、実情に合わなかったため、民衆の抵抗が大きく、各地で激しい「学校打ちこわし」騒動が頻発した。第四大学区に属していた名東県（現在の徳島県・香川県の辺り）で一八七三（明治六）年六月、農民暴動が起き、三四の小学校を焼いたのなどはその一例である。こうして長続きしないまま「学制」は一八七九（明治一二）年に廃止され、同年九月、これに代わって「教育令」（太政官布告）が制定された。条文が全一〇〇カ章を越えていた「学制」（一八七三年の学制二編追加では二〇〇カ章余りになった）に比べ、教育令は全四七カ条の簡明なもので、小学校の設置義務を緩和するなどしたことから、「自由教育令」と俗称された。しかしこの教育令も翌年一二月には改正され、さらに一八八五（明治一八）年八月にも再度改正されるなど、この時期の教育・学校制度をめぐっては試行錯誤が繰り返された。教育法制がようやく安定的に整い始めたのは、一八八五（明治一八）年一二月に太政官制を内閣制に改め、初代総理大臣伊藤博文のもとで初代の文部大臣に就任した森有礼が、一連の「学校令」を制定したことによってである。

明治初年以来外交官として外国に駐在し、欧米の教育事情をつぶさに調べていたこともあり、森は、国家の発展と繁栄のためには教育の力が不可欠であることを痛感し、文部大臣となってから積極的に学校制度の改革に着手した。それはまず、一八八六（明治一九）年四月に、勅令による小学校令・中学校令・帝国大学令・師範学校令（これらは「諸学校令」ないし「学校令」と総称される）の制定によって実現された。「勅令」は、太政官制を廃止して内閣制を布いたことに伴い、一八八六（明治一九）年二月に制定された「公文式」が、「法律勅令ハ上諭ヲ以テ之ヲ公布ス」「法律勅令ハ……総テ内閣総理大臣ヨリ上奏裁可ヲ請フ」と定めたことによる法形式で、天皇が発する命令のことである。

「学校令」は、小学校にあっては尋常・高等に分けて六歳から一四歳までを学齢とし、中学校にあっては尋常・高等に分け、高等中学校には法科・医科・工科・文科・理科・農業・商業等の分科を設けることができるとし、小・中学校いずれも「教科書ハ文部大臣ノ検定シタルモノニ限ルベシ」とした。帝国大学は「国家ノ須要ニ応スル学術技芸ヲ教授シ及其蘊奥ヲ攻究スルヲ目的トス」と定めた。また、これら小・中・大と系統を異にする師範学校は、そこで学ぶ生徒に「順良信愛威重ノ気質ヲ備ヘシムル」べきものと規定した（師範学校令第一条）。この規定は、着実・真面目・親切であるとともに内向的で裏表があり、融通がきかない、上司に対して従順・偽善的、といった性格を持つ「師範タイプ」を生み出す源にもなった。

教育に関する重要事項は「勅令」の形式をとったこと、学校の種類ごとに個別の勅令を定めたこと、正規の学校体系とは別系統の教員養成系学校を置いたことなど、森の布いた学校教育体制の基本は、一九四七（昭和二二）年の「憲法・教育基本法体制」成立まで存続することとなった。

（2） 教育勅語体制

教育は富国強兵・国民形成という目的に貢献すべきだと考えた森有礼は、学校に運動会や遠足・修学旅行などの行事を取り入れて集団意識を高めようとしたほか、師範学校に運隊方式を導入し、小・中学校にも「兵式体操」を採用するなど、国家主義教育を推し進めたが、一方、徳育・修身教育はあまり重視しなかった。そのため、儒教による仁義忠孝を重んじる教育を通して天皇制国家思想を形成しようと主張していた元田永孚らから強い批判を受けていた。

森が刺客に襲われた日に、大日本帝国憲法が欽定憲法として発布された。その第一条は「大日本帝国ハ万世一系ノ天皇之ヲ統治ス」、第三条は「天皇ハ神聖ニシテ侵スヘカラス」と規定し、天皇中心の国家体制を明示した。森が刺殺されて一年後の一八九〇（明治二三）年二月、山縣有朋首相・榎本武揚文相のもとで開催された地方長官会議の席で、知事たちは、教育における徳育の重要性を主張し、徳性涵養の必要と徳育の「陛下直轄御親裁」を政府に訴えた。山県首相はこれを受け、榎本に代わって同年五月に文相となった芳川顕正に勅語の作成を命じ、井上毅や元田永孚らの起草によってその年（一八九〇年）の一〇月、「教育ニ関スル勅語」が発布された。「勅語」は、天皇が大権に基づいて口頭で発する意思表示で、文書の形にしたものをいう。儒教的道徳項目を列挙しながら家父長制的国家観念（＝「忠孝」）を説くその全文は、次の通りである（ふりがなは森部）。

朕惟フニ我カ皇祖皇宗國ヲ肇ムルコト宏遠ニ徳ヲ樹ツルコト深厚ナリ我カ臣民克ク忠ニ克ク孝ニ億兆心ヲ一ニシテ世々厥ノ美ヲ濟セルハ此レ我カ國體ノ精華ニシテ教育ノ淵源亦實ニ此ニ存ス爾臣民父母ニ孝ニ兄弟ニ友ニ夫婦相

和シ朋友相信シ恭儉己レヲ持シ博愛衆ニ及ホシ學ヲ修メ業ヲ習ヒ以テ智能ヲ啓發シ徳器ヲ成就シ進テ公益ヲ廣メ世務ヲ開キ常ニ國憲ヲ重ジ國法ニ遵ヒ一旦緩急アレハ義勇公ニ奉シ以テ天壌無窮ノ皇運ヲ扶翼スヘシ是ノ如キハ獨リ朕カ忠良ノ臣民タルノミナラス又以テ爾祖先ノ遺風ヲ顯彰スルニ足ラン

斯ノ道ハ實ニ我カ皇祖皇宗ノ遺訓ニシテ子孫臣民ノ倶ニ遵守スヘキ所之ヲ古今ニ通シテ謬ラス之ヲ中外ニ施シテ悖ラス朕爾臣民ト倶ニ拳々服膺シテ咸其徳ヲ一ニセンコトヲ庶幾フ

勅語発布の二週間ほど前、森有礼が制定した一八八六（明治一九）年の小学校令は大幅に改正され、第一条を全面的に書き換えて、「道徳教育」と「国民教育」の基礎及び生活に必要な知識技能を授けることを小学校の「本旨」と定めた。道徳教育を教育目的の筆頭に据えたのは、初代文相・森に対する批判を込めたものであった。芳川文相は勅語発布の翌日、勅語の謄本を全国の学校に頒布すること、「学校ノ式日及其他便宜日時ヲ定メ生徒ヲ会集シテ勅語ヲ奉読シ且意ヲ加ヘテ諄々誨告シ生徒ヲシテ夙夜ニ佩服スル所アラシム」べきこと、などを訓示した。一八九一（明治二四）年六月の「小学校祝日大祭日儀式規程」（文部省令）には、紀元節等の日には教員・生徒一同式場に参集し、「御影ニ対シ奉リ最敬礼ヲ行ヒ且両陛下ノ万歳ヲ奉祝ス」「校長若クハ教員、恭シク教育ニ関スル勅語ヲ奉読ス」「忠君愛国ノ志気ヲ涵養センコトヲ務ム」等が定められた。「御影」とは天皇・皇后の写真（「御真影」）のことで、全国の学校に「下賜」されていたものである。各学校の道徳教育は教育勅語を基本とし、子ども達には勅語を覚え込むことが求められた。例えば群馬県では、勅語の内容が児童には難解であることから、勅語原文と関連づけた「勅語童諭数へ歌」を使って教えるという工夫もされた。「我カ臣民克ク忠ニ克ク孝ニ億兆心ヲ一ニシテ世々厥ノ美ヲ濟セルハ此レ我カ國體ノ精華ニシテ」の一節は、「一ツトヤ人々守れよ忠孝の忠孝の二ツが皇国（みくに）の精華（たましい）ぞ精華ぞ」である（ふりがなは出典による）。そしてこの数え歌は、「十トヤ外国人も仰がなん仰がなん　我日の本の臣民（たみ）の公道（みち）臣民の公道」で結ばれている。

こうして幼少の頃から教育の場で心身に叩き込まれ植え付けられた教育勅語は、その後子ども達の深奥に長く生涯にわたって生き続けることとなった。そのことは、戦後数十年経ってからもなお流暢に勅語を暗唱でき、また、勅語奉読の光景を鮮明に記憶している者がいることからも窺い知ることができる。例えば、一九九二（平成四）年の某月、勤務先大学で授業を受けていた学生に頼んで、同学生の祖母とその友人の老女（ともに当時八六歳で、明治三九年頃に生まれ、大正の初めから半ばにかけて小学生時代を過ごし、小学校を終えて七〇数年が経過していたと思われる）が勅語を唱和する様子をテープに録音してもらったことがあるが、唱和が済んだ後の二人の老女の会話の中に次のようなやりとりがあった。

「テーブルの上に天皇陛下のお写真を飾って、それに最敬礼をしてね。校長先生がうやうやしく白い手袋をはめて、教育勅語の入った巻物をほぐして、ほかの先生が『奉読！』って号令をかけると、子どもが皆うやうやしく頭を下げて、奉読が終わるまで頭を下げてね、最後に『御名御璽』って言うと頭を上げる。長いよね」

「長い長い。校長先生がゆっくり味わって読むんだから」

各学校に配布された御真影と教育勅語謄本の扱いは厳格を極め、学校が火災に遭って「奉安殿」などに保管してあるこれらが焦げてしまったり焼失してしまったりすると、校長・教員らは、「畢竟平素監督不行届」として処分されるのが常であった。火災に際して御真影を救い出そうとして炎の中に飛び込み、命を落としたり、その他何らかの責任をとって校長が自殺するという例もあった。「勅語」は法規範ではないが、天皇の言葉であったから、実際には法規範以上の権威を有した。教育勅語発布の翌一八九一（明治二四）年一月、第一高等中学校の嘱託教員であった内村鑑三（一八六一～一九三〇年）が、講堂で行われた奉読式において勅語に拝礼しなかったことが咎められ、退職に追い込まれるという「不敬事件」が起きた。この事件について、東京帝国大学の哲学教授で『勅語衍義』（明治二四年）の著者でもある井上哲次郎（一八五六〜一九四四年）は、宗教に対する国家の優越の立場に立ってキリスト教を厳しく非難し、これをきっかけに、教育と宗教の問題に関する論争が展開された。しかし、教育勅語自体は、「国体」観念とともに、逸脱を許さない教育の根本方針として絶対的な効力を発揮し続けた。

一九一四（大正三）年七月にヨーロッパで始まった第一次世界大戦に、日本も同年八月に参戦し、しかしわが国は直接の戦火を受けることなく、かえって他の参戦国からの軍需品の注文によって好景気に沸いたが、他方ではインフレーションが進み、貧富の差が広がった。こうした状況に直面して政府は一九一七（大正六）年九月、内閣総理大臣直属の臨時教育会議を設置した。この年一〇月にはロシア革命が起き、史上初の社会主義国家が出現した。国内に自由主義や民主主義や社会主義の思想が入ってきつつあったこの時期、臨時教育会議の設置は、政府が思想対策を図るべく、教育分野においてそれを実施しようとしたものにほかならない。臨時教育会議は一九一九（大正八）年八月に廃止されるまでの二年間、小学教育、高等普通教育、大学教育、専門教育、師範教育、視学制度、女子教育、実業教育、通俗教育、学位制度等、多方面に及ぶ審議・答申・建議を行い、これらを受けて多くの法令が改められた。一九一八（大正七）年一二月に大学令を制定して帝国大学とは別種の単科大学・公立大学・私立大学の設置を認め、翌年には帝国大学令を全面改正したのなどはその例である。なお、この時期には、いわゆる「スペイン風邪」が大流行し、国内外で多くの感染者・死者が出た。五〇〇頁近くに上る内務省衛生局の報告書『流行性感冒』（一九二二年）の冒頭には次のように記されている。「全世界ヲ風靡シタル流行性感冒は大正七年秋以来本邦ニ波及シ爾来大正十年ノ春季ニ亘リ継続的ニ三回ノ流行ヲ来シ総計約二千三百八十余萬人ノ患者ト約三十八萬八千余人ノ死者トヲ出シ疫学上稀ニ見ルノ惨状ヲ呈シタリ」。

一九二〇（大正九）年前後のわが国は、米騒動や労働運動、児童中心主義の教育実践などに代表される大正デモクラシーの空気が社会を覆っていた。一九二三（大正一二）年九月には関東大震災が起き、これによる社会的混乱に対処するため同年一一月、「国民精神作興ニ関スル詔書」が発せられ、「今次ノ災禍」に際しての「国力ノ振興」に当たっては、「忠孝義勇ノ美ヲ揚ケ博愛共存ノ誼ヲ篤クシ」「国本ヲ固クシ以テ大業ヲ恢弘セムコト」が大切だとされた。「国体」や私有財産制を否定する動きを取り締まることを目的とした治安維持法が制定されたのは一九二五（大正一四）年四月である。教育をめぐる環境は厳しさを増し、それは一九三一（昭和六）年九月の柳条湖事件を発端とする「満州事変」の勃発を機に、いっそう顕著となった。「満州事変」以後一九四五年の敗戦までを、一般に「一五年戦争」と呼んでいる。

天皇機関説・国体明徴運動・国民精神総動員、そして二・二六事件等を経て一九三七（昭和一二）年一二月には、戦時下の教育改革の方針を審議するため、内閣総理大臣直属の教育審議会が設置され、ここで出された答申は、例えば、小学校令に代えて一九四一（昭和一六）年三月に「国民学校令」（勅令）を制定し、小学校を国民学校と改称するなど、戦時の教育法制を方向づけた。国民学校令が制定された年の一二月八日、わが国は真珠湾を奇襲攻撃して太平洋戦争（日本側の呼称は「大東亜戦争」）に突入した。緒戦は勝利を重ねたが、やがて敗戦の色が濃厚となっていった。戦争末期には、大学生は戦場に出陣することを命じられ、国民学校初等科の児童は集団疎開を勧奨され、一九四五（昭和二〇）年五月には、教育を決戦体制に即応させるために「戦時教育令」（勅令）が制定された。そこでは、「決戦ノ現段階」における「国民即戦士ノ覚悟ニ徹シ……総力ヲ直接戦力増強ノ一点ニ集中」すべきこと（前文）が求められた。「学徒ハ尽忠以テ国運ヲ双肩ニ担ヒ戦時ニ緊切ナル要務ニ挺身シ平素鍛錬セル教育ノ成果ヲ遺憾ナク発揮スルト共ニ智能ノ錬磨ニ力ムルヲ以テ本分トスベシ」（第一条）、「教職員ハ率先垂範学徒ト共ニ戦時ニ緊切ナル要務ヲ挺身シ倶学倶進以テ学徒ノ薫化啓導ノ任ヲ全ウスベシ」（第二条）等と。

一九四五（昭和二〇）年八月六日には広島に、同月九日には長崎に原爆が投下され、天皇は同月一四日、ポツダム宣言を受け入れることとした。翌一五日、日本放送協会（ＮＨＫ）を通じて放送された「大東亜戦争終結ノ詔書」（終戦詔書、玉音放送）は、「朕深ク世界ノ大勢ト帝国ノ現状トニ鑑ミ非常ノ措置ヲ以テ時局ヲ収拾セムト欲シ茲ニ忠良ナル爾臣民ニ告ク」に始まり、「国体ノ精華ヲ発揚シ世界ノ進運ニ後レサラムコトヲ期スヘシ爾臣民其レ克ク朕カ意ヲ体セヨ」に終わる。詔書にはまた、「敵ハ新ニ残虐ナル爆弾ヲ使用シ」「交戦ヲ継続セムカ終ニ我カ民族ノ滅亡ヲ招来ス」「朕ハ時運ノ趨ク所堪ヘ難キヲ堪ヘ忍ヒ難キヲ忍ヒ以テ万世ノ為ニ太平ヲ開カムト欲ス」「朕ハ茲ニ国体ヲ護持シ得テ忠良ナル爾臣民ノ赤誠ニ信倚シ常ニ爾臣民ト共ニ在リ」「神州ノ不滅ヲ信シ任重クシテ道遠キヲ念ヒ」などの文言が含まれている。

一九一〇（明治四三）年から一九四五（昭和二〇）年までわが国は朝鮮を統治した。一九一一（明治四四）年八月に制定した朝鮮教育令（勅令）は、当地での教育は「教育ニ関スル勅語ノ旨趣ニ基キ忠良ナル国民ヲ育成スルコトヲ本義ト」し（第二条）、初等学校である「普通学校」は「（児童に）国語ヲ教ヘ徳育ヲ施シ国民タルノ性格ヲ養成シ其ノ生活ニ必須ナル普通ノ知識技能ヲ授ク」（第八条）と定めた。同年一一月の朝鮮総督府訓令は、「国語」について、「臣民タルノ性格ヲ涵養スルニ必要ナルノミナラズ日常ノ生活上必須ノ知識技能ヲ授クルニ於テ欠クヘカラサルモノ」とした。日本語を強制し、朝鮮人民を「忠良な日本国民」に育成しようとしたのである。一八九五（明治二八）年から一九四五（昭和二〇）年まで統治した台湾に関しても、一九一八（大正七）年一二月の台湾教育令（勅令）で同様の規定を設け、翌一九一九（大正八）年一二月の台湾総督府諭告は、「普通教育ハ国語ヲ教ヘ且生活ニ必須ナル知識技能ヲ授クルヲ目的トシ」との方針を示した。

(3)　憲法・教育基本法体制

敗戦の翌一九四六（昭和二一）年三月に来日した第一次アメリカ教育使節団に協力した日本側の委員会は、同年八月に「教育刷新委員会」(教刷委)に改組され、戦後の教育制度全般について提言した。これらの提言を受けて一九四七(昭和二二)年三月末、教育基本法が制定された。前年一一月には日本国憲法が制定・公布されており、半年後の一九四七(昭和二二)年五月に施行された。大日本帝国憲法は天皇を国の統治権者(主権者)としていたのに対し、日本国憲法は、「主権が国民に存することを宣言し」(前文)、天皇を象徴としたから(第一条)、主権の所在が変更されたのであり、日本国憲法は大日本帝国憲法と根本原理を異にし、その意味では「八月革命」(宮沢俊義)と呼ぶべき面もあったが、政府は、旧憲法の「廃止」と新憲法の「制定」という形ではなく、旧憲法の「改正」という手続で新憲法を成立させた。日本国憲法の冒頭の「上諭」には次のように書かれている。「朕は、日本国民の総意に基いて、新日本建設の礎が、定まるに至つたことを、深くよろこび、枢密顧問の諮詢及び帝国憲法第七十三條による帝国議会の議決を経た帝国憲法の改正を裁可し、ここにこれを公布せしめる」。「上諭」は、一九〇七(明治四〇)年一月の「公式令」により、帝国憲法等の改正・公布に際して附される天皇の頭書である。

日本国憲法は教育に関し、学問の自由の保障(第二三条)、教育を受ける権利の保障と義務教育の無償(第二六条)、公の支配に属しない教育の事業に対する公金支出の禁止(第八九条)を定め、その他、基本的人権の永久権利性、法の下の平等、思想・良心・信教の自由、表現の自由、個人の尊厳、生存権の保障等々、教育に直接間接関連する規定を設けている。教育基本法は、民主的で文化的な国家を建設して、世界の平和と人類の福祉に貢献しようとする日本国憲法の理想の実現は、「根本において教育の力にまつべきものである」との前文を掲げた。一九四七(昭和二二)年の教育基本法は、その制定時期からも内容からも、憲法との一体性が強く、「教育憲法」とも呼ばれた。

教基法は、教育の目的・方針・機会均等、義務教育、男女共学、学校教育、社会教育、政治教育、宗教教育、教育行政の各事項につき、全一一カ条を定めた。新しい教育の根本理念を確立明示するとともに、「詔勅」や「勅令」など上から与えるものとしてではない国民の総意による法律という形式をとることにしたというのが、衆議院本会議での文部大臣の本法提案理由であった。教基法制定と同じ日、小学校から大学までの全学校種を単一の法律に集約した学校教育法が制定された。学教法に続き、一九四九（昭和二四）年までに、教育委員会法、教育職員免許法、社会教育法、私立学校法、文部省設置法などが相次いで制定され、「憲法・教育基本法体制」のもとでの教育法制が整えられていった。一九四八（昭和二三）年六月には、衆議院で「教育勅語等の排除に関する決議」が、参議院で「教育勅語等の失効確認に関する決議」が、それぞれ行われた。

保守合同の翌一九五六（昭和三一）年二月、衆議院内閣委員会で清瀬一郎文相は、臨時教育制度審議会設置法案（後に廃案）の審議において、「占領下の教育制度には根本的に反省しなければならぬ点がある」と発言し、同月には岸信介議員（後の総理大臣）らが提出した憲法調査会法案の審議において憲法改正に前向きな姿勢を示すなど、自民党は早い時期から、憲法と教基法の改正に意欲を示していた。しかしこの時期、実際には憲法・教基法体制には手が加えられず、その後も、例えば、一九七一（昭和四六）年六月に、明治初年と第二次大戦後の教育改革に次ぐ「第三の教育改革」と銘打った中央教育審議会答申「今後における学校教育の総合的な拡充整備のための基本的施策について」（いわゆる四六答申）も、学校教育の全般について包括的かつ多岐に及ぶ提言を行ったものの、憲法・教基法体制に変更を加える旨の直接の文言は見当たらない。憲法と教基法が、旧帝国憲法・教育勅語体制下での教育に対する反省から制定されたものであることを、多くの人々はまだ深く心に刻んでいたのである。変化の兆しは戦後四〇年ほど経ってから現れ始めた。

一九八四（昭和五九）年九月に臨時教育審議会（臨教審）が内閣直属の審議会として設置された。その諮問は、「我が国における社会の変化及び文化の発展に対応する教育の実現を期して各般にわたる施策に関し必要な改革を図るための基本的方策について」であった。審議会の第一回総会で中曽根首相は次のように述べた。近年の校内暴力や青少年の非行等の増加、学歴の過度の重視、学校制度の画一的性格、国際性強化の必要性など、戦後四〇年を経た今日、適切な改革を要するのであって、「我が国が、二一世紀に向けて、創造的で活力ある社会を築いていくために、教育の現状における諸課題を踏まえつつ時代の進展に対応して教育改革を図ることが必要不可欠になっていると考える」。

臨教審は発足当初から、『臨教審だより』を毎月公刊して国民に審議状況をオープンにするなど精力的に活動し、設置の翌年六月に第一次答申を出した。第二次答申は翌一九八六（昭和六一）年四月、第三次答申は一九八七（昭和六二）年四月、第四次（最終）答申は同年八月である。第二次答申には、二一世紀の教育のためには「自由・自律と公共の精神」「世界の中の日本人」が大切であるとの一文がある。各答申の内容は多岐にわたるが、個性重視、自由化・弾力化、活性化、多様化等のタームが多用されている。「重点的な資源配分」「民間教育産業の新しい役割」「民間活力の導入」「自己責任」などの文言も随所に使われ、臨教審は、規制を緩和し、民間の力を借りながら教育を活性化していこうとの立場をとった。臨教審の答申が出揃った後は、単位制高校の発足、大学審議会の矢継ぎ早の答申、学校週五日制の発足等々、政府は次々と教育改革に着手していった。しかし、この時点ではまだ、教基法の見直しや改正については明記されていなかった。

一方、一九四七（昭和二二）年六月に結成して以来、「教え子を再び戦場に送るな」とのスローガンを掲げ、教育の国家統制や能力主義に反対し、勤評反対闘争・学テ反対闘争・教科書検定反対闘争など国・文部省の教育政策に反発する立場から、多方面に大きな影響を与え続けてきた日本教職員組合（日教組）は、二〇世紀後半あたりからの内部対立などで次第に政治・行政への対決色を弱め、組織率も低下していった。日教組は教育制度検討委員会を組織して、一九七一（昭和四六）年から一九八三（昭和五八）年まで、「日本の教育はどうあるべきか」「日本の教育をどう改めるべきか」「現代日本の教育改革」などの報告書を出していたが、その最終報告書が出された翌年に臨教審が発足している。臨教審は、教育政策がもっぱら文部省と日教組のやり取りによってなされてきたことを改める意味をも持っていたが、教育政策に批判的な関与をしてきた日教組は、こうした流れの中で力を弱めていった。一九九四（平成六）年、支持政党の路線変更に伴って日教組は方針を変更し、文部省と協調することを決定した。

こうした全般的動向の中、臨教審が任務を終えてから中央教育審議会（中教審）は、「二一世紀を展望した我が国の教育の在り方」に関する二次にわたる答申（一九九六年七月、一九九七年八月）をはじめ、一九九八（平成一〇）年には、「新しい時代を拓く心を育てるために」（六月）や「今後の地方教育行政の在り方について」（九月）など、精力的に答申を出し、教育改革を前進させた。ちなみに、「今後の地方教育行政の在り方について」で中教審が、「幅広く人材を確保する観点から、任用資格と選考の在り方を見直す」べきだと答申したのを受けて、二〇〇〇（平成一二）年一月には学校教育法施行規則が改正され、国公私立学校の校長・副校長・教頭について、学校の運営上特に必要がある場合には、教職員免許状や教職経験がなくても、同規則第二〇条所定の資格（免許状を有するなど）と同等の資質を有すると認める者を校長等に任命し採用することができるとし（第二二条）、いわゆる民間人校長の制度を設けた。これにより、幾つかの自治体で民間企業等出身の校長が誕生した（例えば、東京都杉並区立和田中学校、大阪市立敷津小学校など）。しかし実際の教育現場では、民間人校長に係る種々の問題（不祥事等）が相次いだ。民営化・規制緩和・「小さな政府」・成果重視などを標榜し、レーガン米大統領・サッチャー英首相・中曽根首相・小泉首相らが推進したのが新自由主義政策であるが、民間人校長の導入は、新自由主義的教育改革の典型的な一例だった。一九九九（平成一一）年八月には「国旗及び国歌に関する法律」が制定され、日章旗を国旗、君が代を国歌とした。

二〇〇〇（平成一二）年一二月には、当時の小渕首相の私的諮問機関として同年三月に設置されていた教育改革国民会議が、小渕首相の後を継いだ森首相に最終報告を提出した。そこでは、「学校は道徳を教えることをためらわない」「一律主義を改め、個性を伸ばす教育システムを導入する」「教師の意欲や努力が報われ評価される体制をつくる」「教育施策の総合的推進のための教育振興基本計画を」「新しい時代にふさわしい教育基本法を」など「一七の提案」が掲げられた。教育改革国民会議の報告を受けて二〇〇三（平成一五）年三月、小泉内閣のもと、中教審は、「新しい時代にふさわしい教育基本法と教育振興基本計画の在り方について」答申し、次のように提言した。国民の間では、価値観の揺らぎ、自信喪失や閉塞感の広がり、倫理観や社会的使命感の喪失、少子高齢化による人口構成の変化等々を招来しているが、このような状況を脱してわが国が長期的に発展していくためには、大胆な改革を推進していかなければならず、教育基本法を改正することが必要であるとともに、改正後は「同法の理念や原則を実現するために必要な諸施策の実施につき、……政府全体として教育振興基本計画を速やかに策定されることを期待する」と。自民党は早い時期から憲法と並んで教基法の改正を主張してきたが、「日教組対文部省」の対立下でその実現が叶わなかったところ、その対立構図が消滅し、世論や政治状況も変化した条件のもと、教基法の改正を党是の一つとして掲げてきた年来の方針は、臨教審をバネに、あるいは臨教審の延長線上に、その成就に向けて速度を上げていったのである。

二〇〇六（平成一八）年五月、小泉首相は国会で、教育基本法改正の理由を次のように述べた。「科学技術の進歩や少子高齢化など、教育をめぐる状況が大きく変化する中で、道徳心や自律心、公共の精神、国際社会の平和と発展への寄与などについて、今後、教育において、より一層重視することが求められてきております。このため、教育基本法を改正し、新しい時代の教育理念を明確にすることで、国民の共通理解を図りつつ、国民全体による教育改革を着実に進め、我が国の未来を切り開く教育の実現を目指すものであります」。同年一一月には伊吹文相は次のように答弁した。「日本にはやはり日本の祖先が営々として築き上げた法に書かれざる暗黙の申し合わせというか伝統というか社会規範というか、こういうものがございますから、まず、これをはっきりと再認識する教育を取り戻さないと、現在の豊穣の中の精神の貧困という状態からなかなか抜けられない。同時にまた、大学教育の必要性、今後の経済成長その他のことを考えると、これもまた大切だ、あるいはまた私学の役割が非常に大きくなってきている、同時にまた家庭での教育というもの、あるいはしつけと言った方がいいかもわかりませんが、これもやはり教育の大きな要素である。こういうことが現行の教育基本法に抜けておりますので、教育の包括法としての理念法をこの時点で変えさせていただいて、むしろもっと早く私はやるべきであったのではないかと思いますが、この時点で変えさせていただいて、そしてその理念のもとで教育に関する三十数本の法律を総点検して、新しい日本人像をつくり上げて未来に備えていきたい、これが私の思いでございます」。かくて二〇〇六（平成一八）年一二月、「法に書かれざる暗黙の申し合わせというか伝統というか社会規範というか、そういうもの」を内に秘めつつ、改正教育基本法は安倍内閣のもとで成立した。

改正教基法には、生涯学習の理念、家庭教育、幼児期の教育、学校・家庭・地域住民等の相互の連携協力等と並んで、教育行政は国と地方公共団体が適切な役割分担と相互協力を行うべきこと、政府は教育振興の基本計画を策定すべきことなど、一九四七年法にはなかった諸規定が設けられ、条文の数も内容も増加した。二〇〇六年版教基法は、条文上も発想上も、一九四七年版教基法とは似て非なるものと言える。ちなみに、教基法改正の直前二〇〇六（平成一八）年九月に発足した安倍内閣（第一次）は、同年一〇月に教育再生会議を設置し、改正の直後二〇〇七（平成一九）年一月、同会議は、「美しい国、日本」の実現を目指した第一次報告「社会総がかりで教育再生を～公教育再生への第一歩～」を取りまとめた。その「七つの提言（初等中等教育を中心に）」の中の一項目「すべての子供に規範を教え、社会人としての基本を徹底する」には、「父母を愛し、兄弟姉妹を愛し、友を愛そう」との一文がある。一八九〇（明治二三）年の教育勅語の、「爾臣民父母ニ孝ニ兄弟ニ友ニ夫婦相和シ朋友相信シ」とパラレルなこの一文は、改正教基法には盛り込まれなかったが、二一世紀においてもこの国の政権担当者とその周辺、ないしは少なからぬ国民が、なお厳然と「伝統」を保持し重んじていることを物語る。

二〇〇九（平成二一）年九月から三年間の民主党政権を間に挟んで二〇一二（平成二四）年一二月に再登場した第

二次安倍内閣は、教育改革をさらに具体的・積極的に進めるとともに、憲法改正にも極めて強い意欲を示した。グローバリズムの中で却って、あるいはその当然の帰結として、狭量なナショナリズム・自国第一主義的な思想・政策が世界レベルで繰り広げられているが、わが国の教育法制も、その流れに沿った変化を遂げようとしている。

2　教育行政

(1)　中央の教育行政

公教育は、関係法令が制定され、学校と子どもと教師と教材があれば事足りるものではなく、制度を財政的な裏付けのもとに現実に作動させて初めて具体化し、実効性を発揮する。その役目を担うのは教育行政である。

廃藩置県が行われた一八七一（明治四）年七月、中央の教育行政官庁として文部省が設置された。翌年公布の「学制」は第一章で、「全国ノ学政ハ之ヲ文部一省ニ統フ」と、教育の中央集権制度を明記した。この時の最高責任者は「文部大輔（たいふ）」であったが、間もなく「文部卿」という名称に変わった。一八七一（明治四）年一二月当時の文部省は、学務課・記録課・職務課・用度課・書籍課・受付課から成っていた。一八八五（明治一八）年一二月に太政官制を廃止して内閣制が布かれたのに伴い、文部省の最高責任者は文部卿から文部大臣になった。内閣制発足時の文部省は、大臣官房のほか学務局・編輯局・会計局の三局と視学部で構成されていた。翌年二月の文部省官制（勅令）は第一条で、「文部大臣ハ教育学問ニ関スル事務ヲ管理ス」と定めた。

文部省は設置されて以降、機構改革を繰り返したが、中央集権の基本は変わることがなかった。一九三一（昭和六）年九月の「満州事変」を機に、国家主義的・軍国主義的な色彩が濃厚となり、この傾向とともに、教育においても戦時体制の強化が求められた。一九四一（昭和一六）年一二月に米英に宣戦を布告して太平洋戦争が勃発する前後には、こうした状況はさらに顕著となった。文部省は既にこの年一一月、「大学学部等ノ在学年限又ハ修業年限ノ昭和一七年度臨時短縮ニ関スル件」という省令を出しており、一九四三（昭和一八）年一一月と一九四五（昭和二〇）年三月にも同様の省令を出すなど、「決戦」「非常措置」の語句を用いて次々と発出される閣議決定とともに、戦争末期の切迫した動きを余儀なくされていた。敗戦直前の一九四五（昭和二〇）年七月の時点で文部省に置かれていたのは、大臣官房のほか学徒動員局・専門教育局・国民教育局・教学局・科学局の五局である。学徒動員局など戦時に臨む体制をとっていた。

一九四六（昭和二一）年の第一次米国教育使節団報告書は次のように述べる。「文部省は日本の精神界を統制する人々の権力の座」を占めていたが、この官庁の権力の不法使用を防ぐには、「その行政的管理の削減」と、「カリキュラム、教授法、教材及び人事に関する多くの現存の管理権」を「都道府県及び地方学校行政単位に、移管せらる」べきである、と。こうした提言を受けて教刷委は同年一二月、「教育行政に関すること」において、従来の官僚的な画一主義と形式主義を是正し、教育における公正な民意の是正、自主性の確保と教育行政の地方分権等を建議した。一九四七（昭和二二）年の教育基本法は、教育が不当な支配に服さず、国民全体に対し直接に責任を負って行われるものであるとして、「教育行政は、この自覚のもとに、教育の目的を遂行するに必要な諸条件の整備確立を目標として行われなければならない」と定めた（第一〇条）。一九四九（昭和二四）年五月に制定された文部省設置法は、文部省は教育に関し教育委員会、大学、研究機関その他教育に関する機関に対し専門的・技術的な指導と助言を与える行政機関である旨定め（第四条）、権力的な権限行使に代えて助言・指導を中心的な任務とした。

新体制のもとで再出発した文部省はその後も、機構改革を重ねている。一九八八（昭和六三）年七月に生涯学習局を新設、二〇〇一（平成一三）年一月には中央省庁再編に伴って科学技術庁と統合して文部科学省（文科省）となり、それに合わせて生涯学習局を生涯学習政策局に再編、二〇一八（平成三〇）年一〇月にはさらにこれを総合教育政策局に改組している。外局についても、一九六八（昭和四三）年六月には文化庁が、二〇一五（平成二七）年五月にはスポーツ庁が設置された。

一九九九（平成一一）年七月に制定された文部科学省設置法（二〇〇一年一月施行）は、「教育の振興及び生涯学習の推進を中核とした豊かな人間性を備えた創造的な人材の育成、学術及び文化の振興、科学技術の総合的な振興並びにスポーツに関する施策の総合的な推進を図るとともに、宗教に関する」事項を文科省の任務とし（第三条）、この任務を達成するための事務を詳細に列挙している（第四条）。事務の遂行には、助言、指導、援助、支援、補助、調整などとともに、「勧告」「基準の設定」、さらには単に「関すること」などの文言を含み、文科省の任務ないし権限が当初より広範かつ強い性格を帯びていることが窺われる。改正教基法が、教育行政は国と地方公共団体との役割分担及び相互協力によって行われるべきこと、また、国は教育に関する施策を総合的に策定・実施すべきこと（第一六条第一項、第二項）、政府は教育の振興に関する施策について基本的な方針・計画を定めること（第一七条第一項）などとしたことで、政府・文科省の教育に対する関与は、教育振興基本計画の策定や自治体との協力などを通じ、いっそうその一貫性ないし集権制が強まることとなった。

改正教基法の規定を受けて政府は二〇〇八（平成二〇）年七月、今後一〇年間を通じてめざすべき教育の姿を明らかにするとともに、今後五年間に取り組むべき施策を総合的・計画的に推進するものとして、「社会全体で『教育立国』の実現に取り組む」などを謳った第一期の教育振興基本計画を閣議決定した。以下二〇一三（平成二五）年六月に第二期計画が、二〇一八（平成三〇）年六月に第三期計画が、中教審の答申を経て策定された。

政府・文部省は教育政策を遂行するにあたり、多方面から意見を聞くため、明治の中期から、旧帝国憲法下で、左のような教育に関する審議会・委員会を設置していた。

・高等教育会議　一八九六（明治二九）年一二月～一九一三（大正二）年六月
・教育調査会　一九一三（大正二）年六月～一九一七（大正六）年九月
・臨時教育会議　一九一七（大正六）年九月～一九一九（大正八年）五月
・臨時教育委員会　一九一九（大正八年）五月～一九二一（大正一〇）年七月
・教育評議会　一九二一（大正一〇）年七月～一九二四（大正一三）年四月
・文政審議会　一九二四（大正一三）年四月～一九三五（昭和一〇）年一二月
・教学刷新評議会　一九三五（昭和一〇）年一一月～一九三七（昭和一二）年六月
・文教審議会　一九三七（昭和一二）年五月～一九三七（昭和一二）年一二月
・教育審議会　一九三七（昭和一二）年一二月～一九四二（昭和一七）年五月

文教政策を遂行するにあたって内閣や文部省・文部科学省に審議会を設置し、その意見を聞くことは、戦後さらに多彩な形で引き継がれた。アメリカ教育使節団に協力するために置かれた日本側委員会は、一九四六（昭和二一）年に教育刷新委員会（教刷委）に改組され、一九四九（昭和二四）年には教育刷新審議会（教刷審）に、一九五二（昭和二七）年には中央教育審議会（中教審）となった。中教審は今に至るまでわが国の教育改革に中心的かつ重要な役割を果たしている。その他、一九四九（昭和二四）年には大学設置審議会が、翌年には教育課程審議会、教育職員養成審議会、社会教育審議会などが相次いで設置され、一九六五（昭和四〇）年には大学審議会も置かれた。これら領域ごとの審議会はいずれも文部省に設置されたものであるが、一九八四（昭和五九）年の臨時教育審議会は、教刷審に次ぐ戦後二番目の内閣直属の教育関係審議会であった。

二〇〇〇年代に入って以降は、第一次安倍内閣が二〇〇六（平成一八）年一〇月に教育再生会議を設置し、ゆとり教育の見直し、学力向上、徳育、大学・大学院改革、総がかりの教育再生などについて四次にわたる報告を行ったほか（同会議は安倍首相の退陣後二〇〇八年二月に廃止）、二〇一三（平成二五）年一月には第二次安倍内閣が教育再生実行会議を設置して、道徳の教科化、いじめ対策、体罰根絶、教育委員会制度・学制・教師のあり方、教育立国、学校・家庭・地域の教育力向上などについて、一〇次を超える提言を行っている。

(2) 地方の教育行政

「学制」は全国を大学区・中学区・小学区に分け、大学区には「督学局」を置き、ここに配置される複数の官員が、地方官（府知事、県令）と協議しながら学区内の学校を監督することとし（第一五章）、中学区には地方官が当地の名望家の中から任命する学区取締一〇～一三名ほどが、分担して小学区内の人民に就学を勧誘するなどの学務を担当することとした（第八条、第九条、第一〇条）。これが「学制」における地方教育行政の仕組みであるが、文部省の中央統制は厳然と及んでいた。

教育令（一八七九年）は大・中・小の学区制を廃し、教育行政を一般の地方行政の区分と一致させるとともに、町村の学校事務を行うために町村民の選挙による学務委員を置くことにし（第一〇条）、学務委員は府知事・県令の監督のもと、「児童ノ就学学校ノ設置保護等」をつかさどり（第一一条、第一二条）、公立学校の設置・廃止は府知事・県令の認可を経るべきものとした（第二〇条）。教育令は、公私立を問わず学校は全て「文部卿ノ監督内ニアルヘシ」（第一条）とする一方で、教育行政の中央統制をゆるめてかなりの部分を地方に移したのである。しかし、改正教育令（一八八〇年）は再び文部省の権限を強め、地方長官の権限も強化した。公選であった学務委員は、町村民が定員の二～三倍を薦挙した後に府知事・県令がその中から選任することとしたのや（第一一条）、公立のうち府県立の学校の設置・廃止については文部卿の認可を、町村立の学校については地方長官の認可を経るべきものとした（第二〇条）。学務委員制度は一八八五（明治一八）年八月の再改正教育令で廃止された。

全一六カ条の簡易な小学校令（一八八六年）を改正した一八九〇（明治二三）年の小学校令は、尋常小学校の設置は各市町村、高等小学校の設置は府県知事の許可を受けて市町村が設置できるとするとともに（第二五条、第三六条）、市町村立小学校について各市町村は、校舎・校地・校具等の供給、教員の俸給、その他の諸経費を負担すべきものとした（第四三条）。町村の資力が負担に耐えない場合は、郡長（町村レベルで処理するには大きすぎ、府県レベルで処理するには小さい事務を処理するために置かれた「郡」の長官）は他の町村と学校組合を設けさせることができるとした（第二七条）。一方、小学校教則の大綱は文部大臣が定め、府県知事はこの大綱に基づいて教則を定め、文部大臣の許可を受けるべきものとした（第一二条）。府県知事は内務大臣の指揮監督に属し、「主務ニ就テハ各省大臣ノ指揮監督ヲ承ケ法律命令ヲ執行」すべきものとされており、教育事務に関して府県知事は文部大臣の指揮監督下にある国家機関にほかならず、中央のコントロールは確立していた。市町村はこのコントロールのもとで諸経費を負担していたわけである。学務委員は一八九〇（明治二三）年の小学校令で復活し、市においては教育事務について市長を補助し、町村においては町村長を補助するものとされた（第七二条、第七九条）。一九〇〇（明治三三）年の小学校令は、教科書について「文部省ニ於テ編纂シタルモノ及文部大臣ノ検定シタルモノ」とする（第二四条）ほかは、学校の設置、費用負担、児童教育事務、国の教育事務の管掌、学務委員の設置等は概ね市町村の権限としている（第六条、第五一条、第六〇条等）。

一九四一（昭和一六）年の国民学校令では、学校の設置、経費負担等は市町村に委ね（第二四条、第三三条等）、一方で、教科書は文部省著作のものとし（第六条）、訓導は判任官待遇、校長・教頭は奏任官待遇とし（第一七条）、校長は地方長官の命令を承けて校務を掌理し所属職員を監督するとされた（第一六条）。教育の内容・担い手は国家の手中にあったわけである。「判任官」は旧憲法下の下級官吏で各行政官庁が任命する官職の等級、「奏任官」は高等官で内閣総理大臣が任命する官職の等級で、「待遇官吏」は各それに相当する待遇を受ける者である。この時代の公立学校教員は「官吏」であるが、俸給を地方公共団体から受けていたため、「待遇官吏」とされていたのである。

第一次米国教育使節団報告書は「本報告の要旨」で、「高度に中央集権化された教育制度は、……強固な官僚政治にともなう害悪を受けるおそれがある。教師各自が画一化されることなく適当な指導の下に、夫々の職務を自由に発展させるためには、地方分権化が必要である」と、教育行政の地方分権を提言した。日本国憲法も地方自治について、「地方公共団体は、その財産を管理し、事務を処理し、及び行政を執行する権能を有し」と定め（第九四条）、さらに、教刷委も一九四六（昭和二一）年一二月に、教育の地方分権と地方公共団体に公選の教育委員会を設けることを建議した。一九四八（昭和二三）年七月に制定された教育委員会法はこれらを受けて、「公正な民意により、地方の実情に即した教育行政を行うために、教育委員会を設け（る）」と定めた（第一条）。同法は、都道府県と市町村に教育委員会を設置し、委員は当該地方公共団体の議会の議員一名を除き、都道府県又は市町村の住民による選挙で選ぶとした（第三条、第七条）。教育委員会の職務権限は、学校の設置・廃止・運営・管理、教科用図書の採択、教育委員会規則の制定・改廃等、広範にわたった（第四九条）。教育委員会は行政委員会の一つで、行政委員会は、専門技術的知識が求められる事項につき、職権を行使するにあたって独立性や政治的中立性を持つ合議制の機関である。教育委員会は、アメリカで発達した行政委員会制度をモデルとしたものである。

教育委員会法は、しかし、委員の公選にあたって教師や特定の運動体の出身者・関係者が選出されるなど、制度上・運営上の問題があるとの理由で、与党・政権が警戒するに至り、一九五六（昭和三一）年六月、教職員団体や学界等からの強い反対と国会での激しい論戦の末、全面改正されて、「地方教育行政の組織及び運営に関する法律」（地教行法）という名の新法が制定された。これにより、教育委員は地方公共団体の長が議会の同意を得て任命する（第四条）として、公選制から任命制に変更されるとともに、文部大臣は都道府県教育委員会に対し、都道府県教育委員会は市町村教育委員会に対し、教育事務の適正な処理を図るため指導・助言・援助を行い（第四八条）、地方公共団体の長又は教育委員会の教育事務の管理・執行が著しく適正を欠く等と認めるときは、違反の是正・改善のため必要な措置を要求し、あるいは自ら当該措置を行うことができるとした（第五二条）。中央と地方の教育行政の相互の役割分担と連携・協力・一体化が図られたわけである。教育委員の選出をめぐっては一九八一（昭和五六）年二月に、東京都中野区が区民投票を実施するなどの動き（準公選）もあったが、一九九四（平成六）年一月に同区議会は、一年後に準公選制を廃止することを決めた。

二〇〇六（平成一八）年に全面改正された教基法は、地方公共団体は当該地方の教育の振興を図るための施策を策定し実施しなければならない（第一六条第二項）とするとともに、国の教育振興基本計画を参酌して当該地方公共団体における教育振興基本計画を策定するよう努めるべきものとした（第一七条第二項）。これに従って、例えば名古屋市は二〇〇七（平成一九）年三月、「夢に向かって人生をきり拓くなごやっ子」などを理念に掲げた「名古屋市教育振興基本計画」を策定し、以下二〇一〇（平成二二）年三月に第二期計画を、二〇一九（平成三一）年三月に第三期計画を、いずれも市民から提出された意見を参考に策定している。

中教審は二〇〇七（平成一九）年三月、「教育基本法の改正を受けて緊急に必要とされる教育制度の改正について」を答申した。同答申は、地方分権の理念を尊重しつつ、改正教基法の精神に基づき、教育委員会の体制を充実していくとともに、国と地方の適切な役割分担を踏まえつつ、最終的には教育に国が責任を負える体制を構築していくことが必要であるとした上で、「教育基本法の改正及び中央教育審議会の答申、教育再生会議の報告、規制改革・民間開放推進会議の答申などを踏まえ、教育委員会の責任体制の明確化や体制の充実、教育における地方分権の推進や国の責任の果たし方等について、地方教育行政の組織及び運営に関する法律を改めること」を提言した。この提言を受けて地教行法は同年六月、第一条に条文を追加し、「国との適切な役割分担及び相互の協力」を基本理念としつつ（第一条の二）、地方公共団体の長は国の教育振興基本計画を参酌しながら当該地方公共団体の教育・学術・文化に関する総合的施策の大綱を定めることとし（第一条の三）、大綱の策定等を協議するため総合教育会議を設置するものとした（第一条の四）。文科大臣については、従来の指導・助言・援助のほか、教育委員会の教育事務に法令違反等がある場合には、当該違反を是正するなどの指示をすることができるとした（第五〇条）。教育行政における中央・地方の連携と中央のコントロールを強めるとともに、自治体の首長が教育と教育行政に関与することを認めたのである。教育行政における地方自治や教育委員会の中立性・独立性は、当初の理念から遠ざかっていくように思われる。

3　学　校

(1)　分岐型学校体系

学校体系は、単線型と複線型に大別される。単線型学校体系は、初等教育・中等教育・高等教育を通じて各学校系統が分かれず、全ての者が各自の能力に応じて上級の学校に進めるようにしてあるものである。複線型学校体系は、子ども（保護者）の階層によって学校系統が分かれ、上層階級の子ども達には初等教育から高等教育への進学が一貫して用意されているのに対し、庶民階級の子ども達にはそれが閉ざされていて、「純粋」な複線型学校体系では、全ての子ども達が共通に学ぶ学校が存在しないものである。この中間的なものとして、初等教育段階の学校は共通にしておき、それより上級の学校は進路によって体系が分かれる分岐型学校体系と呼ばれるものがあり、このタイプの学校体系はフォークシステムと呼ばれることがある。分岐型は複線型の一種である。

一八七二（明治五）年の「学制」は、学校の種類として、小学校は尋常小学、女児小学、村落小学、貧人小学、小学私塾、幼稚小学、そして廃人小学の区分を、中学校は上等中学、下等中学のほか、工業学校、商業学校、通弁学校、農業学校、諸民学校、そして廃人学校を挙げている（第二一章、第二九章）。大学は「高尚ノ諸学ヲ教ル専門科ノ学校」で、理学・法学・医学などの学科を置くこととした（第三八章）。もっとも、「学制」は、発布の年に太政官に上申した「学制着手順序」が、「厚ク力ヲ小学校ニ可用事」としたため、小学校の普及を喫緊の施策とし、中学校以上の学校には必ずしも十分な手が回らず、小学校も多くはにわか造りの間に合わせで、実際には寺などの一部をそれに充てるなどしていた状況で、学校体系は必ずしも整備されていたとは言い難いが、上等小学（尋常小学は上下二つに分かれていた）に各種の中等レベルの学校が連結しており、単線型に近い学校体系となっていた（図1）。一八七九（明治一二）年の教育令も、学校の種類を小学校・中学校・大学校・師範学校・専門学校・各種学校とし（第二条）、基本的にはここでも概ね単線型学校体系であった。

旧制度の学校体系の基礎をなしたのは一八八六（明治一九）年の学校令（小学校令、中学校令、帝国大学令、師範学校令）においてである。その後小学校令も中学校令も帝国大学令も改正を重ね、新たに高等女学校令（一八九九年）や高等学校令（一八九四年）などの制定があって学校体系は複雑化し、それに伴い、小学校卒業後の学校種が分かれる分岐型の体系になっていった。例えば一九〇〇（明治三三）年当時の学校系統では、六歳から一〇歳までの尋常小学校は全ての子どもに共通で、直ちに社会に出る者はここで区切りをつけ、実業学校・実業補習学校（乙種）に進学する場合は尋常小学校に接続するが、中学校・高等女学校・師範学校に進学するにはさらに高等小学校で二年間学ぶ必要があり、高等学校・専門学校・高等師範学校は中学校を卒業した者のみ進学が可能で、帝国大学は高等学校卒業者にのみ開かれていた。なお、小学校教師を養成する師範学校は、中・高・大とは別系統の学校に属していた（図2）。

義務教育の修業年限は、一八八六（明治一九）年の小学校令では満六歳から一四歳までの八年間を「学齢」とするほかは修業年限を特に定めておらず、一八九〇（明治二三）年の改正小学校令では、尋常小学校の修業年限を三年又

（図１） 1873（明治６）年

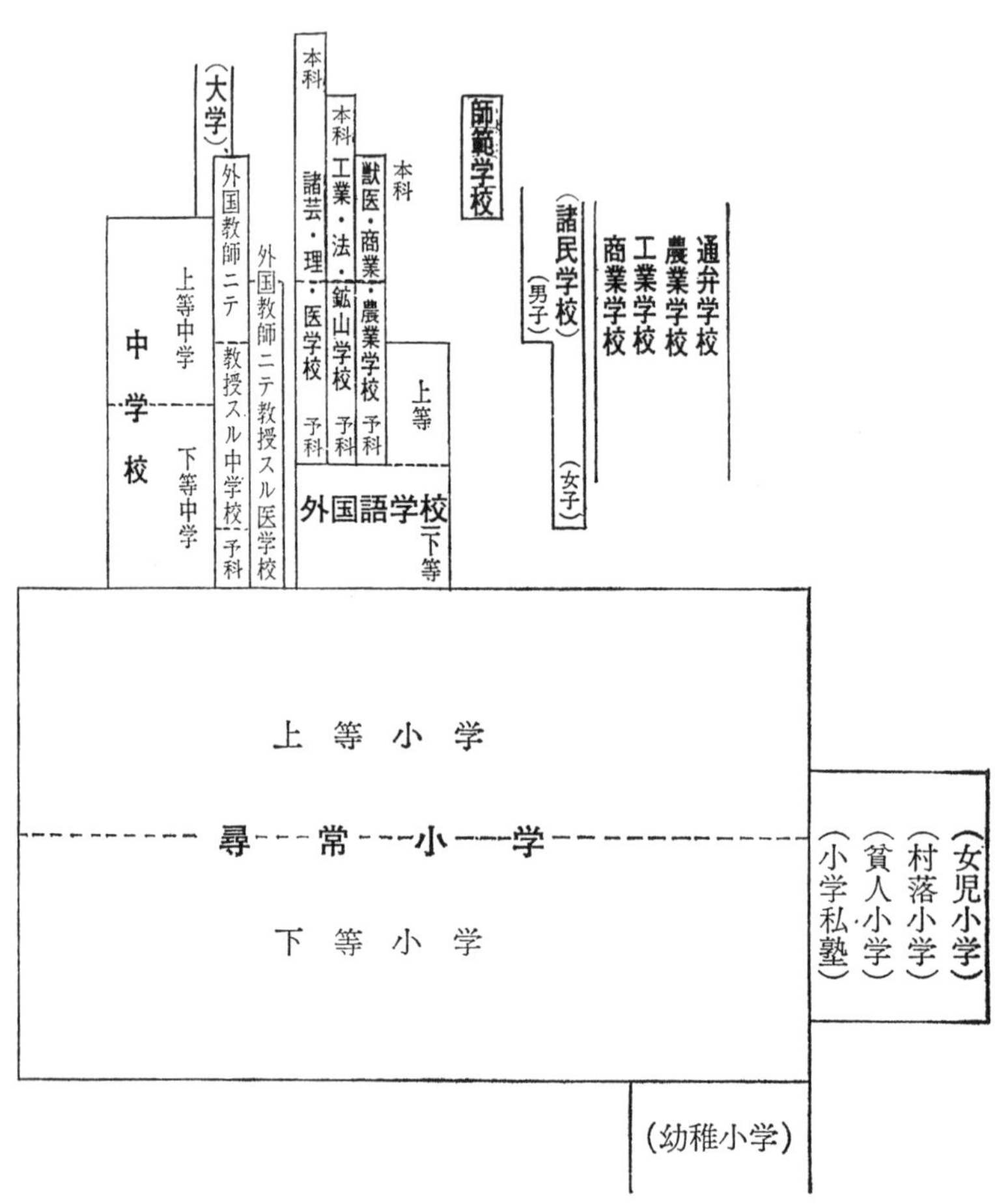

文部省『学制百年史　資料編』ぎょうせい　昭和50年

（図２） 1900（明治33）年

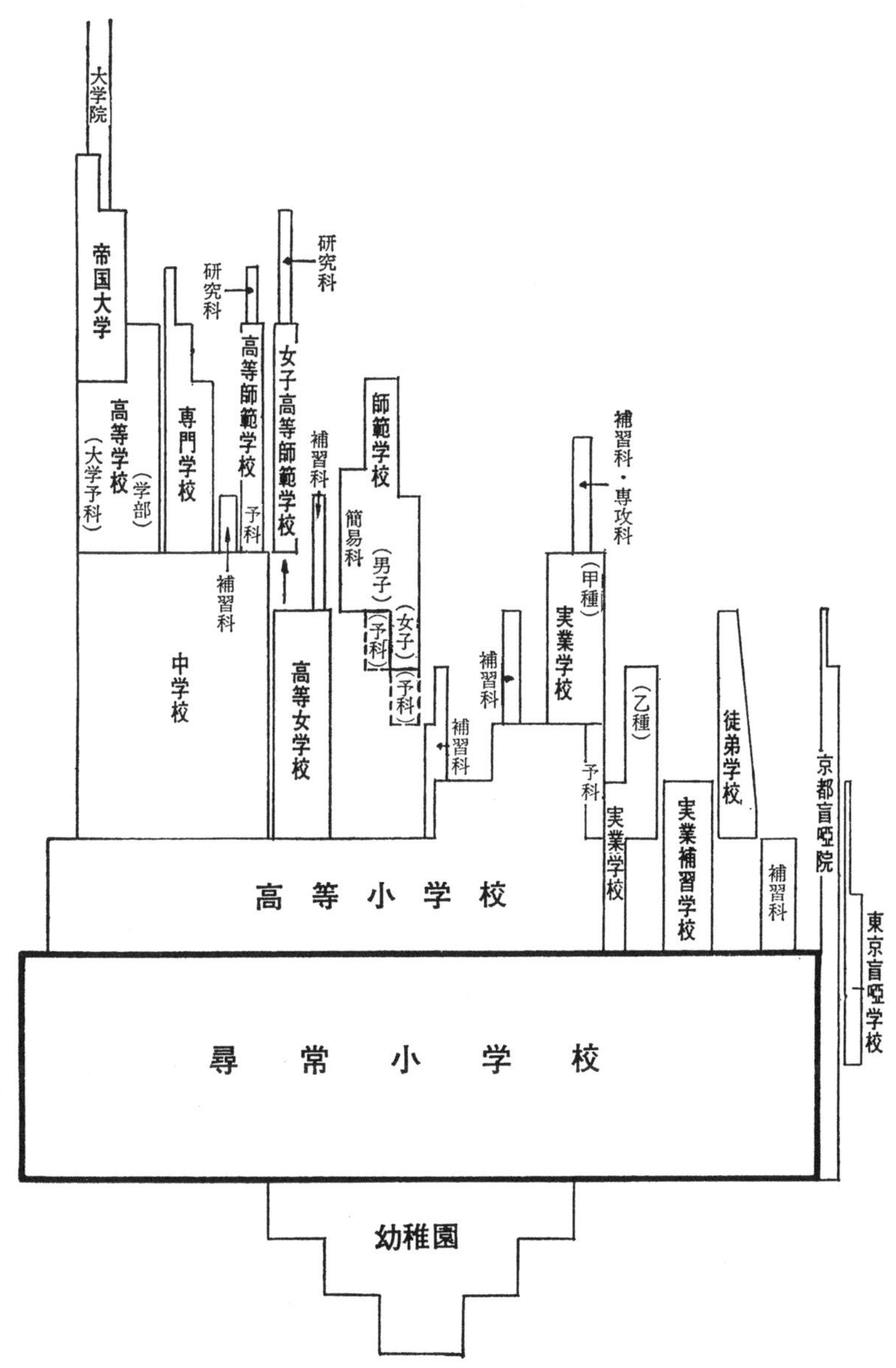

文部省『学制百年史　資料編』ぎょうせい　昭和50年

は四年、高等小学校のそれを二年〜四年とし、学齢児童（満六歳から一四歳まで）を尋常小学校に就学すべきこととした。一九〇〇（明治三三）年の小学校令では尋常小学校の修業年限を四年（義務制でない高等小学校は二〜四年）とし、学齢児童（満六歳〜一四歳まで）を尋常小学校に就学させるべきこととしたが、一九〇七（明治四〇）年の小学校令では、尋常小学校の修業年限を六年に延長した（高等小学校は二〜三年）。国民学校令（一九四一年）は、満六歳から一四歳までを国民学校への就学義務と定め（第八条）、義務教育年限を初等科六年・高等科二年の計八年とした。義務教育年限を八年に延長したのは画期的であったが、戦局の激化により、その実施は延期された。分岐型学校体系は国民学校令のもとにおいても維持されており、一二歳までの国民学校初等科は全てに共通であるが、その後は、高等科、中学校、高等女学校、実業学校等のいずれに進学するかで学校系統が分かれ、高等学校・専門学校・大学予科・高等師範学校は中学校卒業者にのみ開かれていた。師範学校予科と青年師範学校予科は国民学校高等科の卒業生に開かれていた（図3）。

(2) 単線型・新分岐型学校体系

第一次米国教育使節団報告書は、初等中等教育について、「六年制初等学校」の上に「三年制の初級中等学校」を創設し、これに続く「三年制の上級中等学校」を開設すべきだと提言した。教刷委はこの勧告に従い、国民学校初等科に続く教育機関として修業年限三年の中学校を、中学校に続く教育機関として三年制の高等学校を、そして、高等学校に続く教育機関として原則四年制の大学を設けるべきことを建議した。一九四七（昭和二二）年の教基法は、「国民は、その保護する子女に、九年の普通教育を受けさせる義務を負う」とし（第四条）、同年の学校教育法が、「この法律で、学校とは、小学校、中学校、高等学校、大学、盲学校、聾学校、養護学校及び幼稚園」と定め（第一条）、修業年限をそれぞれ、小学校六年、中学校三年、高等学校三年（特別の技能教育を施す課程では三年を超えうる）、大学四年（特別の専門事項を教授研究する学部等では四年を超えうる）とした（第一九条、第三七条、第四六条、第五五条）。戦後の新しい学校制度は、明快な単線型体系として出発したのである（図4）。

内閣は一九五一（昭和二六）年五月、占領下に行われた諸改革を再検討するために「政令改正諮問委員会」を設置した。同委員会は同年一一月、「教育制度の改革に関する答申」を出し、「六・三・三・四の学校体系は原則的にはこれを維持し、そのうち、六・三を義務教育とすることは従来通りとすること」としつつ、「学校体系の画一性を打破し、六・三・三・四のそれぞれを適当に配合した学校を設けるよう考慮すること」として、次のように提言した。中学校三年と高校三年（又はそのうち二年）を合わせた六年制（又は五年制）の農・工・商等の職業教育に重点を置く「高等学校」を認めること、高校三年と大学の二年又は三年を合わせた五年制又は六年制の農・工・商・教育等の職業教育に重点を置く「専修大学」を認めること、国立大学はその規模・能力に応じ且つ地方的事情を考慮して普通大学と専修大学とに区分すること、等。これらの提言は実現しなかったが、単線型学校体系は早くも手直しが試みられていたわけである。

経済界は一九五〇年代後半、中級技術者の養成を目的とする教育機関の設置を求める意見を公表した。こうした意見には、差別的な複線型教育制度の復活だとして反対が唱えられたが、高度経済成長政策が開始され、人的能力開発の要請が高まる中で、一九六一（昭和三六）年六月に学校教育法が一部改正され、「深く専門の学芸を教授し、職業に必要な能力を育成することを目的とする」五年制の高等専門学校を創設した。教育改革はその後、一九六五年のラングランによるアイデアの影響を受けての生涯教育・社会教育に関する提言（例えば一九七四年四月の社会教育審議会建議「在学青少年に対する社会教育の在り方について」、一九七九年六月の中教審答申「地域社会と文化について」）や、いわゆる「学園紛争」状況下での大学に関する諸提言（例えば一九六九年四月の中教審答申「当面する大学教育の課題に対応する方策について」）など、社会教育や高等教育についての提言が続き、初等中等レベルの学校

（図３） 1944（昭和19）年

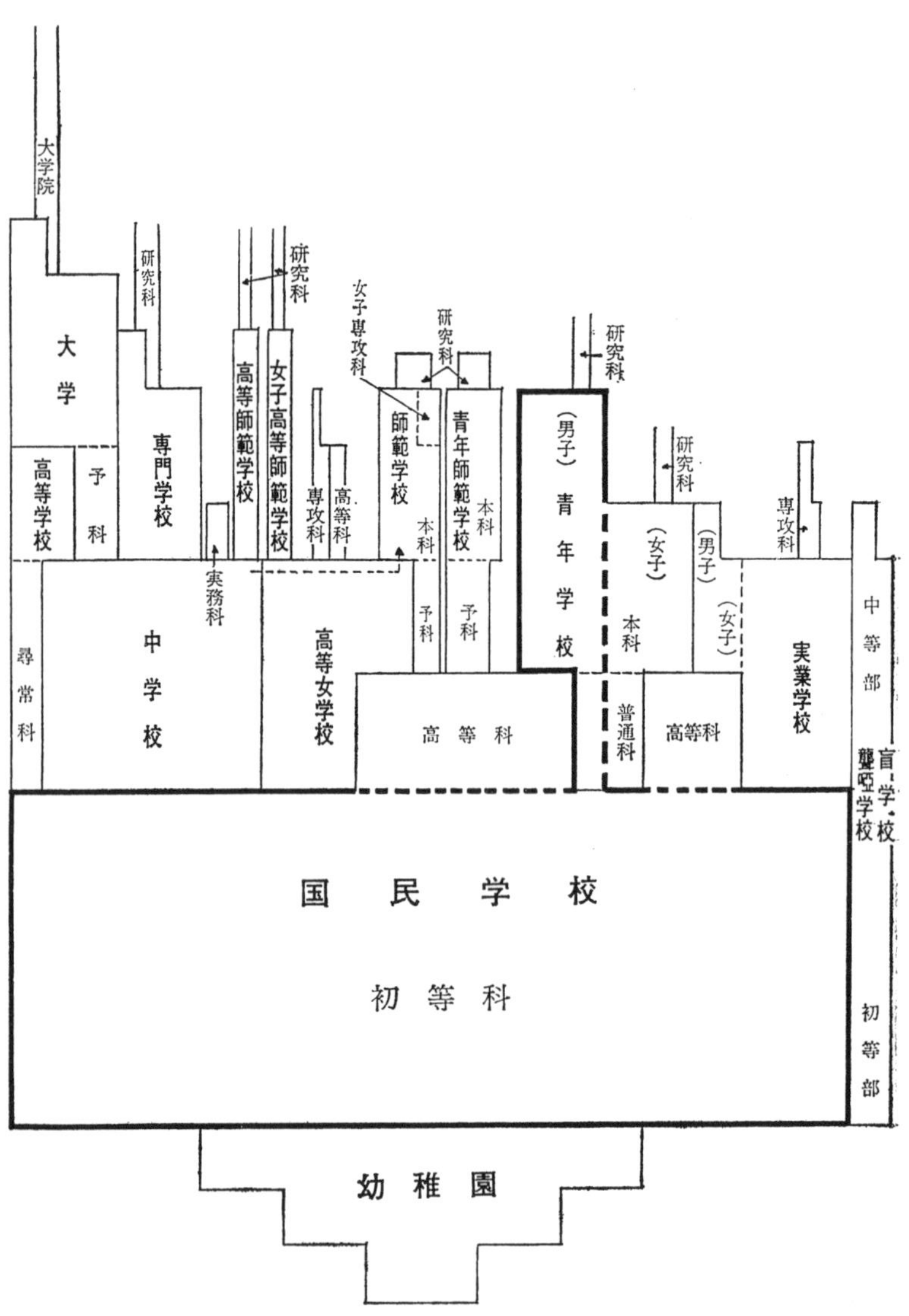

文部省『学制百年史　資料編』ぎょうせい　昭和50年

（図4）1949（昭和24）年

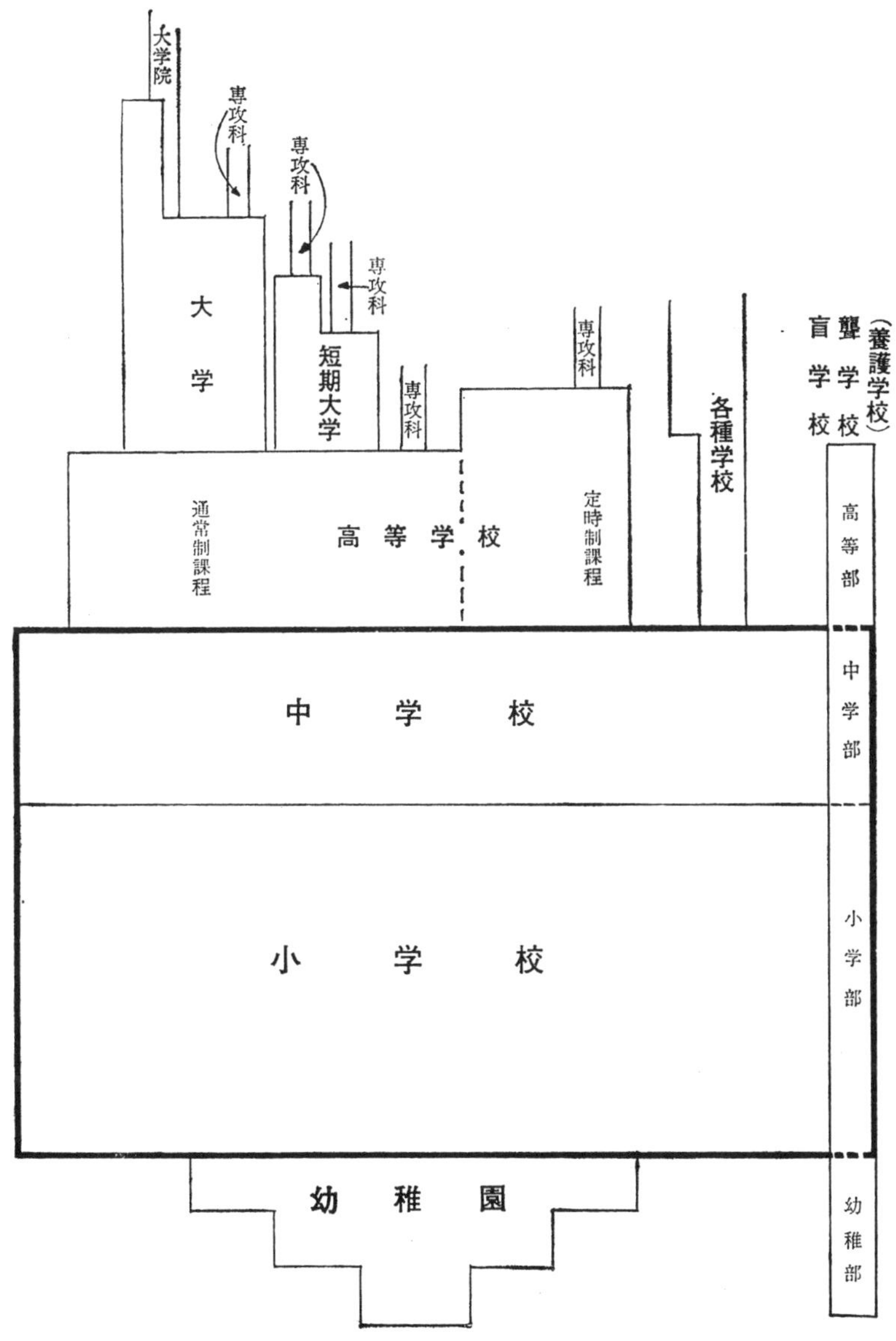

文部省『学制百年史　資料編』ぎょうせい　昭和50年

制度には特に大きな変化の動きは見られなかった。

変化は一九八五（昭和六〇）年六月の臨教審「教育改革に関する第一次答申」で現れた。同答申は、「現行の中学校教育と高等学校教育を統合し、……生徒の個性の伸長を継続的、発展的に図ることを目指す新しい学校として、地方公共団体、学校法人などの判断により、六年制中等学校を設置できるようにする」と提言したのである。中学・高校を通じての事実上の一貫教育は、国立や私立で早くから行われていたが、「中等学校」という名称の新たな学校種を創設し、学校体系に制度上の変化をもたらす道筋を作ったわけである。一九九八（平成一〇）年六月に学校教育法が一部改正され、新たな章を追加して修業年限六年の「中等教育学校」を設け、また、同一の設置者が設置する中学校及び高等学校においては、中等教育学校に準じた一貫教育を行うことができるとした。中等教育学校は、前期三年の課程と後期三年の課程に区分され、前期課程は中学校に、後期課程は高等学校にそれぞれ相当する。

就学前の子どもについては、二〇〇六年（平成一八）年一〇月、「就学前の子どもに関する教育・保育等の総合的な提供の推進に関する法律」（いわゆる「認定こども園法」）が制定され、都道府県の条例で定める要件に適合しているとの認定を受けた幼稚園又は保育所等（保育所や保育機能施設）が、就学前の子どもに対する教育及び保育と、保護者に対する子育て支援の総合的な提供を行う「幼保連携型認定こども園」を設置することとした（第一条、第三条等）。幼児期の教育・保育が重要であるという生涯学習の考えや、家庭・地域を取り巻く環境の変化などがその背景をなす。さらに二〇一五（平成二七）年六月には、学校教育法が一部改正され、新たな章を追加して、初等教育と前期中等教育を合わせた修業年限九年の「義務教育学校」を設けた。

文部科学省の『学校基本調査』（令和元年度）によると、わが国には、小学校一九、四三二校、中学校一〇、二二二校、義務教育学校九四校、高等学校四、八八七校、特別支援学校一、一四六校、高等専門学校五七校、短期大学三二六校、大学七八六校が存在する。

「すべて国民は、法律の定めるところにより、その能力に応じて、ひとしく教育を受ける権利を有する」とした憲法第二六条第一項と、「すべて国民は、その能力に応ずる教育を受ける機会を与えられなければならないのであって、人種、信条、性別、社会的身分、経済的地位又は門地によって、教育上差別されない」とした一九四七年教基法第三条第一項の理念によって樹立された単線型学校体系は、新たな分岐型体系への方向転換の様相を示し始めている（図5）。これを、子ども・保護者の「学校選択権」に対応する多様化と捉えるか、それとも、「立身」や「成功」への道のりを「能力」や経済的地位によって差別的に用意する制度と捉えるかは、教育における公平・公正ないし「教育における正義」をどのように考えるかに関わる。

(3) 盲聾唖学校

「学制」は「其外廃人学校アルヘシ」と定め（第二一条）、小学校の一種として「廃人学校」を予定していた。「廃人学校」は外国の障害児教育施設を念頭に置いていたものと思われ、障害児教育に関して当時一定の認識があったことを窺わせるが、実施されることはなかった。教育令では「廃人学校」の規定は消え、改正教育令にも再改正教育令にも、その種の学校に関する規定は見当たらない。障害児のための教育の試みは「学制」の数年後、一八七八（明治一一）年の京都盲唖院、一八八〇（明治一三）年の東京の訓盲院などの開設・設置に見られるようになった。その後、一八九一（明治二四）年には東京に知的障害児のための施設が設立され（滝乃川学園）、一九〇九（明治四二）年には千葉に病弱・虚弱な児童のための転地療養施設（東京市養育院安房分院）が、一九二一（大正一〇）年には東京に肢体不自由児のための初等教育を行う施設（柏学園）の設立が続いた。そのほとんどは篤志家たちの個人的な熱意と努力によるもので、それが官や公の動きを促していった。

一八八六（明治一九）年の小学校令は、障害のある子ども達のための学校について格別の用意をしておらず、疾病

（図５） 2019（令和元）年

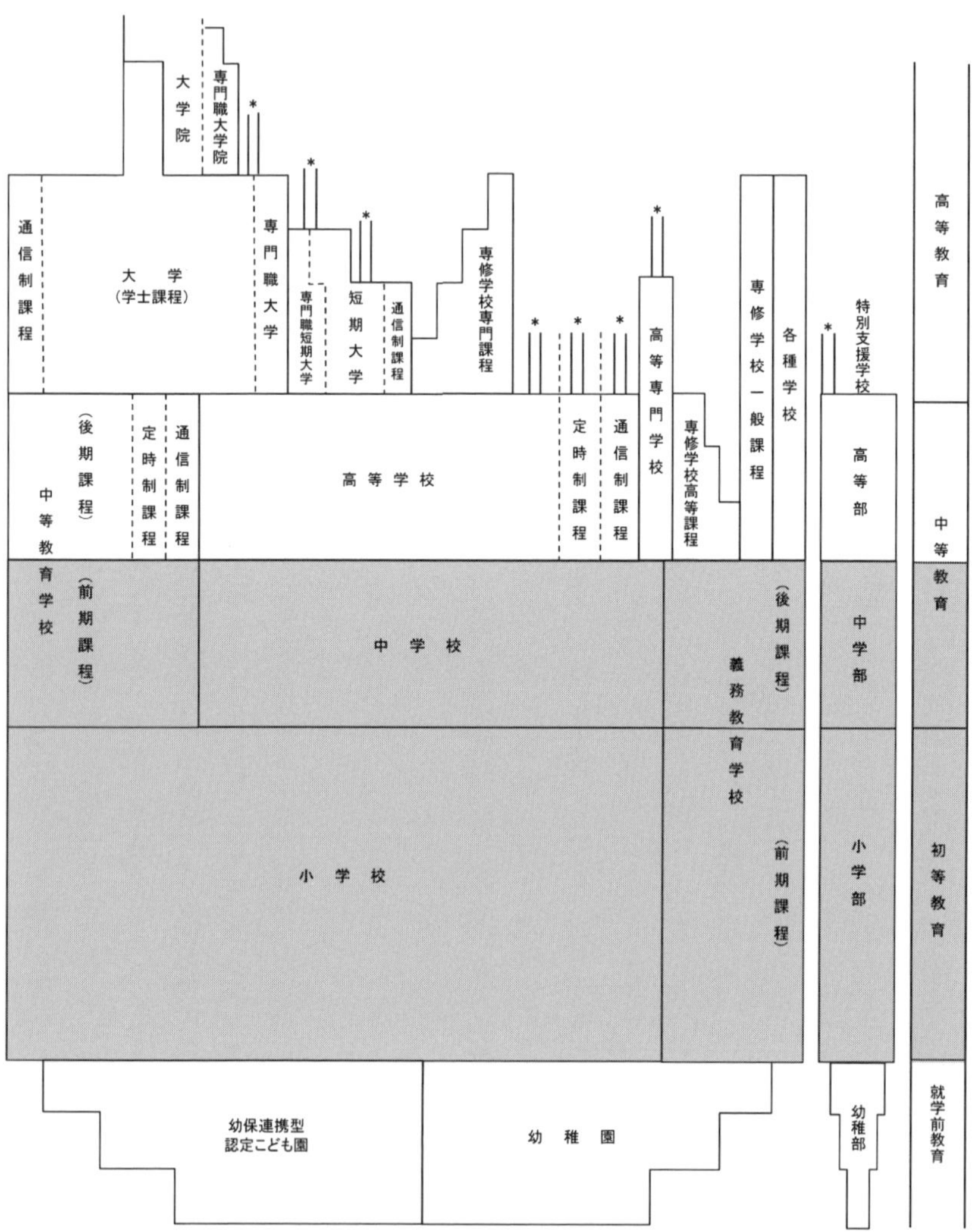

独立行政法人 大学改革支援・学位授与機構『日本の高等教育・質保証システムの概要（第３版）』2019年

のある児童についての就学猶予を定めるに留まっていたが（第五条）、改正小学校令（一八九〇年）は、「市町村ハ幼稚園図書館盲唖学校其他小学校ニ類スル各種学校等ヲ設置スルコトヲ得」と定め（第四〇条）、一九〇〇（明治三三）年八月の小学校令は、これとほぼ同様の規定（第一七条）のほか、「瘋癲白痴又ハ不具廃疾」の学齢児童及び「病弱又ハ発育不完全」の学齢児童の就学についての規定（第三三条）を設け、障害のある児童の教育機会について配慮を示した。しかし同条は、「学齢児童瘋癲白痴又ハ不具廃疾ノ為就学スルコト能ハスト認メタルトキハ市町村長ハ監督官庁ノ認可ヲ受ケ学齢児童保護者ノ義務ヲ免除スルコトヲ得」とし、「学齢児童病弱又ハ発育不完全ノ為就学セシムヘキ時期ニ於テ就学スルコト能ハスト認メタルトキハ市町村長ハ監督官庁ノ認可ヲ受ケ其ノ就学ヲ猶予スルコトヲ得」としており、その権利保障は不十分であった。

一九二三（大正一二）八月には、盲聾唖児童のための最初の独立した勅令「盲学校及聾唖学校令」が制定され、盲聾唖学校は「生活ニ須要ナル特殊ノ知識ヲ授クルヲ以テ目的トシ国民道徳ノ涵養ニ力ムヘキモノトス」（第一条）とした上で、道府県に設置義務を課すとともに、市町村・市町村学校組合・町村学校組合・私人は「設置スルコトヲ得」とした（第二条、第四条、第五条）。「公立ノ盲学校及聾唖学校ノ初等部及其ノ予科ニ在リテハ授業料入学料等ヲ徴収スルコトヲ得ス」とも定めた。この時点では盲学校と聾唖学校の制度化が「養護学校」に一歩先んじていた。

一九三八（昭和一三）年一二月に教育審議会は、答申「国民学校、師範学校及幼稚園ニ関スル件」で、「精神又ハ身体ノ故障アル児童ニ付特別ノ教育施設並ニ之ガ助成方法ヲ講ズルヤウ考慮シ、特ニ盲聾唖教育ハ国民学校ニ準ジ速ニ之ヲ義務教育トスルコト」と述べ、盲聾唖教育の義務化を提言した。しかし一九四一（昭和一六）年三月制定の国民学校令は、財政的理由などから義務化することができず、一九〇〇（明治三三）年の小学校令におけると同様、就学不可能な「瘋癲白痴又ハ不具廃疾ノ」児童については就学義務を免除することができ、「病弱又ハ発育不完全ノ」児童については就学を猶予することができると規定した（第九条）。ただ、一方で、実施が容易でない戦局下、国民学校令施行規則は、「国民学校ニ於テハ身体虚弱、精神薄弱其ノ他心身ニ異常アル児童ニシテ特別養護ノ必要アリト認ムルモノノ為ニ学級又ハ学校ヲ編制スルコトヲ得」とし（第五三条）、「特別養護」の必要がある子ども達のための学級・学校の制度化への道を開こうとしていたことは、注目に値する。

(4) 特別支援学校

一九四七（昭和二二）年の学校教育法は、小学校・中学校と並んで「盲学校、聾学校若しくは養護学校」に就学させる義務を保護者に課すとともに（第二二条、第三九条）、第六章「特殊教育」を設けて、都道府県に盲・聾・養護学校の設置義務と、小・中・高校に「特殊学級」を置くことができることなどの規定を設けた。他方、「病弱、発育不完全その他やむを得ない事由のため、就学困難と認められる者」については、その義務を「猶予又は免除することができる」との規定も置いていた（第二三条）。同法はまた附則で、前述の第二二条と第三九条につき、盲・聾・養護学校の設置義務に関しては別に勅令（後の政令）で定めるとしたことから、一九五二（昭和二七）年八月には文部省初等中等教育局に特殊教育室が設置されて、障害児のための教育の振興が図られた。しかし実際には、翌一九五三（昭和二八）年七月に中教審が「義務教育に関する答申」で、「盲、ろう、精神薄弱、し体不自由、身体虚弱な者等のための特殊教育を一段と振興することが望ましい」と述べたのとは裏腹に、「特殊教育」の全面的な進展は十分ではなかった。すなわち、翌一九五四（昭和二九）年一二月の「特殊教育ならびにへき地教育振興に関する答申」で、「盲学校・ろう学校および養護学校への就学奨励に関する法律の施行により、盲学校・ろう学校における就学奨励が積極的に講じられつつあるが、その就学率は依然低調であり、さらに、盲者・ろう者以外の特殊教育の対象はその数がきわめて多いにもかかわらず、これらの者に対する教育については、国としてほとんど具体的な施策が講じられていない」実情に鑑み、すみやかに然るべき方途を講ずる必要があるとしたのであるが、先行していた盲・聾学校に比べて養護学校の義務制は遅れていた。

養護学校の義務化への動きが本格化したのは、一九七一（昭和四六）年六月の中教審答申「今後における学校教育の総合的な拡充整備のための基本的施策について」が、「これまで延期されてきた養護学校における義務教育を実施に移す」旨提言したのを受けて、文部省が養護学校整備七年計画を立て、この計画を前提に一九七三（昭和四八）年一一月、「学校教育法中養護学校における就学義務及び養護学校の設置義務に関する部分の施行期日を定める政令」を公布したことによる。かくて、一九七九（昭和五四）年四月から養護学校の義務制を実施することが予告されたのであった。

養護学校の義務化が実施に向けて進行するにあたり、方向性の異なる養護学校建設反対の動きが起きた。一つは、養護学校は「健常者」と「障害者」を分離し障害者に対する社会的差別を強めるとする方向からの反対である。この反対運動に呼応するものとして、障害児の小学校への自主登校を支援する行動の過程で生じた小学校への侵入等が問題となった事件の刑事裁判で、判決は、障害の程度によって障害児と健常児とを分離する学校教育制度は違憲・違法ではないとした（東京高判昭和五七年一月二八日　判タ四七四号二四二頁）。他は、障害児に対する偏見・無理解からのもので、養護学校の建設が予定された地域の住民が、「商店の品物が盗まれる」「気持ち悪い」などの理由で反対運動を展開した。紆余曲折を経て、知的障害・肢体不自由・病弱等の養護学校への就学義務の制度が整えられ、一九七九（昭和五四）年四月から実施に移されたが、障害のある子ども達に対する人々の理解と行動には、今なお複雑かつ不十分なものがある。

二〇〇一（平成一三）年一月の「二一世紀の特殊教育の在り方に関する調査研究協力者会議」の最終報告が、「特別な教育的支援を必要とする児童生徒への対応」という表現を用いた頃から、「特殊教育」に代わって「特別支援教育」の語が使われ始め、右の報告が出されたと同じ時期に行われた中央省庁再編に伴い、「文部省」から名称変更した「文部科学省」には、初等中等教育局に特別支援教育課が設置された。同年一〇月に文科省が設置した「特別支援教育の在り方に関する調査研究協力者会議」の最終報告（二〇〇三年三月）は、「障害の種類と程度に応じて盲・聾・養護学校や特殊学級において」行う「特殊教育」から「障害のある児童生徒一人一人の教育的ニーズを把握し、適切な対応を図る」特別支援教育に転換するとし、併せて、特別支援学校（仮称）を地域の特別支援教育のセンター的機能を有する学校とすること、特別支援教育の体制を確立するとともに特殊学級や通級による指導のあり方を見直すこと、教員等の専門性を強化するための免許制度を改善すること等を指摘した。これを受けて中教審は二〇〇五（平成一七）年一二月、「特別支援教育を推進するための制度の在り方について」を答申し、特別支援教育を、「障害のある幼児児童生徒の自立や社会参加に向けた主体的な取組を支援するという視点に立ち、幼児児童生徒一人一人の教育的ニーズを把握し、その持てる力を高め、生活や学習上の困難を改善又は克服するため、適切な指導及び必要な支援を行うもの」と定義した。

二〇〇七（平成一九）年六月に改正された学校教育法は、第八章を「特別支援教育」に充て、これまで障害の種別に対応して設置されていた盲学校・聾学校・養護学校を特別支援学校に一本化するとともに、幼稚園、小学校、中学校、義務教育学校、高等学校又は中等教育学校からの要請に応じて、障害のある幼児、児童又は生徒の教育に関し必要な助言又は援助を行うよう努めるものとした（第七四条）。都道府県に設置を義務づけた特別支援学校は、教育上特別の支援を必要とする幼児・児童・生徒のための教育機関であると同時に、特別支援教育のセンターに位置づけられたわけである。また、小・中学校等においては、教育上特別の支援を必要とする幼児・児童・生徒に対し、障害による学習上又は生活上の困難を克服するための教育を行うものとし、知的障害・肢体不自由・身体虚弱・弱視・難聴等の児童・生徒のために特別支援学級を置くことができ、疾病により療養中の児童及び生徒に対しては、特別支援学級を設け、又は教員を派遣して教育を行うことができるとした（第八一条）。

特別支援教育の充実は、その制度・教育内容等の面のみならず、「障害」に対する人々の意識のいかんに負うところが大きいと言わなければならない。

引用・出典・参考文献

・山住正巳『日本教育小史』岩波新書　一九八七年
・仲　新監修『日本近代教育史』講談社　昭和四八年
・山本七平『「空気」の研究』文春文庫　二〇一八年
・堀尾輝久『人権としての教育』岩波現代文庫　二〇一九年
・群馬県教育委員会『群馬県教育史　第二巻（明治編下巻）』昭和四八年
・丸山真男『日本の思想』岩波新書　一九六一年
・Wikipedia：「井上哲次郎」
・末木文美士『日本思想史』岩波新書　二〇二〇年
・内務省衛生局『流行性感冒』大正一一年　国立国会図書館デジタルコレクション
・宮沢俊義『憲法Ⅱ』有斐閣　昭和三四年
・名古屋教育史編集委員会『名古屋教育史Ⅰ』名古屋市教育委員会　平成二五年
・『教育改革に関する答申――臨時教育審議会第一次～第四次（最終）答申――』大蔵省　印刷局　昭和六三年
・https://www.mext.go.jp/b_menu/kihon/discussion/07011611.pdf「教育基本法改正に関する国会審議における主な答弁」
・文部省『学制百年史』ぎょうせい　昭和五〇年
・文部省『学制百二十年史』ぎょうせい　平成四年
・『米国教育使節団報告書』国際特信社　一九四六年
・教育刷新委員会『教育刷新委員会建議第一集』昭和二三年

・木田　宏『逐条解説　地方教育行政の組織および運営に関する法律』第一法規　昭和三一年
・大野智也『障害者は、いま』岩波新書　一九八八年

三　教育の目的・目標と内容・方法

1　教育の目的・目標

(1)　教育目的・目標の変遷

「学制」は序文で、実利的な立身・治産・昌業をめざし、修身・開智・才芸を修めるべきことを目的に掲げたが、本文においては格別の目的・目標を示さず、「学制」発布の二日後に定められた「小学教則」（文部省布達番外）も、各級の課程・科目とその内容・時間数を列記するに留まっている。一八七九（明治一二）年の教育令も、翌年の改正教育令も、「小学校ハ普通ノ教育ヲ児童ニ授クル」とした程度で（第三条）、一八八一（明治一四）年五月の「小学校教則綱領」（文部省達）が、「児童ノ徳性ヲ涵養スヘシ」（修身）、「児童ノ観察力ヲ養成スヘシ」（地理）、「尊王愛国ノ志気ヲ養成センコトヲ要ス」（歴史）など、教科ごとに個別の目標を示すだけで、小学校教育全般の目的は明示していない。一八八五（明治一八）年の再改正教育令も同様である

一八八六（明治一九）年の諸学校令では、小学校令及び「小学校ノ学科及其程度」（一八八六年五月）には目的・目標を示す条文がないが、中学校令は、「中学校ハ実業ニ就カント欲シ又ハ高等ノ学校ニ入ラント欲スルモノニ須要ナル教育ヲ為ス」、帝国大学令は、「国家ノ須要ニ応スル学術技芸ヲ教授シ及其蘊奥ヲ攻究スルヲ以テ目的トス」と定め、師範学校令は、在学する生徒に「順良信愛威重ノ気質ヲ備ヘシムルコト」を求め（いずれも各第一条）、学校と

してめざすべき目的に触れている。

小学校の教育目的を明記するに至ったのは、大日本帝国憲法発布の翌一八九〇（明治二三）年一〇月、教育勅語発布の直前に改正された小学校令においてであった。その第一条は、「小学校ハ児童身体ノ発達ニ留意シテ道徳教育及国民教育ノ基礎並其生活ニ必須ナル普通ノ知識技能ヲ授クルヲ以テ本旨トス」と定める。教育勅語は、国憲を重んじ国法に遵（したが）い天壌無窮の皇運を扶翼すべき臣民を育成すると述べ、以後これが日本の公教育全般を貫く大目的となったが、改正小学校令はこれと符節を合わせた「道徳教育」と「国民教育」を本旨とした。一九四一（昭和一六）年の国民学校令では、「国民学校ハ皇国ノ道ニ則リテ初等普通教育ヲ施シ国民ノ基礎的錬成ヲ為スヲ以テ目的トス」と定め（第一条）、一九四三（昭和一八）年一月の「中等学校令」も同様に、「中等学校ハ皇国ノ道ニ則リテ高等普通教育又ハ実業教育ヲ施シ国民ノ錬成ヲ為スヲ以テ目的トス」と規定した。一九三七（昭和一二）年に文部省が『国体の本義』を出版したことで、「国体明徴」はさらに鮮明となっていたが、戦時体制を迎え、学校は「皇国民錬成」を目的とする場と位置づけられた。

敗戦を機に日本国憲法は、民主主義・人権尊重主義・平和主義のもと、新たな国造りの方向を指し示したが、憲法と一体をなす教育基本法は、教育の目的を次のように定めた。「教育は、人格の完成をめざし、平和的な国家及び社会の形成者として、真理と正義を愛し、個人の価値をたっとび、勤労と責任を重んじ、自主的精神に充ちた心身ともに健康な国民の育成を期して行われなければならない」（第一条）。教基法と同日に制定された学校教育法は、小・中・高についてはそれぞれ目的・目標を、大学については目的を明記した。小学校についてみると、「心身の発達に応じて、初等普通教育を施すことを目的」とし（第一七条）、第一八条各号では八つの目標を列挙している。第一号の「学校内外の社会生活の経験に基き、人間相互の関係について、正しい理解と協同、自主及び自律の精神を養うこと」、第二号の「郷土及び国家の現状と伝統について、正しい理解に導き、進んで国際協調の精神を養うこと」、第三号の「日常生活に必要な衣、食、住、産業等について、基礎的な理解と技能を養うこと」は、多かれ少なかれ教育全般に通じるもので、第四号以下は、国語・算数・理科・体育・音楽・図画工作等の各教科に対応する目標となっている。中学校にあっては、「小学校における教育の基礎の上に、心身の発達に応じて、中等普通教育を施すことを目的」とし、「個性に応じて将来の進路を選択する能力を養うこと」「公正な判断力を養うこと」などを（第三五条、第三六条）、高等学校にあっては、「高等普通教育及び専門教育を施すことを目的」とし、「一般的な教養を高め、専門的な技能に習熟させること」「社会について、広く深い理解と健全な批判力を養い、個性の確立に努めること」などを目標としている（第四一条、第四二条）。

(2)　現行の教育目的・目標

「聖域なき構造改革」「官から民へ」「中央から地方へ」などを政治スローガンに掲げて二〇〇一（平成一三）年四月に発足した小泉内閣は、二〇〇〇（平成一二）年一二月の教育改革国民会議の報告や、二〇〇三（平成一五）年三月の中教審答申「新しい時代にふさわしい教育基本法と教育振興基本計画の在り方について」を受けて、二〇〇六（平成一八）年一二月、教基法を全面改正した（成立時は同年一〇月に発足した安倍内閣）。教基法はそれまでも何度か政権政党が改正を試みていたものであったが、教員団体や革新政党をはじめ多くの国民は改正に反対して実現しなかったところ、日教組の弱体化や国民意識の変化もあり、高い支持率を誇った小泉内閣は、さほど広範・激烈な反対運動を受けることなく改正に踏み切り、政権政党の宿願の一つを果たしたのである。

改正教基法は前文において、「真理と平和を希求し」を「真理と正義を希求し」に変えたほか、「公共の精神を尊び」や「我が国の未来を切り拓く」といった語句を新たに加えるとともに、第一条の「教育の目的」規定のうち、「真理と正義を愛し、個人の価値をたっとび、勤労と責任を重んじ、自主的精神に充ちた」の部分を削除した。そして旧法の第二条に、「教育の方針」に代えて「教育の目標」規定を置き、五項目にわたって詳細な条文を掲げた。幅広い知識と教養、豊かな情操と道徳心、健やかな身体、個人の価値の尊重、創造性、自主・自律の精神、勤労を重んずる態度、正義と責任、男女の平等、自他の敬愛と協力、公共の精神、主体的な社会形成への参画、環境の保全、伝統と文化の尊重、我が国と郷土への愛、国際社会の平和と発展への寄与等々が、同条に盛られているタームである。これらのタームは、一九四七（昭和二二）年に教基法が制定されて五九年が経過する間に、わが国の政治・経済・社会の変化に伴い、教育界で盛んに議論され飛び交ったもので、そのうち、道徳心、公共性、国家・郷土愛などの語は、政権政党が特に強調していたものであった。例えば、一九六六（昭和四一）年一〇月の中教審答申「後期中等教育の拡充整備について」に付けられた「期待される人間像」には、「日本人にとくに期待されるもの」として、「畏（い）敬の念をもつこと」「正しい愛国心をもつこと」「象徴に敬愛の念をもつこと」等が挙げられていた。家庭教育のあり方に言及している点でも改正教基法は特徴的である。「保護者は、子の教育について第一次的責任を有するものであって、生活のために必要な習慣を身に付けさせるとともに、自立心を育成し、心身の調和のとれた発達を図るよう努めるものとする」（第一〇条第一項）。古代ローマには、「法は家庭に入らず」という法格言があるが、改正教基法は、家庭教育を外部から奨励するに留まらず、家庭教育の目的そのものにも容喙（ようかい）している。

改正教基法は、義務教育の目的として、「各個人の有する能力を伸ばしつつ社会において自立的に生きる基礎を培い、また、国家及び社会の形成者として必要とされる基本的な資質を養うこと」を謳っているが（第五条第二項）、二〇〇七（平成一九）年六月に大幅に改正された学校教育法は、この規定を受けて、「義務教育として行われる普通教育」の目標を一〇項目にわたって詳細に定めた（第二一条各号）。初めの四項目は教育全般に通じるもので、第一号には、社会的活動の推進、自主・自律・協同の精神、規範意識、公正な判断力、公共の精神、主体的な社会形成への参画等を挙げ、第二号には、自然体験活動の促進、生命・自然の尊重、環境の保全等を、第三号には、国と郷土の現状と歴史についての正しい理解、伝統と文化の尊重、国と郷土への愛、外国文化の理解、他国の尊重、国際社会の平和と発展への寄与等を、そして第四号には、家族と家庭、衣・食・住、情報、産業その他についての基礎的理解と技能等を、列挙する。幼稚園、高校、中等教育学校などについても、それぞれ目的と目標を掲げている。例えば幼稚園は、「幼児を保育し、幼児の健やかな成長のために適当な環境を与えて、その心身の発達を助長すること」を目的とし、「健康、安全で幸福な生活のために必要な基本的な習慣を養い、身体諸機能の調和的発達を図ること」等を目標とする（第二二条、第二三条）。

改正学校教育法はまた、従来の盲学校・聾学校・養護学校を特別支援学校に一本化した上で、特別支援学校は、視覚障害者、聴覚障害者、知的障害者、肢体不自由者又は身体虚弱者を含む病弱者に対して、幼稚園、小学校、中学校又は高等学校に準ずる教育を施すとともに、障害による学習上又は生活上の困難を克服し自立を図るために必要な知識技能を授けることを目的とした（第七二条）。

(3)　教育課程

教育は、その実施に際しては、目的・目標の到達に向けて個別・具体的な計画を立てる必要がある。その計画は教育課程と呼ばれる。学校における教育課程は、教科、教材、学校行事などを系統的に編成したもので、カリキュラム（curriculum）の訳として使われる。「カリキュラム」は第二次世界大戦後のアメリカからもたらされた語で、初心者向けの教育学テキストなどでは、ラテン語の currere（走る）を語源とし、「走るコース」「走路」を意味すると解説される。

わが国では戦後当初、「教科課程」という表現を用い、次節で述べる一九四七（昭和二二）年の『学習指導要領一般編（試案）』は、教科課程を、「どの学年でどういう教科を課するかをきめ、またその課する教科と教科内容との学年的な配当を系統づけたもの」と定義していたが、一九五一（昭和二六）年の改訂版学習指導要領は、教科課程を「教育課程」に改め、「児童・生徒たちが望ましい成長発達を遂げるために必要な諸経験をかれらに提供する全体計画」「学校の指導のもとに、実際に児童・生徒がもつところの教育的な諸経験、または諸活動の全体」と定義した。学校教育を教科に限定せずさまざまな活動を含めて幅広く捉えようとしたものと言える。

学校でのカリキュラムは伝統的に、学問体系を基礎に置いて教科の教授―学習を重視する「教科中心カリキュラム」と、子ども達の体験・経験を重視する「経験中心カリキュラム」に大別され、それぞれ長短があることから、教育現場では両者の長所を生かすカリキュラム編成が工夫される。カリキュラムの歴史を大ざっぱに見ると、教科に重点を置く教育と経験に重点を置く教育とが、理論的にも実践的にも、種々のバリエーションに彩られながら交互に登場している。

二〇一六（平成二八）年一二月の中教審答申「幼稚園、小学校、中学校、高等学校及び特別支援学校の学習指導要領等の改善及び必要な方策等について」は、「教育課程とは、学校教育の目的や目標を達成するために、教育の内容を子供の心身の発達に応じ、授業時数との関連において総合的に組織した学校の教育計画であり、その編成主体は各学校である」とし、教育課程においては、「各教科等において何を教えるかという内容は重要ではあるが、……これまで以上に、その内容を学ぶことを通じて『何ができるようになるか』を意識した指導」と、「学びを教科等の縦割りにとどめるのではなく、教科等を越えた視点で教育課程を見渡して相互の連携を図」ることなどを求めている。学校の教育課程は、時間割や年間行事計画などの形で個別的に具体化され実施されるが、各学校がカリキュラムを編成しマネジメントするにあたっての枠組みとしては、関係諸法令のほか「学習指導要領」がある。

2　学習指導要領

(1)　学習指導要領の策定

一八七二（明治五）年の「学制」は本文で、小学校と中学校について教科の種類を定め（例えば小学校では、習字、文法、算術、体術など）、詳細は別冊で示すことにした。同年制定の別冊「小学教則」はこれを受けて、下等・上等各八級における科目名とその内容、及び週当たりの時間数を詳細に掲げている（翌一八七三年改正）。その後、一八八一（明治一四）年には「小学校教則綱領」が、一八八六（明治一九）年には「小学校ノ学科及其程度」が、一八九一（明治二四）年には「小学校教則大綱」が、一九〇〇（明治三三）年には「小学校令施行規則」が、そして一九四一（昭和一六）年には「国民学校令施行規則」が、それぞれ具体的かつ詳細に教科の内容や配当授業時間数を定めた。国民学校令施行規則は、「教科及科目」の具体的内容を示すに先立ち、第一条に、「教育ニ関スル勅語ノ旨趣ヲ奉体シテ教育ノ全般ニ亘リ皇国ノ道ヲ修練セシメ特ニ国体ニ対スル信念ヲ深カラシムベシ」との規定を置いている。

一九四七（昭和二二）年の新制度発足にあたっては、教育基本法と学校教育法の制定に一〇日ほど先立って、文部省は『学習指導要領一般編（試案）』と題する冊子を発行し、その一冊の中で小学校・新制中学校・新制高等学校の「教科課程」の基準を示した。その序論は次のように言う。「これまでの教育では、その内容を中央できめると、それをどんなところでも、どんな児童にも一様にあてはめて行こうとした。だからどうしてもいわゆる画一的になって、教育の実際の場での創意や工夫がなされる余地がなかった。このようなことは、教育の実際にいろいろな不合理をもたらし、教育の生気をそぐようなことになった」「この書は、学習の指導について述べるのが目的であるが、これまでの教師用書のように、一つの動かすことのできない道をきめて、それを示そうとするような目的でつくられたものではない。新しく児童の要求と社会の要求とに応じて生まれた教科課程をどんなふうにして生かして行くかを教師自身が自分で研究して行く手びきとして書かれたものである」。学習指導要領が、新しい学校教育を進めていくに際しての手引き（参考書）としての性格を有していることを、教師たちに向けて平明な表現で述べている。

『試案』は「社会科」「自由研究」という新しい科目について、その目的・趣旨を述べている。「社会科」は、「従来の修身・公民・地理・歴史を、ただ一括し」たものではなく、「今日のわが国民の生活から見て、社会生活についての良識と性格とを養うこと」を目的としたものであり、「自由研究」は、「（器楽のように）一定の学習時間では、その活動の要求を満足させることができない」ような場合に、「児童の個性の赴くところに従って、それを伸ばして行くこと」を目的としたものである、と。年間の配当時間は、例えば小学校の国語では、一年生一七五時間（週当たり五時間）、二・三年生二一〇時間（週あたり六時間）、四年生二四五時間（週あたり七時間）、五年生二一〇〜二四五時間（週あたり六〜七時間）、六年生二一〇〜二八〇時間（週あたり六〜八時間）とされ、総時間も、一〜三年生は固定されているが（一年生七七〇時間、二年生八四〇時間、三年生八七五時間）、四〜六年生は幅を持たせている（四年生九八〇〜一〇五〇時間、五・六年生一〇五〇〜一一九〇時間）。新制中学校ではどの学年も一〇五〇〜一一九〇時間を充てている。年間の授業日数はいずれも年間三五週を予定している。年間三五週は現在も踏襲されている。

『学習指導要領一般編（試案）』は一九五一（昭和二六）年七月に改訂された。改訂版では小学校・中学校ともに「自由研究」がなくなったほか、年間総授業数の基準として、小学校は一・二年生が八七〇時間、三・四年生が九七〇時間、五・六年生が一〇五〇時間とし、中学校は各学年いずれも一〇五〇時間以上（うち必修教科は九一〇〜一〇一五時間）とした。その手引書・参考書的＝非拘束的性格は、一九四七年版と同様維持された。「学習指導要領は、どこまでも教師に対してよい示唆を与えようとするものであって、決してこれによって教育を画一的なものにしようとするものではな」く、「教師を助けるために書かれた書物」である、と（序論）。文部当局はこの時期、なお教育現場の創意工夫をできるだけ尊重しようとする姿勢を示していた。

一九五一（昭和二六）年の改訂以後、今日に至るまで、学習指導要領はほぼ一〇年ごとに全面改訂が施されている（部分的な改訂はしばしば行われている）。

(2)「道徳」の導入と学習指導要領の性格

一九五〇（昭和二五）年六月に朝鮮戦争が勃発し、東西の対立が決定的になった国際状況は、さまざまな形でわが国の教育にも影響を及ぼした。一九五三（昭和二八）年頃から、教育委員の公選で組合関係者が多く選出されているとか、社会科の教科書に不適切な記述がなされているとか、「偏向教育」が行われているといった指摘が、保守陣営からなされるようになったのもその現れである。一九五七（昭和三二）年末には都道府県教育長協議会が、教職員の勤務評定を行うべきだと提言した。こうした動きの中で文部省は一九五八（昭和三三）年三月、事務次官名で「小学校・中学校における『道徳』の実施要領について」を通達した。かねてからの道徳教育徹底の要請に基づき、教育課程審議会の結論を得たので、「昭和三三年度から『道徳』の時間を特設し、道徳教育の充実を図ることとする」というのがその内容である。そして同年一〇月の小学校学習指導要領と中学校学習指導要領の改訂で、小・中学校ともに、週一時間の「道徳教育の時間」を特設した。

道徳教育については、一九五一（昭和二六）年版学習指導要領でも記述があるが、そこでは、「道徳教育は、その性質上、教育のある部分でなく、教育の全面において計画的に実施される必要がある」として、特に「道徳の時間」を設けることはしなかった。一九五八（昭和三三）年版小学校学習指導要領の総則は次のように述べる。「道徳教育の目標は、教育基本法および学校教育法に定められた教育の根本精神」に基づきつつ、「道徳の時間においては、各教科、特別教育活動および学校行事等における道徳教育と密接な関連を保ちながら、これを補充し、……児童の……

道徳的実践力の向上を図るように指導するものとする」。識者の多くは、戦前の修身教育を彷彿とさせるとして道徳教育の特設に反対し、日教組は各地で、文部省が共催する道徳教育講習会への入場を阻止するなどの闘争を展開したが、住居侵入を伴った阻止行動を、裁判所は有罪とした（例えば、奈良地判昭和三六年三月一三日　下級裁判所刑事裁判例集三巻三・四号二四五頁、大阪高判昭和三七年七月一八日　判時三二五号九頁）。このほか一九五八年改訂版は、「学校行事等」の「指導計画作成および指導上の留意事項」の項で、「国民の祝日などにおいて儀式などを行う場合には、……国旗を掲揚し、君が代をせい唱させることが望ましい」との記述を加えた。年間の総授業時数は、小学校では一年生八一六時間、二年生八七五時間、三年生九四五時間、四年生一〇一五時間、五年生と六年生一〇八五時間、中学校では各学年とも一一二〇時間以上とした。

一九四七（昭和二二）年の学校教育法は、小学校・中学校・高等学校の「教科に関する事項」は「監督庁が、これを定める」と規定し（第二〇条、第三八条、第四三条）、これを受けて同法施行規則（同年五月）は、例えば小学校では、「小学校の教科課程、教科内容及びその取扱いについては、学習指導要領の基準による」と定めていた（第二五条）。学習指導要領は当初、教師が創意工夫して教育を実践するための、強制力を伴わない参考書・手引書として編まれたのであるが、一九五八（昭和三三）年の改訂に先立つ同年八月の学校教育法施行規則の改正では、例えば小学校について、「小学校の教育課程については、……教育課程の基準として文部大臣が別に公示する小学校学習指導要領によるものとする」（第二五条）と、「公示」の形式にした（中・高校にあっても同じ）。「公示」は、一定の事項を周知させるために公衆が知りうる状態にすることであるが、「公示」によって学習指導要領は法的拘束力を持つに至ったというのが、文部当局の見解である（例えば、『文部時報』昭和三三年九月号）。

学習指導要領の法的拘束性については、教育行政は条件整備を任務とすると定めていた教育基本法（一九四七年）第一〇条の解釈をめぐる教育法学上の重要なテーマであったが、学界では、学習指導要領には法的拘束力はなく、あくまでも参考書・手引書の性格をもつ文書だとする説が有力であった。この点が争われた裁判で判決の多くは、学界の通説とはむしろ逆の立場をとった。例えば最高裁は、「旭川学テ事件」判決で、一九五八（昭和三三）年改訂版中学校学習指導要領は、「少なくとも法的見地からは、……合理的な基準の設定として是認することができる」とし（最大判昭和五一年五月二一日　判時八一四号三三頁）、「伝習館高校事件」判決でも、一九六〇（昭和三五）年版高等学校学習指導要領につき、国は教育の目的達成に資するため、「教育の内容及び方法について遵守すべき基準を定立する必要があり、特に法規によってそのような基準が定立されている事柄については、……教師に認められるべき裁量にもおのずから制約が存する」のであって、教科書を使用しないで授業を行うことは、「教師に認められるべき裁量を前提としてもなお、明らかにその範囲を逸脱して、日常の教育のあり方を律する学校教育法の規定や学習指導要領の定め等に明白に違反する」とした（最一判平成二年一月一八日　判時一三三七号三頁）。学習指導要領が法規の一部を形成しているとの前提に立つものにほかならない。

(3)　「詰め込み」から「ゆとり」へ

日米安保条約をめぐって国論が二分され、一九五九（昭和三四）年六月には国会前でのデモで女子学生が機動隊との衝突によって死亡した。条約は結局批准されたが、翌一九六〇（昭和三五）年一二月には、国民の間に生じた分断を鎮めようとするかのように、岸内閣に代わった池田内閣は国民所得倍増計画を閣議決定し、わが国は高度経済成長に向かって邁進することとなった。科学技術の推進、人的能力の開発が重要な文教政策となり、経済界からも技術教育の振興が要望された。経済が成長する中で一九六四（昭和三九）年一〇月には、戦後日本の復興ぶりを国際社会にアピールする東京オリンピックが開催され、国民の多くは熱狂していたが、翌年二月にはベトナム戦争が勃発するなど、国際社会は不安定であった。教科書検定の違憲・違法を問う裁判や、全国一斉学力調査（学テ）の阻止闘争をめぐる裁判が提起されたのもこの時期である。

一九六八（昭和四三）年七月には小学校学習指導要領が、翌一九六九（昭和四四）年四月には中学校学習指導要領が、それぞれ改訂された。人的能力開発政策を反映して、小学校では総授業時数は変わらなかったが、知識重視型の教育にシフトし、教育内容における量の増大と質の高度化が行われた。例えば小学校四年生の算数では、一九五八年版にはなかった「関数」や「集合」などが導入された。各学校で系統性を重んじたカリキュラムが編成され、詰め込み教育が日常的となり、教えるべき内容が多いため、それをこなすのに「新幹線授業」などと呼ばれるハイスピードの授業が行われた。追いついていけない子ども達が続出して、「落ちこぼれ」（教師の側からは「落ちこぼし」）を出す事態が生じた。中学校では年間の総授業時間数が、一・二年生で七〇時間増えて一一九〇時間、三年生で三五時間増えて一一五五時間となった。進学率が高まったこともあり、経済的に余裕のある階層、あるいはあまり余裕がない階層でなくてもやりくりして、子どもを塾に通わせたり家庭教師をつけるなどしたが、それができない家庭も多く、教育における格差とゆがみが目立つようになった。この学習指導要領改訂ではまた、それまでの「特別教育活動」と「学校行事等」を合わせて「特別活動」となった。なお、一九六八・六九年版小・中学校学習指導要領にはそれぞれ、教育課程の編成につき、各教科等の内容に関する事項は「特に示す場合を除き、いずれの学校においても取り扱わなければならない」という、それまでにはなかった一文が加わり、学習指導要領からの逸脱は許さない旨を強調している。以来、この文言は今に至るまで続いている。

知識重視型の学習指導要領による詰め込み教育の弊害を軽減し、ゆとりある充実した学校教育にしようと、一九七七（昭和五二）年七月の改訂版では、年間の総授業時数を、小学校で五・六年生七〇時間、中学校で一・二年生一四〇時間、三年生一〇五時間、それぞれ削減した（ただし小学校にあっては、一・二・三年生では三五時間増加し、四年生は従来と同じ）。特別活動の項では、それまでの「国旗を掲揚し、君が代を斉唱させることが望ましい」とされていたのが、「君が代」を「国歌」に変えた。学校現場では当時も、入学式や卒業式での国旗掲揚の際の起立や君が代の斉唱・伴奏に反発し、校長の職務命令に従わなかったとして教師が懲戒処分を受ける事例が少なくなく、そもそも「日の丸」は「国旗」か、「君が代」は「国歌」か、との議論も繰り返し行われていたが、一九七七年版学習指導要領は「君が代」を「国歌」と明記したのである。一九九九（平成一一）年八月に国旗国歌法が制定され、「国歌は、君が代とする」となったが（第二条）、学習指導要領はその一二年前に、「君が代」を「国歌」と先取りしていたわけである。

臨時教育審議会が四つの答申を出し終わっていた一九八九（平成元）年三月、小・中学校の学習指導要領が改訂された。臨教審は「ゆとり教育」の流れを推し進めようとしていたが、一九八九年版学習指導要領はこれを反映し、子どもの思考力・問題解決能力を伸ばし、個性を尊重し、教師は子どもを支援・援助することを指導の基本とするという「新学力観」を標榜した。授業時数は、小学校も中学校も一九七七年版と同じであるが、それまでの小学校一・二年生の理科と社会を廃止して、体験的な活動を内容とする「生活科」が新設された。特別活動の項では、「国旗を掲揚するとともに、国歌を斉唱するよう指導するものとする」とし、これまでの「望ましい」から「指導するものとする」という表現に変えた。「ものとする」は、「しなければならない」よりは義務づけの度合いは弱いが、「望ましい」より強いニュアンスを有する語句である。国旗掲揚と国歌斉唱が学校における原則的方針とされたわけである。

「ゆとり教育」は一九九八（平成一〇）年一二月の学習指導要領改訂でさらに進行した。それは、一九九六（平成八）年七月の中教審「二一世紀を展望した我が国の教育の在り方について（第一次答申）」が、これからの子ども達には「自ら学び、自ら考え、主体的に判断し、行動し、よりよく問題を解決する資質や能力」「豊かな人間性」「生きる力」を育てることが必要であるとしたのを受けてのものであった。一九九八年版小学校学習指導要領の総則の第一「教育課程編成の一般方針」は、「学校の教育活動を進めるに当たっては、各学校において、児童に生きる力をはぐくむことを目指し、……自ら学び自ら考える力の育成を図るとともに、基礎的・基本的な内容の確実な定着を図り、個性を生かす教育の充実に努めなければならない」と述べる（中学校も同文）。総授業時数は、小学校では一年生七八二時間、二年生八四〇時間、三年生九一〇時間、四～六年生九四五時間、中学校では全学年とも九八〇時間と、いずれも一九八九年改訂版より年間七〇時間（週当たり二時間）ほど削減され、「ゆとり教育」がさらに進められた。

「総合的な学習の時間」を教育課程に新たに組み入れたのも一九九八年改訂版においてである。国内外の変化に対応して、自ら学び自ら考える力を育成することをめざし、児童・生徒の実態等に応じ、児童・生徒の興味・関心等に基づく横断的・総合的な学習が「総合的な学習」であり、ゆとり教育のいわば「目玉」の観を呈した。小学校では、三・四年生一〇五時間、五・六年生一一〇時間、中学校では、一年生七〇～一〇〇時間、二年生七〇～一〇五時間、三年生七〇～一三〇時間がこれに配当された。基礎基本を確実に身につけさせるとともに、「生きる力」を育てようというのが、一九九八年版学習指導要領のめざすところであった。

(4) 「脱ゆとり」と必修教科の増加

校内暴力、非行、不登校、いじめ等々の問題を背景に、日教組、文部当局、政界、財界、そして国民の多くの賛同を得て推進された「ゆとり教育」は、しかし、やがて批判にさらされることになる。そのきっかけとなったのは、OECD（Organisation for Economic Co-operation and Development：経済協力開発機構）が二〇〇〇年から三年ごとに一五歳児を対象に行っているPISA（Programme for International Student Assessment：国際学習到達度調査）で、わが国の順位が必ずしも上位を占めておらず、むしろ下がる傾向にあり、学力の低下が懸念されたことであった。「ゆとり教育」を受けた児童・生徒が後年、「ゆとり世代」などと、あたかも学力が十分ではないかのような呼ばれ方をされることになったのも、この流れにおいてである。第一次安倍内閣が新設した教育再生会議が二〇〇七

（平成一九）年の第一次・第二次報告書で「ゆとり教育」の見直しを提言したのは、こうした事態に鑑みてのものであった。

二〇〇七（平成一九）年六月には、前年一二月に全面改正された教育基本法に合わせて教育三法（学校教育法、地方教育行政の組織及び運営に関する法律、教育職員免許法）が改正され、新たな学校教育法は、小学校の教育目標の一つとして、「課題を解決するために必要な思考力、判断力、表現力その他の能力をはぐくみ、主体的に学習に取り組む態度を養うこと」を掲げた（第三〇条第二項）。二〇〇八（平成二〇）年三月の小・中学校学習指導要領の改訂は、右の「ゆとり見直し」の動きと、学教法の改正を踏まえつつ、「生きる力」と、いわゆる知識基盤社会での子ども達の知識・技能を習得する力の両立をめざそうとしたものである。具体的にはそれは、年間の総授業時数を、小学校で一年生六八時間、二年生七〇時間、三～六年生各三五時間、中学校で各学年三五時間増やすという形で表れた。これと裏腹に、「総合的な学習の時間」は学力の低下につながるとして、小・中学校いずれも年間七〇時間（中学一年生は五〇時間）に削減された。ゆとり教育を見直した結果、ＰＩＳＡにおけるわが国の順位は上昇傾向に転じたと言われるが、科目によっては続落するものもあり、わが国の子ども達の「学力」は、国際コンクールにおいてはなお必ずしも安定的とは言い難い。

二〇〇八年版学習指導要領で特徴的なのは、総時間数を増加したほか、総則の冒頭における道徳教育に関する記述が詳細になり、「道徳の時間」が道徳教育の要（かなめ）であることを明確にしている点である。道徳教育については、既に一九五八年版学習指導要領で特別の時間を設けているが、その後も政府はその必要性を強調し続けており、二〇〇二（平成一四）年には文科省が『こころのノート』と『心のノート』という手引書を作成し、道徳の副教材として全国の小・中学校に無償で配布するなどしていた。一九九七（平成九）年二月から五月にかけて起きた中学生による児童連続殺傷事件や、一九九八（平成一〇）年一月に起きた中学生による女教師刺殺事件などの少年犯罪をきっかけに、

「心の教育」が社会的関心事となり、道徳教育のための冊子を作るべきではないかとの議論が国会でも行われていたことがその背景をなす。二〇一三（平成二五）年二月、第二次安倍内閣が設置した教育再生実行会議は、「いじめ問題等への対応について」で、「道徳の教材を抜本的に充実するとともに、道徳の特性を踏まえた新たな枠組みにより教科化し、指導内容を充実し、効果的な指導方法を明確化する」と提言した。同年三月には、『こころのノート』『心のノート』は『わたしたちの道徳』『私たちの道徳』となって発行された。二〇一四（平成二六）年一〇月には中教審が、道徳教育の充実のためには「特別の教科　道徳」（仮称）を新たに位置づける必要があるとの答申「道徳に係る教育課程の改善等について」を出し、これを受けて、翌二〇一五（平成二七）年三月に学習指導要領が一部改訂され、「学校における道徳教育は、特別の教科である道徳を要として学校の教育活動全体を通じて行う」とした（総則第一）。そして、移行措置を経て小学校では二〇一八（平成三〇）年四月から、中学校では翌年四月から、それぞれ全面実施に移された。道徳は教科書を使って行うべきものではないという根強い反対意見もあった中、道徳教育の徹底をめざす安倍首相の積極的な姿勢のもと、道徳教育の必修教科化を実現したのである。二〇一七（平成二九）年三月に改訂・告示された学習指導要領は、「特別の教科　道徳」の目標を、「よりよく生きるための基盤となる道徳性を養うため、道徳的諸価値についての理解を基に、自己を見つめ、物事を多面的・多角的に考え、自己の生き方についての考えを深める学習を通して、道徳的な判断力、心情、実践意欲と態度を育てる」と書いた（小・中学校ともほぼ同文）。

先の二〇〇八年改訂版はまた、小学校学習指導要領に「外国語活動」の時間を新設し、五・六年生に年間各三五時間（週当たり一時間）を必修とした。国際化ないし「国際性強化」は既に臨教審においても強調されていたところであるが、文科省は二〇一三（平成二五）年一二月、小・中・高等学校を通じた英語教育全体の抜本的充実を図るため、「グローバル化に対応した英語教育改革実施計画」を策定した。情報化が急速かつ大規模に進行し、経済の面でも文化の面でも、さらに日常生活の面でも、外国語とりわけ英語でコミュニケーションを図る必要が緊急の課題とされたが、二〇二〇（令和二）年に東京オリンピック・パラリンピックが開催されることになったことも拍車をかけた。

二〇一七（平成二九）年三月には学校教育法施行規則が一部改正され、小学校の教育課程は、「国語、社会、算数、理科、生活、音楽、図画工作、家庭、体育及び外国語の各教科、特別の教科である道徳、外国語活動、総合的な学習の時間並びに特別活動によって編成するものとする」こととなり（第五〇条）、これに基づく同年の学習指導要領改訂では、小学校において中学年（三・四年生）に「外国語活動」三五時間を、高学年（五・六年生）に「外国語科」七〇時間を配当し、外国語（英語）が正式教科となった。「外国語活動」の目標について同学習指導要領は、「外国語によるコミュニケーションにおける見方・考え方を働かせ、外国語による聞くこと、話すことの言語活動を通して、コミュニケーションを図る素地となる資質・能力を育成すること」とした。年間の総授業時数は、小学校一・二年生と中学校全学年では変化はないが、小学校三～六年生ではそれぞれ三五時間増加している。

二〇一七年版学習指導要領の特徴としてはこのほか、小・中・高校を通じてプログラミング教育を充実させることとした点を挙げうる。二〇一六（平成二八）年六月には、「小学校段階における論理的思考力や創造性、問題解決能力等の育成とプログラミング教育に関する有識者会議」が「議論の取りまとめ」を出し、人工頭脳がさまざまな判断を行ったり身近な物の働きがインターネット経由で最適化されたりする「第四次産業革命」の時代にあっては、子ども達が情報技術を効果的に活用しながら、コンピュータを介して現実世界に働きかけ、自信を持って人生を切り拓いていくことができる資質・能力を育んでいかなければならず、そのためには「プログラミング的思考」を身につける必要があるとして、プログラミング教育の必要を説いた。この考えを土台にして同年一二月の中教審答申「幼稚園、小学校、中学校、高等学校及び特別支援学校の学習指導要領等の改善及び必要な方策等について」は、「小学校段階から文字入力や保存などに関する技能の着実なプログラミング的思考などを育むプログラミング教育の着実な習得を

（表１） 学習指導要領における小学校の年間総授業時数

	1年生	2年生	3年生	4年生	5年生	6年生
昭和22	770時間	840時間	875時間	980～1050時間	1050～1190時間	1050～1190時間
26	870	870	970	970	1050	1050
33	816	875	945	1015	1085	1085
43	816	875	945	1015	1085	1085
52	850	910	1015	1015	1015	1015
平成元	850	910	1015	1015	1015	1015
10	782	840	945	945	945	945
20	850	910	980	980	980	980
29	850	910	1015	1015	1015	1015

図っていくことが求められる」とした。二〇一七年版学習指導要領が総則で、「各学校において、コンピュータや情報通信ネットワークなどの情報手段を活用するために必要な環境を整え」ることを求め（小・中学校共通）、小学校については、「児童がプログラミングを体験しながら、コンピュータに意図した処理を行わせるために必要な論理的思考力を身に付けるための学習活動」などの授業改善に配慮するよう求めたのは、こうした背景に基づくのである。

小学校教育における道徳科、英語とプログラミング教育の必修・強化、また、これまではなかった「前文」を冒頭に付けるなど、二〇一七年版学習指導要領は、内容の点でも形式の点でも、国内外での激動に立ち向かおうとする国家戦略を、いっそう色濃く反映するものになっている。同時に、こうした教育課程政策の学校現場への性急な導入は、教師たちの多忙と負担と心労を増大させるばかりであることも事実である。

一九四七（昭和二二）年の「学習指導要領一般編（試案）」から二〇一七（平成二九）年までの、小・中学校学習指導要領における年間総授業時数の移り変わりを総括的に表示すると、（表１）（表２）の通りである。

（表２）　学習指導要領における中学校の年間総授業時数

	１年生	２年生	３年生
昭和 22	1050 ～ 1190 時間	1050 ～ 1190 時間	1050 ～ 1190 時間
26	1050 以上 （うち必修科目は 910 ～ 1015）	1050 以上 （うち必修科目は 910 ～ 1015）	1050 以上 （うち必修科目は 910 ～ 1015）
33	1120 以上	1120 以上	1120 以上
44	1190	1190	1155
52	1050	1050	1050
平成元	1050	1050	1050
10	980	980	980
20	1015	1015	1015
29	1015	1015	1015

（5）　特別支援教育の学習指導要領

障害児教育については当初、格別の学習指導要領は作成されておらず、幼・小・中・高等学校の教科・学科を準用するという対応に留まっていた。一九五七（昭和三二）年になって文部次官通達で、「盲学校小学部・中学部学習指導要領一般編」と「ろう学校小学部・中学部学習指導要領一般編」が出され、一九六三（昭和三八）年にはやはり事務次官通達で、「養護学校小学部学習指導要領肢体不自由教育編」「養護学校小学部学習指導要領病弱教育編」「養護学校小学部学習指導要領精神薄弱教育編」が出された。一九六四（昭和三九）年から翌年にかけて盲学校と聾学校の小学部・中学部の学習指導要領はそれぞれ文部省告示となり、一九七一（昭和四六）年には、「盲学校小学部・中学部学習指導要領」「聾学校小学部・中学部学習指導要領」「養護学校小学部・中学部学習指導要領」の告示により、障害児童・生徒のための各学校の学習指導要領が出揃った（高等部は翌一九七二年）。そして一九七九（昭和五四）年には、障害別に作成されていた学習指導要領が、「盲学校、聾学校及び養護学校小学部・中学部学習指導要領」という形で一本にまとめられるに至り（高等部については別冊）、さらに二〇〇九（平成二一）年の告示では、それまで学習指導要領の表題に使われていた盲・聾・養護学校の名称が「特別支援学校」に統一され、「特別支援学校幼稚部教育要領」「特別支援学校小学部・中学部学習指導要領」「特別支援学校高等部学習指導要領」となった。

二〇一七（平成二九）年版「特別支援学校小学部・中学部学習指導要領」は総則で、「児童及び生徒の障害の状態や特性及び心身の発達の段階等を十分考慮して」「障害による学習上又は生活上の困難を改善・克服し自立を図るために必要な知識、技能、態度及び習慣を養うこと」を目標とし、そのための教育課程の編成、実施、学習評価、調和的な発達の支援等についての留意事項・配慮事項と、各教科、道徳科、外国語活動、総合的な学習、特別活動、自立活動の内容を述べている。特別支援学校に独自な「自立活動」の目標は、「障害による学習上又は生活上の困難を主体的に改善・克服するために必要な知識、技能、態度及び習慣を養い、もって心身の調和的発達の基盤を培うこと」である。

障害のある子どもは、その「障害」の故に特別の支援・指導が必要であり、したがってそれに応じた学習指導要領も用意されるべきであるが、障害の種類やその軽重などを問わず、子ども達は何らの差別なく学校で学習する権利を有する。しかしかつては、障害のある子ども達が就学・進級に際して不利益を被る例があった。進行性筋ジストロフィーに罹患していた中学生が公立高校への進学を志願し、入学試験を受けたところ、調査書の学力評定及び学力検査の合計点において合格基準に達していたのに、高校の全課程を無事に修了できる見込みがないと判定されて入学不許可（不合格）の処分を受けたため、同高校長に対し処分の取消しと慰謝料の支払いを求めた訴訟は、障害のある生徒の進学権が問題となったケースである。裁判所は不合格処分を違法と判断した。「障害を有する児童、生徒も、国民として、社会生活上あらゆる場面で一人の人格の主体として尊重され、健常児となんら異なることなく学習し発達する権利を保障されているのであり」「たとえ施設、設備の面で、原告にとって養護学校が望ましかったとしても、少なくとも、普通高等学校に入学できる学力を有し、かつ、普通高等学校において教育を受けることを望んでいる原告について、普通高等学校への入学の途が閉ざされることは許されるものではない。健常者で能力を有するものがその能力の発達を求めて高等普通教育を受けることが教育を受ける権利から導き出されるのと同様に、障害者がその能力の全面的発達を追求することもまた教育の機会均等を定めている憲法その他の法令によって認められる当然の権利である」（神戸地判平成四年三月一三日　判タ七八〇号一四一頁）。「障害生徒」と「健常生徒」の進学権は基本的に何ら差異がないと判示したのである。

これとほぼ同じ時期、重度の肢体不自由児が中学校の普通学級での学習を希望し、これを市教委に申し入れたにもかかわらず、教委が就学指導委員会の報告を踏まえて当該中学校に「特殊学級」を設置し、ここに入級させる処分をしたため、「特殊学級」を設置したことと同学級への入級処分をしたことを取り消すよう求めた訴訟で、裁判所は原告の請求を棄却し、右の神戸地裁判決と異なる論を展開している。「心身障害を有する子どもに対する学習権保障のあるべき内容は、憲法二六条の規定から自動的に決まる問題ではなく、その時々におけるいわゆる障害児教育に関する科学と実践及び学校教育体系全体とのかかわりにおける様々な評価や、これらについての利害関係者の議論を踏まえた上で、極めて合目的的に判断されるべき事柄である」（旭川地判平成五年一〇月二六日　判タ八五三号九〇頁）。両判決の違いは、一方が義務教育ではなく、個人の自由な選択に係る進学であるのに対し、他方は義務教育段階で、生徒の選択の余地が大きくないところから生じたものであろうか。

3　教科書・教育方法・教育評価

⑴　教　科　書

学校における教授・学習の際に用いられる材料としては、教科書、問題集、資料集、プリント、ワークシート、模型、単語帳等種々のものがあり、これらは教材とか学習材などと呼ばれる。教材は主に教えるときの材料、学習材は主に学ぶときの材料を指す。教材の中で最も代表的なのは教科書である。教科書は法令上「教科用図書」とか（学校教育法第三四条）、「教育課程の構成に応じて組織排列された教科の主たる教材として、教授の用に供せられる児童又は生徒用図書」と定義される（教科書の発行に関する臨時措置法第二条）。

近代学校制度の黎明期、「学制」における教科書は、自由に発行され自由に採択されていた。「学制」公布の二日後に制定された「小学教則」には、福沢諭吉の『学問のすすめ』や『西洋事情』、加藤宗甫『化学入門』などが教科書として例示されていた。その後文部省は次第に教科書に対する関与を強め、一八八一（明治一四）年の「小学校教則綱領」において、各教科の内容を詳細に定めることで実質的に教科書を規制するようになった。これを契機として教科書は、文部当局に届け出るべきこととされたが（開申制度）、一八八三（明治一六）年七月の文部省達「教科用図書認可」が、「自今小学校并ニ府県立中学校師範学校等普通学校ノ教科用図書ヲ撰用シ又ハ変更セントスルトキハ左ノ表式ニ拠リ取調可伺出此旨相達候事」として伺い出ることとされ（認可制度）、規制が一段と強まった。さらに一八八六（明治一九）年の小学校令は、「小学校ノ教科書ハ文部大臣ノ検定シタルモノニ限ルヘシ」と定め（第一三条。中学校令も同じ。第八条）、教科書の検定制度がとられた。師範学校令については、「学科及其程度并教科書ハ文部大臣ノ定ムル所ニ依ル」とし（第一二条）、検定よりも強い統制に服させた。初等教育の教師は厳しく管理される必要があるという森有礼文相の教員養成方針による。

検定は、教科書の制作・発行を民間に委ねる制度であったことから、教科書の採用をめぐっては、自社の教科書を売り込む発行会社と、採用を担当する学校・教育行政関係者との間で、贈収賄が行われているのではないかとの疑惑がしばしば新聞に取り上げられていた。そうした折、一九〇二（明治三五）年一二月に、列車内に置き忘れた手帳から贈収賄が発覚し、県知事や文部省の担当者、府県の採択担当者、師範学校長や小学校長、教科書会社関係者など二〇〇人以上が摘発される大事件（教科書疑獄事件）となった。これを契機に翌一九〇三（明治三六）年四月には小学校令を改正して、「小学校ノ教科用図書ハ文部省ニ於テ著作権ヲ有スルモノタルヘシ」とし（第二四条）、一九〇四（明治三七）年度から国定教科書が使われることとなった。検定教科書では教育勅語の趣旨が十分に伝わらないと主張する政治家は以前からいて、教科書を国定にしようとの計画は文部当局にもあり、帝国議会でも事件発覚前から教科書国定化の建議をしていたから、疑獄事件は国定化の試みにとっては絶好の機会となった。事件をきっかけに国定に向けた動きが急展開し、事件発覚の翌年には早くも国定となり、その翌年度から国定教科書が使われ始めたという手際のよさは、目を見張るものがある。国定化はまず小学校の修身、日本歴史、地理、国語読本から始められ、順次算術、図画、理科等に及んでいった。教科書の国定制は、一九四七（昭和二二）年に学校教育法が制定されるまで続いた。

敗戦の年（一九四五年）の九月に文部省が発した「新日本建設ノ教育方針」の「教科書」の項には、「新教育方針ニ即応シテ根本的改訂ヲ断行シナケレバナラナイガ差当リ訂正削除スベキ部分ヲ指示シテ教授上遺憾ナキヲ期スルコト」という記述があり、その五日後の文部次官通牒「終戦ニ伴フ教科用図書取扱方ニ関スル件」は、「中等学校、青年学校及国民学校ニ於ケル教科用図書ニ付キテハ追ッテ何分ノ指示アルマデ現行教科用図書ヲ継続使用」することは差し支えないが、「戦争終結ニ関スル詔書ノ御精神ニ鑑ミ適当ナラザル教材」については、「全部或ハ部分的ニ削除シ又ハ取扱ニ慎重ヲ期スル等万全ノ注意ヲ」払うよう述べ、国防軍備等を強調する教材、戦意昂揚に関する教材等の削除・修正を求めた。いわゆる「墨塗り教科書」の始まりである。そして、同じ年の一二月、文部省教科書局長は通牒「教科用図書取扱方ニ関スル件」で、「目下連合軍総司令部と打合中ナル」ところ、「取リ敢ヘズ」は九月の次官通牒の趣旨に従って「削除訂正ヲ加」えるよう重ねて求め、翌一九四六（昭和二一）年一月には「国民学校後期使用図書中ノ削除修正箇所ノ件」を通牒し、国語と算数について、それぞれの頁・行ごとの削除・修正を、詳細な一覧表を付して指示した。さらに同年二月には、文部次官と教科書局長からそれぞれ、「修身、国史及ビ地理教科用図書ノ回収ニ関スル件」が立て続けに発出された。

一九四七（昭和二二）年制定の学校教育法は、「小学校においては、監督庁の検定若しくは認可を経た教科用図書又は監督庁において著作権を有する教科用図書を使用しなければならない」（第二一条）と定め、検定制度が復活した。なお、同法にいう「文部科学省が著作の名義を有する教科用図書」とは、文部大臣が著作権を管理する教科書のことで（「文部科学省著作教科書の出版権等に関する法律」第一条）、現在のところ高校の看護系教科書などがこれに該当する。

復活した検定制度は、その数年後、転機を迎える。一九五四（昭和二九）年三月に文部省が偏向教育の事例を国会に提出し、翌一九五五（昭和三〇）年八月に当時の日本民主党が「うれうべき教科書問題」という冊子を公表したりしたのがその契機である。冊子（第1集）は、「現在の教科書およびその内容のうち、とくに偏向教育をはらむ教科書の内容を重視して、……日本の教育の危機にたつ実情をあきらかにするとともに、きたるべき教育改革の基礎資料をつくりあげる」と述べ、「教科書にあらわれた四つの偏向タイプ」として、「教員組合をほめたてるタイプ」「急進的な労働運動をあおるタイプ」「ソ連中共を礼讃するタイプ」「マルクス＝レーニン主義の平和教科書」を挙げ、それぞれの教科書とその著者を名指した。これに対しては同年九月、大学教授らによる抗議書が民主党総裁宛に出された。翌一九五六（昭和三一）年三月には、教科書の検定、採択、発行等に関する教科書法案が衆議院に提出されたが、各界の反対で廃案となり、しかし同年一〇月には文部省設置法施行規則が改正され、一九五八（昭和三三）年一二月には教科用図書検定基準（文部省告示）が制定されて、検定は実質において強化されることになった。

一九五四（昭和二九）年から一九五六（昭和三一）年にかけて、「義務教育諸学校における教育の政治的中立の確保に関する臨時措置法」の制定、日本民主党と日本自由党の保守合同（自由民主党）、「地方教育行政の組織及び運営に関する法律」制定などが続き、これに社会党や共産党が対峙するなど、教育をめぐる「保守対革新」の対立図式が鮮明となりつつあった。教職員の勤務評定や全国中学校一斉学力調査をめぐって、教育界では紛争・裁判が相次いだが、高度経済成長下に沸き立っていて東京オリンピックの余韻が国民の間にまだ冷め切らない時期、教科書の検定は教基法・憲法に違反するとした訴訟が提起された（家永教科書裁判）。東京教育大学（当時）の教授であった家永三郎が、自身の執筆に係る高校用日本史教科書が検定不合格となったことにつき、不合格によって生じた損害の賠償を求めたのである（一九六五年六月　第一次訴訟）。

一九六七（昭和四二）年六月には検定不合格処分の取消しを求め（第二次訴訟）、さらに一九八四（昭和五九）年一月にも、一九八二年（昭和五七）度の検定に関して損害賠償を求めた（第三次訴訟）。学習指導要領の改訂により処分取消を請求する利益を失ったとして訴えを却下したものもあったが（第二次訴訟に係る東京高判平成元年六月二七日　判時一三一七号三六頁）、それ以外の判決はいずれも、検定制度そのものは教育基本法にも憲法にも違反しないとした（ただし、当該教科書の具体的記述については、検定における裁量権の逸脱があったとして原告の請求を一部認容したものもある）。家永訴訟に対しては全国的に広範な支援運動が展開され、「国家と教育」をめぐる教育権論争の「法廷フォーラム」の観を呈したが、提訴から三二年後、第三次訴訟に係る最三判平成九年八月二九日判決（判時一六二三号四九頁）をもって終結した。全体としては被告国に軍配が上がっている。

教科書検定をめぐってはその後、歴史認識や領土・領海などに関して韓国・中国との間で問題が生じ、また、「検定違法訴訟」も散発的に提起されることはあったが（横浜地判平成一〇年四月二二日　判時一六四〇号三頁、東京高判平成一四年五月二九日　判時一七九六号二八頁、最一判平成一七年一二月一日　判時一九二二号七二頁）検定制度それ自体の違憲・違法を争う場面はほとんどなくなっている。教科書裁判の収束と軌を一にして、教育法学もかつての清新さ・力強さと勢いを弱めていった。

教科書検定訴訟に先立つ時期、公立小学校に通う子どもの保護者が、憲法第二六条の「義務教育は、これを無償とする」という規定を根拠に、既に支払った教科書代金の徴収行為の取消しと支払いを求める訴訟が提起された。裁判所は、一審・控訴審・上告審ともに保護者の請求を認めなかった（東京地判昭和三六年一一月二二日　行政事件裁判例集一二巻一一号二三一八頁、東京高判昭和三七年一二月一九日　判時三三一号一九頁、最大判昭和三九年二月二六日　判時三六三号九頁）。義務教育の無償とは授業料の不徴収を意味するのであって、教科書代金の無償を含むものではないというのが判決の立場であったが、この裁判が一つの契機となって、一九六二（昭和三七）年三月に「義務教育諸学校の教科用図書の無償に関する法律」が、翌一九六三（昭和三八）年一二月に「義務教育諸学校の教科用図書の無償措置に関する法律」が、それぞれ制定公布され、義務教育段階での教科書は無償となった。

(2)　教育―学習指導

学校は、子どもと教材と教師を中心とする組織的・計画的な教育―学習の場であるが、具体的には、教材を用いて教師が直接子どもに働きかけることがそこでの中核的な営みである。この、教師の意図的な働きかけに際しての教育方法は、単に表面的なテクニックに留まるものではなく、子どもの理解、教育の目的・目標の設定、教育課程の編成、教材の選択、事前の準備、臨機応変な対応、事後の点検評価等、多方面にわたる活動を含む。

教育方法ないし学習指導については、教育思想とともに古くから多くの人々によって提言・工夫・考究・実践がなされてきた。教育は子どもの早い時期に始めるのが適切であるとして科学的な教授法を提唱したコメニウス、子どもの自然的本性を基準として「消極教育」を主張したルソー、子どもの内的能力を援助して直観から概念認識へ高めていく「直観教育」を唱えたペスタロッチ、体系的な教授理論を構築して「段階教授法」を提唱したヘルバルト、学校における子どもの生活経験を重視したデューイなど。これについては既に一―1で述べておいた。ちなみに、大勢の子ども達を対象に効果的な教育を行う方法としては、イギリスのアンドリュー・ベル（一七五三～一八三二年）とジョセフ・ランカスター（一七七八～一八三八年）が開発したモニトリアル・システム（ベル・ランカスター方式）という教授法が知られている。この方法は、数百人の子ども達を幾つかのグループに分け、成績の良い年長の子どもを助教（モニター）としてその指導に当たらせるもので、近代学校における一斉授業の原型とされる。

わが国では戦前・戦後を通じて、問題解決学習、単元学習、体験学習、系統学習、プログラム学習、発見学習、調査学習、範例学習、オープン学習、グループ学習、個別学習、チームティーチング等々、さまざまな教育—学習活動が試みられ展開されてきた。近時流行の「アクティブ・ラーニング」は、逐語訳的には能動的学習という意味であるが、遠くはソクラテスの対話法に、近くはデューイの経験学習などに源流を有し、問題解決学習、体験学習、発見学習、調査学習等を取り入れたもので、子どもの主体的・積極的な学びの方法として注目されている。中教審は二〇一二（平成二四）年八月の答申「新たな未来を築くための大学教育の質的転換に向けて」で、次のように言う。「生涯にわたって学び続ける力、主体的に考える力を持った人材」の育成のためには、「従来のような知識の伝達・注入を中心とした授業から、教員と学生が意思疎通を図りつつ、一緒になって切磋琢磨し、相互に刺激を与えながら知的に成長する場を創り、学生が主体的に問題を発見し解を見いだしていく能動的学修（アクティブ・ラーニング）への転換が必要である」。アクティブ・ラーニングは、激烈な国際競争で生き残るための国策の一環として、まず有能な企業人を輩出すべき大学教育においてその必要が強調されたのである。

二〇一四（平成二六）年一一月には文科大臣が中教審に対し、「初等中等教育における教育課程の基準の在り方について」と題する諮問を行い、諮問文は次のように述べた。「基礎的な知識・技能を習得するとともに、実社会や実生活の中でそれらを活用しながら、自ら実践に生かしていけるようにする」力を子ども達に育むためには、「『何を教えるか』という知識の質や量の改善はもちろんのこと、『どのように学ぶか』という、学びの質や深まりを重視することが必要であり、課題の発見と解決に向けて主体的・協働的に学ぶ学習（いわゆる「アクティブ・ラーニング」）や、そのための指導の方法等を充実させていく必要があります」。これに対して中教審は二〇一六（平成二八）年一二月、「幼稚園、小学校、中学校、高等学校及び特別支援学校の学習指導要領等の改善及び必要な方策について」で、「学びの質を高めていくためには、……『主体的・対話的で深い学び』の実現に向けて、日々の授業を改善していくための視点を共有し、授業改善に向けた取組を活性化していくことが重要」で、「これが『アクティブ・ラーニング』の視点からの授業改善である」と答申した。一方で答申は、アクティブ・ラーニングは「形式的に対話型を取り入れた授業や特定の指導の型を目指した技術の改善にとどまるものではなく、子供たちそれぞれの興味や関心を基に、一人一人の個性に応じた多様で質の高い学びを引き出すことを意図するもの」と書き添えている。わが国の教育界にありがちな、新たな指導法が導入されると猫も杓子もそのブームに乗るという事態を慮（おもんぱか）ったのであろう。

二〇一七年版の小学校学習指導要領は、中教審の提言を受けて、「単元や題材など内容や時間のまとまりを見通しながら、児童の主体的・対話的で深い学びの実現に向けた授業改善を行うこと」とした（中学校学習指導要領も同じ）。「主体的・対話的で深い学び」はアクティブ・ラーニングにほかならない。

学校教育においては教科書の占める地位が大きく、教科書をどのように使うかは、例えば、「教科書を教える」のか「教科書で教える」のかという古くからの問題が今も繰り返し論じられるように、重要な課題である。学校教育法は、小・中・高校においては「文部科学大臣の検定を経た教科用図書又は文部科学省が著作の名義を有する教科用図書を使用しなければならない」と規定する（第三四条第一項、第四九条、第六二条）。「教科用図書を使用しなければならない」の解釈をめぐってはかつて、いわゆる伝習館高校事件に関連して争われた。事案は、県立高校の教師が教科書を使わずに授業を行った等を理由に懲戒免職処分となったため、教師（原告）が処分の取消しを求めたものである。裁判所は原告の請求を棄却した。「検定又は著作教科書がある場合には、教師は当該科目の教育活動において、必ず教科書を使用しなければならず、使用される教科書は検定教科書か文部省著作教科書でなければならない」「教科書を使用したといいうるためには、まず教科書を教材として使用しようとする主観的な意図と同時に客観的にも教科書内容に相当する教育活動が行われなければならない。右の両者を併せもつとき初めて教科書を教材として使用したといいうるであろう。もっとも一年間にわたる当該科目の授業のぜんぶにわたり右の関係が維持されていることを厳密に要請されるとは言えず要は当該科目の一年間にわたる教育活動における全体的考察において教科書を教材として使用したと認められなければならないということであろう」（福岡地判昭和五三年七月二八日　判時九〇〇号三頁）。控訴審は、教科書の使用義務を前提としつつ、一審よりも端的な表現で次のように述べる。「教科書のあるべき使用形態としては、授業に教科書を持参させ、原則としてその内容の全部について教科書に対応して授業することをいうものと解するのが相当である」（福岡高判昭和五八年一二月二四日　判時一一〇一号三頁）。上告審は控訴審判決を支持している（最一判平成二年一月一八日　判時一三三七号三頁）。

二〇一八（平成三〇）年の学教法の一部改正により、第三四条第二項は、教科用図書の内容を文部科学大臣の定めるところにより記録した電磁的記録である教材がある場合には、教育課程の一部においてこれを使用することができる旨定められた。いわゆる「デジタル教科書」の導入で、二〇一九（平成三一）年四月から、紙の教科書を主たる教材として使用しつつ必要に応じて、学習者用デジタル教科書を併用することができることとなった。文科省は、学校におけるＩＣＴ（Information and Communication Technology）教育のための環境整備・基盤整備にも力を入れ（文部科学省通知「学習者用デジタル教科書の効果的な活用の在り方等に関するガイドライン」二〇一八年一二月）、小・中学校の全生徒にタブレット端末が行き渡るように環境を整備し、タブレットで授業を受けることを推奨するなど、電子教科書の積極的な使用をはじめ、通信機器を生かした学校教育を本格化しようとしている。二〇二〇年初春からの新型コロナウイルスの感染拡大による学校の長期休業に伴い、大学や一部の小・中・高で「オンライン授業」

が試みられた。現実には小・中学校で、「先生が使いこなせない」とか、学校間・自治体間の「デジタル格差」といった多くの課題があるようであるが（朝日新聞二〇二〇年五月六日朝刊）、デジタル教材の使用や双方向オンライン授業の普及をめざす政策に弾みをつける契機となり、また、これを加速させる「絶好のチャンス」にもなった。

(3) 教育評価の手法

わが国では近代学校制度の発足当初から、小学生にも進級試験という厳格な評定が求められていた。例えば、「生徒ハ諸学科ニ於テ必ス其等級ヲ踏マシムル事ヲ要ス故ニ一級毎ニ必ス試験アリ一級卒業スル者ハ試験状ヲ渡シ試験状ヲ得ルモノニ非サレハ進級スルヲ得ス」と（学制第四八章）。学校教育は、制約された期間で、一定の目標に向けて子ども達の成長・自立を支援する組織的・計画的な営みであり、そのため、然るべき時期ごとに、あるいは適宜に、好ましい方向に進んでいるかを点検・評価する必要がある。教育活動に評価が重要なゆえんである。必要かつ重要であるだけに、教育評価の方法についてはこれまでにもさまざまな主張がなされ、工夫が重ねられてきた。戦後も一九四七年版の学習指導要領（一般編）は、「学習結果の考察」にあたり、「学習指導の効果を上げていくため、欠く事のできないもの」として「考査」の必要を挙げている。

教育評価は、それが信頼に値するものであるためには、評価者の好悪感情などによってなされるべきではなく、公平・公正であるとともに、どのように評価することが子どもの成長を促すことになるかという観点が不可欠である。教育評価を科学的・客観的なものにしようとする動きは、アメリカのエドワード・L・ソーンダイク（一八七四～一九四九年）に始まると言われる。彼は動物を用いた学習研究に従事し、教育・学習の分野に測定の観念を導入して、教育測定運動の父と呼ばれた。ソーンダイクの理論をもとに、客観テストによって子どもの学力を把握する方法が考案され、わが国でも一九二〇年頃から標準テストという形で取り入れられた。しかし、数的な処理による教育測定では子どもの真の学力を把握することは困難であるという批判も現れ、一九三〇年代末の頃から、教育測定は教育評価という概念に発展していった。

教育評価でよく知られているのは相対評価と絶対評価である。相対評価とは、クラスや学年や学校といった何らかの集団を基準として、その内部での比較や位置づけにおいて評価する方法で、例えば、全体を七%、二四%、三八%、二四%、七%の五段階に割り振って評価するもので、集団の成績は正規分布を描くという統計理論に依拠している。したがって相対評価は、どのような集団を基準とするかによって集団に占める個人の地位が変化する。よくできる集団の中では個々の成績は下がり、そうでない集団の中では成績が上がるという具合に。その結果、「レベルの高い学校」では下位になり、「レベルの低い学校」では上位となって、学校格差の温床になる可能性がある。相対評価の問題点を克服しようとしたのが絶対評価である。これは、教育目標を設定し、この目標を達成したかどうかに基づいて評価する方法で、到達度評価とも称される。茶道や華道のような芸事におけるように、評価者の頭の中にある基準によって評価する方法を認定評価というが、これも絶対評価に含まれる。絶対評価は評価基準の設定が教師に委ねられるところが大きく、そのため、同じ学習成果を上げても教師によって評価が異なるという問題がある。一九四八（昭和二三）年の学籍簿では正規分布による相対評価が導入され、以来わが国では、一九九八年版の学習指導要領に基づく指導要録の改訂で「目標に準拠した評価（絶対評価）」が導入されるまで、相対評価が続いた。

一九七〇年代には、アメリカのベンジャミン・S・ブルーム（一九一三〜九九年）の診断的評価・形成的評価・総括的評価という考えがわが国にもたらされた。診断的評価とは、学習指導をする前に学習者の学力などを評価するもの、形成的評価とは、学習指導の途中で学習者がどの程度まで理解したかを評価するもの、総括的評価とは、学習指導の後に学習者がどの程度まで学力を習得したかを評価するもので、これら三つの評価を通じて学習者に一定水準以上の学力を身につけさせることを目的とするのである。これは「ブルームの完全習得学習（マスタリーラーニング）

理論」と呼ばれる。最近では、子どもの学習の過程で作成された作文やテストや写真などを保存しておいて、それを学習の成果として評価する「ポートフォリオ評価」や、あらかじめ課題・到達目標を明確にし、具体的な評価指標と評価基準が記載された配点表にパフォーマンス（行動や内容）を記入していく「ルーブリック評価」、あるいは「ルーブリックを用いたパフォーマンス評価」などが注目されている。いずれも従来のテスト法では必ずしも適切に評価できない思考力・判断力・意欲・態度などの評価に公平性が発揮されると言われる。

子ども達の学力を全国的に評価・把握するものとして、文部省は一九五六（昭和三一）年から小・中・高校で国語・算数（数学）について抽出調査を実施していたが、一九六一（昭和三六）年には中学校二・三年生を対象に国語・社会・数学・理科・英語について悉皆調査を実施することにした。文部省はこの全国中学校一斉学力調査（学テ）について、学力の実態を捉え、学習指導の改善や教育条件の整備などの資料とするためとしたが（「昭和三六年度全国中学校一せい学力調査実施要項」）、日教組は、教育の国家統制を意図する政策テストであると反発し、全国的な反対闘争を展開した。調査当日（一九六一年一〇月二六日）に会場となった学校でピケを張るなどの抵抗が各地で行われ、その多くが刑事事件となった（例えば、「旭川学テ事件」に係る旭川地判昭和四一年五月二五日 判時四五三号六頁、札幌高判昭和四三年六月二六日 判時五二四号二四頁、最大判昭和五一年五月二一日 判時八一四号三三頁）。旭川地裁は本件学力調査を違法としたが、最高裁は、手続上も実質上も違法でないと論結している。

右の旭川地裁判決を契機に、学テは中止となったが、一九九〇年代に、「ゆとり教育」で学力が低下したのではないかという論争が巻き起こった際、学力調査の復活が各方面で議論になり、二〇〇五（平成一七）年六月の閣議決定「経済財政運営と構造改革に関する基本方針」などを経て、二〇〇七（平成一九）年から毎年四月に、全国の小学六年生と中学三年生の全員を対象として、国語、算数・数学の「全国学力・学習状況調査」が実施されることとなった（二〇一二年度からは理科が、二〇一九年度からは英語が、それぞれ三年に一回程度加わる）。学力調査の復活をめぐっては、かつてのような教育界を揺るがすほどの反対運動はもはや起きず、調査結果について、市町村別の成績を公表したり、成績上位の校長名を公表したりする自治体の対応に疑問や批判が起きた程度であった。文科省は、「調査の実施、調査結果の活用及び公表等を含め、調査は教育委員会の職務権限である。そのため、教育委員会は、調査結果の活用及び公表等の取扱いについて、主体性と責任を持って当たることとする」と通知している（例えば、「平成三一年度全国学力・学習状況調査に関する実施要領」）。

(4)　教育―学習の記録簿

一八八一（明治一四）年四月の文部省達第一〇号の別紙「学事表簿取調心得」に、「生徒学籍簿」の項目がある。「学籍簿」の初期の公式表現である。この時の学籍簿には、入学年月日、生徒姓名、年齢、従前の教育、父母あるいは後見人の姓名等を記入するものとし、学業成績を記入するようにはなっておらず、「生徒ノ学科成績等ニ係ル諸表ハ各学校ニ於テ調整シ夫々詳記スベキ」ものとしていた。一八九一（明治二四）年の小学校教則大綱は、児童の学業試験は学業の進歩・習熟の度を検定して教授上の参考に供し、あるいは卒業認定を目的とすべきこと、修業年限の終りに児童の学業成績を考慮して課程を完了したと認定したときは卒業証書を授与すべきことを定め（第二一条、第二二条）、同大綱の「説明」の中で次のように説示した。「元来児童ノ学業ヲ試験スルハ……教授ノ効果如何ヲ鑑ミ将来教授上ノ参考ニ供スルヲ以テ目的トスルモノナレハ其成績ヲ評スルニハ成ルヘク適当ナル語ヲ用ヒ点数若クハ上中下等比較的ノ意味ヲ有スルモノヲ用ヒサルヲ可トス」べきであるが、点数で学業成績を評価するのは従来からの慣例であるのでこれを踏襲することとし、ただ、なるべく簡単な点数を用いることを要する、と。実際の実務では、点数に代わって「甲乙丙」で評価するようになったと言われる。一九〇〇（明治三三）年の小学校令施行規則は、「市町村立尋常小学校長ハ第十号表ノ様式ニ依リ学年ノ始ニ於テ入学シタル児童ノ学籍簿ヲ編製スヘシ」と定め（第八九条）、同規則第一〇号表には、児童の氏名・住所、保護者の氏名・住所、身体状況などと並んで「学業成績」を記入する欄が設けられている。

一九三八（昭和一三）年の小学校令施行規則改正に付けられた「注意事項」では、文部省は、学籍簿の記入につき、「学業成績中教科目ノ成績ハ十点法ニ依リ操行ハ優良可ノ区別ニ依リ記入スルコト」とした。「操行」とは平素の品行・素行のことで、例えば「性格ニ就テハ気質及性情等ニ付学校ノ内外ニ於ケル日常生活ノ状況ヲ通シテ観察スルコト」としている。一九四二（昭和一七）年の文部省普通学務局著作『国民学校制度に関する解説』では、「各科目ノ成績ハ平素ノ情況ヲ通ジ其ノ習得、考察、処理、応用、技能、鑑賞、実践及学習態度等ノ各方面ヨリ之ヲ総合評定シ、優、良、可ノ区別ニ依リ記入スルコト」とされた。その上でさらに、「或ル科目ニ付稀ニ見ル優秀ナル能力ヲ有スル児童」に対しては「秀」の標語を与えることができるとした。

戦後一九四八（昭和二三）年一一月、文部省は学校教育局長通知「小学校の学籍簿について」を発出し、その別紙「小学校の学籍簿の趣旨とその扱いについて」で、学籍簿は「指導上の原簿となるもの」とし、その上で、地方や学校の特殊性に応じて適宜記入事項を変更もしくは付加しても差し支えないとしつつ、学籍簿には「在籍状況」「出欠状況」「標準検査の記録」「行動の記録」「学習の記録」を記録すべきものとしている。「学習の記録」については、「各教科の学習の状況について、平素の考査に基き分析的に評価記入」「評価は行動の評価と同じく五段階」とした。五段階の評価は具体的には「+2 +1 0 -1 -2」である。同通知は冒頭で、「なお、『学籍簿』の名称については研究中である」としていたが、一九四九（昭和二四）年に「学籍簿」は「指導要録」と改められた。

一九五五（昭和三〇）年九月、文部省は初等中等教育局長と大学学術局長の連名で、「小学校、中学校および高等学校の指導要録の改訂について」を通達し、「小学校児童指導要録」では、「学籍の記録」「出欠の記録」「身体の記録」「学習の記録」「教科以外の活動の記録」「行動の記録」の項目を設け、「学習の記録」の評定は五段階とした。そして、記入上の注意として、小学校と中学校について、「学級または学年において普通の程度のものを3とし、それより特にすぐれた程度のものを5、それより特に劣る程度のものを1とし、これらの中間程度のものをそれぞれ4もしくは2とする。一般に3の程度のものが最も多数を占め、5または1はきわめて少数にとどまるであろう」とした。相対評価によるべきことを明記したわけである。

指導要録は学習指導要領が改訂されるたびに改訂されている。一九六八（昭和四三）年の小学校学習指導要領改訂と一九六九（昭和四四）年の中学校学習指導要領改訂を受けての一九七一（昭和四六）年の指導要録改訂、一九七七（昭和五二）年の小・中学校の学習指導要領改訂を受けての一九八〇（昭和五五）年の改訂、以下、一九八九（平成元）年の学習指導要領改訂を受けての一九九一（平成三）年の改訂、一九九八（平成一〇）年の改訂を受けての二〇〇一（平成一三）年の改訂、二〇〇八（平成二〇）年の改訂を受けての二〇一〇（平成二二）年の改訂、といった具合である。二〇〇一年の指導要録改訂では「目標に準拠した評価」とし、絶対評価を採用した。

学習指導要領が二〇一七（平成二九）年に改訂されたのに伴い、文部省初等中等教育局長は二〇一九（平成三一）年三月、「小学校、中学校及び特別支援学校等における児童生徒の学習評価及び指導要録の改善等について」を通知した。そこでは小学校の各教科について、「観点別学習状況」に関しては、「十分満足できる状況」と判断されるものをA、「おおむね満足できる状況」をB、「努力を要する状況」をCと記入し、「評定」に関しては、「十分満足できる状況」と判断されるものを3、「おおむね満足できる状況」を2、「努力を要する状況」を1と記入することとした。各教科はA・B・Cの三段階、「評定」は3・2・1の三段階としたわけである。「特別の教科　道徳」については、「児童の学習状況や道徳性に係る成長の様子を個人内評価として文章で端的に記述」し、「外国語活動」と「総合的な学習」については、「児童にどのような力が身に付いたかを文章で端的に記述」し、「特別活動」については、「十分満足できる活動の状況にあると判断される場合に〇印を記入する」などとされる（特別支援学校小学部にあっても

「特別の教科　道徳」以外は同じ）。

中学校については、各教科の評定に関し、「十分満足できるもののうち、特に程度が高い」状況と判断されるものを5、「十分満足できる」を4、「おおむね満足できる」を3、「努力を要する」を2、「一層努力を要する」を1、と記入する五段階評価以外は、小学校における概ね同じである（特別支援学校中学部にあっても「特別の教科　道徳」と「総合的な学習」以外は同じ）。高等学校及び特別支援学校高等部についても、「各教科・科目」「学校設定教科に関する科目」「修得単位数」「総合的な探究」といった項目の違いはあるが、指導要録に記入する事項はそれぞれ小・中学校におけるとほぼ同様である。高校での「学校設定教科」とは、学習指導要領で定められている教科以外に、「富士山学」とか「人形浄瑠璃」など、地域の特色を生かして学校が独自に設定できる教科である。

二〇一七（平成二九）年版学習指導要領に準拠して、例えば現行の文科省「中学校生徒指導要録（参考様式）」は、一頁目には生徒・保護者の氏名・住所、入学・転入学年月日、卒業年月日等の「学籍の記録」を、二、三頁には「各教科の学習の記録」「特別の教科　道徳」「総合的な学習の時間の記録」「特別活動の記録」「行動の記録」「総合所見及び指導上参考となる諸事項」「出欠の記録」などの欄を設けている。指導要録は、出席簿などとともに学校に備えておかなければならず、保存期間は五年間で、ただし、その写しのうち入学・卒業等の学籍に関する記録については二〇年間保存しなければならない表簿とされる（学校教育法施行規則第二八条）。

(5)　通知表・内申書

教育―学習評価を記載した書類として今日一般に広く知られているのは「通知表」であろう。通知表は「通信簿」と呼ばれたり、学校によっては「あゆみ」「のびゆく子」といった表題がつけられることもある。学校が子どもの学業成績や出欠状況、日常生活、健康状態などを記載して学期ごとに子ども本人と保護者に知らせる文書で、直接には学級担任が記入するが、発行が法的に義務づけられているものでも学校が保存しておかなければならない公簿でもない。子どもを励ます意味も含んでいることから、指導要録に記載される評定と内容が同一でない場合もある。

評価方法が相対評価方式から絶対評価方式に変更され、評定ごとの人数制限がなくなったことにより、例えば五段階評価で学校側が子ども達の学習意欲を失わせないよう「5」を多くするということもあった。こうした状況に鑑みて中教審は二〇〇八（平成二〇）年一月、「学校や教師は指導の説明責任だけではなく、指導の結果責任も問われていることを前提としつつ、……より一層簡素で効率的な学習評価が実施できるような枠組み」の検討の必要性を答申した（「幼稚園、小学校、中学校、高等学校及び特別支援学校の学習指導要領等の改善について」）。

通知表が子ども・保護者向けの文書であるのに対し、俗に内申書と呼ばれる調査書は、進学などの際に発行される対外的性格を有する書類で、例えば中学校においては、「校長は、中学校卒業後、高等学校、高等専門学校その他学校に進学しようとする生徒のある場合には、調査書その他必要な書類をその生徒の進学しようとする学校の校長に送付しなければならない」と定めている（学校教育法施行規則第七八条）。調査書は就職などの場合にも発行される。調査書が内申書と呼ばれるのは、子どもが上級の学校に進学するときに出身校側が発行する「内部の申告書」という性格が伝統的に強かったことによる。調査書の様式や記載事項は、指導要録をもとにするほかは、自治体により、また私立学校により、一様ではない。

調査書の秘匿性が高かった頃、その開示をめぐる裁判事件が幾つかあった。大阪地判平成六年一二月一〇日（判時一五三四号三頁）は、中学校から高校に送付された調査書の「総合所見」欄について、開示することによって教師への不信感や遺恨等を招き、教師と生徒との信頼関係が損なわれ、こうした弊害を恐れて記載・記入が形骸化し客観性や公正さが減殺される恐れが生じうるとして、開示を認めず、ただし、「各教科の学習の記録」「学習の総評」「身体の記録」欄については非開示事由（開示しない理由）に該当しないとした。当初の非開示を取り消して開示すべきだとしたものに、東京地判平成一三年九月一二日（判時一八〇四号二八頁）がある。中学校から提出された調査書の「特記事項」について同判決は、同事項の記載を第三者が審査する余地はなく、したがって記載事項を本人や保護者に開示することが恣意や不正を防止する唯一の方法であるから、非開示事由には該当しない、と述べている。

調査書をめぐる古典的裁判事例としては、いわゆる「麹町中学校内申書事件」がある。在校中に「全共闘」を名乗って機関紙を発行したり、文化祭粉砕を叫んで校内に乱入したりビラを配ったりしていた生徒が卒業を控え、数校の高校を受験したがいずれも不合格となったので、不合格は「備考」欄や「特記事項」欄に不利益なマイナス記載・評定をしたためであったとして、生徒が東京都及び千代田区に損害賠償を求めた事案である。一審は原告・生徒側の請求を一部認容した。「生徒の言論、表現の自由もしくはこれにかかる行為も、教育の目的にかんがみ最大限に尊重されるべきであるから、……学校側の教育の場としての使命を保持するための利益が侵害されるおそれのある場合は格別そうでないかぎり、右行為を行動及び性格の点においてマイナスの理由とすることは」許されず、マイナス評定に該当する備考欄の「C評定」は、「本件各高等学校に進学し教育を受ける権利すなわち学習権を侵害したものというべきである」（東京地判昭和五四年三月二八日　判時九二一号二〇頁）。これに対して控訴審は一審判決を一部変更した。「中学校長が調査書を作成するに当っては、情実を排し、公正を旨とすべく、公正に作成された調査書の記載によって当該生徒が進学試験に不合格となる虞れがあるとしても場合によりやむをえないことはいうまでもない」「調査書が本人にとって有利に働くこともあれば、不利に働くこともある（……）のは事柄の性質上当然のことであり、本人にとって有利にしか働かない調査書制度なるものを想定することは不可能である」（東京高判昭和五七年五月一九日　判時一〇四一号二四頁）。最高裁は、当該生徒の行為について、いずれも当該生徒の性格・行動を客観的事実として調査書に記載したからといって、生徒の表現の自由を侵したことにはならない旨判示して、上告を棄却した（最二判昭和六三年七月一五日　判時一二八七号六五頁）。

調査書は現在、秘密性を維持して関係者以外には内容を知らせていない自治体もあり、一方、保護者宛に「親展」として調査書と同じ内容の「調査書記載事項通知書」を配布し、記載内容に誤りがあるかどうかを確認してもらうことにしている自治体もある。また、子どもの不利になるような内容の記入は控え、例えばA・B・C評定でA評定のみ記入し、B以下の評定については空欄にしておくといった措置をとっている自治体・学校もあるようである。調査書の扱いが必ずしも一定していないのは、調査書が本来の役割を果たすためにはどうすればよいか、制度的・教育的・実務的にさまざまな試行をしている最中であることを窺わせる。

引用・出典・参考文献

・「うれうべき教科書の問題第1」国立国会図書館デジタル
・文部省『終戦教育事務処理提要　第一集』（復刻版）文泉堂　昭和五五年
・同右『第二集』
・宮原誠一・丸木政臣・伊ケ崎暁生・藤岡貞彦『資料　日本現代教育史　2』三省堂　一九七四年
・文部省内教育史編纂会『明治以降教育制度発達史　第三巻』龍吟社　昭和一六年　一〇五頁
・『法令全書　第一四巻』（復刻版）原書房　昭和五一年
・根津朋実・樋口直宏編著『教育内容・方法（改訂版）』培風館　二〇一九年
・Wikipedia：「エドワード・ソーンダイク」
・古川　治『ブルームと梶田理論に学ぶ　戦後日本の教育評価論のあゆみ』ミネルヴァ書房　二〇一七年
・石川　謙『近代日本教育制度史料　第二巻』大日本雄弁講談社　昭和三一年
・文部省『文部行政資料　第四集』復刻版　国書刊行会　平成六年
・小宮山栄一編『新指導要録の解説と記入法』新光閣　昭和三〇年

四　教育現場の風景

1　校則・生徒懲戒・体罰

(1)　生徒心得・校則

「学制」が発布される三カ月ほど前、大阪府には既に、「入学の後は男女席を別にして常に手習いをはじめ読書算術は教師の指図を待って其席に出て教えを受くべき事」から始まる一一項目の「小学生徒心得書」があったようであるが（国立教育政策研究所　教育図書館　貴重資料デジタルコレクション）、文部省は「学制」発布の翌一八七三（明治六）年六月、一七カ条から成る「小学生徒心得」（東京・師範学校編集）を制定した。その条文を摘記すると、

――

第一条　毎朝早ク起キ顔ト手ヲ洗ヒ口ヲ漱キ髪ヲ掻キ父母ニ礼ヲ述ヘ朝食事終レバ学校ヘ出ル用意ヲ為シ先ツ筆紙書物等ヲ取揃ヘ置キテ取落シナキ様致ス可シ

第三条　校ニ入リ席ニ就カントスル時教師ニ礼ヲ致ス可シ

第十条　生徒タル者ハ教師ノ意ヲ奉戴シ一々指揮ヲ受クベシ教師ノ定ムル所ノ法ハ一切論ズ可カラズ我意我慢ヲバ出ス可カラズ

第十一条　受業中自己ノ意ヲ述ベント欲スル時ハ手ヲ上ケテ之ヲ知ラシメ教師ノ許可ヲ得テ後ニ言フ可シ

第十七条　途中ニテ遊ビ無用ノ場所ニ立ツ可カラズ無益ノ物ヲ見ル可カラズ疾ク走ル可カラズ若シ馬車等ニ逢フコトアラバ早ク傍ニ避ケテ馬車等ノ妨ニナラズ自身モ怪我ナキ様ニス可シ

文部省のこの心得は全国各地で参照され、それぞれの実情に合わせて適宜取捨選択したり、そのまま引き写したりして使われた。例えば、一八七六（明治九）年二月に群馬県のある小学校で制定された生徒心得には、「毎朝早ク起キ顔ト手ヲ洗ヒ、口ヲ清メ父母ニ礼ヲ述ヘ学校へ出ル支度ヲナシ」「校ニ入リテハ教師ニ挨拶ヲ致シ後席ニ就クヘシ」などの文言があり、師範学校編集の「小学生徒心得」をほぼ下敷きにしている。生徒心得ないし校則はその後、時代とともに変化し、今も変化し続けているが、家庭での日常生活、授業中の態度や登下校時の行動など、子ども達の学校内外での過ごし方を細部にわたって広範に規律するやり方は、一五〇年を経過した現在も、基本的にわが国の生徒心得・校則に受け継がれている。

憲法・教基法体制のもとで基本的人権を尊重するという考えが定着し、とりわけ、一九八九年一一月の「児童の権利に関する条約」に子どもの意見表明権（第一二条）が明記されてからは、生徒心得・校則の制定・改正・廃止などについて、地域住民や保護者だけでなく、子ども自身の積極的な働きかけが重視されるようになってきている。他方でしかし、子どもを取り巻く家庭環境や社会の変化に伴い、保護者や地域住民からの要望に応え、生徒指導を拡充・徹底するという名目で、却って規制・禁止が多岐に及ぶ「ブラック校則」も新たに登場している。下校後四時を過ぎるまで外出してはならないという、一部の学校・自治体で行われている「四時禁ルール」は、下校した子どもが種々の危険に巻き込まれないようにという学校側・保護者側双方の願いと、下校後の子どもの行動について保護者からクレームが寄せられることを避けようとする学校側の思惑が複雑に交叉するルールの例であるが、子ども達の自由という点からは問題がある。学校にスマホを持参することの是非という今日的な問題については、禁止・規制・黙認・容認など、地域・学校により対応が分かれている。スマホを持っていると子ども達の安全確保に有益な面もあるが、生徒がスマホを通じて犯罪に巻き込まれ、被害に遭うといった危険もあり、スマホ持参をめぐっては、保護者も教師も困惑は小さくない。校則は、子どもの人権を尊重し、子ども・教師・保護者・地域住民が共に納得する合理的な内容のものである必要がある。

学校が生徒心得・校則を制定することができる法的根拠は必ずしも明確でなく、かつては、学校は包括的に子どもを支配する関係にあるという「特別権力関係論」が有力であったが、特別権力関係論そのものが人権保障の点から下火になるにしたがい、最近は、在学契約に基づいて学校側には校則を制定する権限があるとする説や、自律的な部分社会である学校には内部規律を制定する権限があるとする説などが主張されている。児童権利条約は、「締約国は、学校の規律が児童の人間の尊厳に適合する方法で及びこの条約に従って運用されることを確保するためのすべての適当な措置をとる」（第二八条第二項）と定めていることに鑑み、「学校の規律」の制定を国際法上の根拠とする主張もありえよう。

生徒心得・校則は子どもの人権に関わるところから、これまでもその規定内容をめぐって争われる例が少なからずあった。大学における「学則裁判」（いわゆる「昭和女子大学事件」。東京地判昭和三八年一一月二〇日　判タ一五五号一二五頁、東京高判昭和四二年四月一〇日　判時四七八号一六頁、最三判昭和四九年七月一九日　判時七四九号三頁）は別にして、町立中学校の校長が男子生徒の髪形を「丸刈り、長髪禁止」と定めた校則は違憲・違法だとして生徒側が提訴したのは、最も早い時期の「校則裁判」の一つである。裁判所は、「丸刈が、現状においてもっとも中学生にふさわしい髪形であるという社会的合意があるとはいえず」「頭髪を規制することによって直ちに生徒の非行が防止されると断言することもできない」としながらも、結論としては、「丸刈を定めた本件校則の内容が著しく不合理であると判断することはできない」と、生徒側の主張を退けた（熊本地判昭和六〇年一一月一三日　判時一一七四号四八頁）。

「校則裁判」を幾つか挙げると次のようである。

・高校生バイク三ない校則違反自主退学勧告事件
　千葉地判昭和六二年一〇月三〇日
　東京高判平成元年三月一日
　最三判平成三年九月三日

・女子中学生制服代金請求事件
　千葉地判平成元年三月一三日
　東京高判平成元年七月一九日

・高校生パーマ等禁止校則違反自主退学勧告事件
　東京地判平成三年六月二一日
　東京高判平成四年一〇月三〇日
　最一判平成八年七月一八日

・中学校丸刈り校則違法確認事件
　神戸地判平成六年四月二七日
　大阪高判平成六年一一月二九日
　最一判平成八年二月二二日

一九八〇年代後半から九〇年代前半にかけて校則をめぐる訴訟が集中して起き、またその多くが最高裁まで争われているのは、この時期に校則が社会問題となり、盛んに論じられたことが背景にある。校則をめぐる裁判事例は最近は減少しているが、問題は依然としてくすぶっている。判例はこれまでのところ、対象となった生徒心得・校則に多少の問題が含まれている場合でも、それが極端でない限り、概ね学校・校長側の教育的判断・裁量を尊重する傾向にある。それは先に挙げた熊本地裁丸刈り判決以来の流れである。

(2)　生徒懲戒

学校は、子ども達の健全な成長を図るため、学校での子ども達の生活万般に注意を払い、関与することが多い。早起きして父母に挨拶することを促したかつての「小学生徒心得」のように、わが国では明治以来、学校は家庭における生活態度にまで口を出し、それがむしろ当然だとする雰囲気が、学校・教師だけでなく保護者、さらには国民全体にもあった。それは、学校に対する人々の期待と、子育てをとかく学校任せにしようとする意識の然らしめるところであった。

生徒指導は、子どものもろもろの相談に寄り添って支援するほか、学校での子どもの言動に対して臨機応変に、あるいは生徒心得・校則に照らして、何らかのサンクション（是認・褒賞、あるいは制裁・懲戒）を加えるという形でも行われる。褒めたり叱ったりすることは教育に固有の行為であるが、学校での懲戒（生徒懲戒）は、学校におけるサンクションの最も典型的なものである。生徒懲戒は、例えば授業中に騒ぐ子どもをその場で叱ったり、廊下を走る子どもを大声で注意したりといった事実上の懲戒と、在学関係に何らかの影響を及ぼす法令上の懲戒に分けることができる。いずれも子どもの意に反してなされるものであるから、子どもの人権と深く関わる。

学校教育法は、「校長及び教員は、教育上必要があると認めるときは、文部科学大臣の定めるところにより、児童、生徒及び学生に懲戒を加えることができる」と定める（第一一条本文）。「幼児」は懲戒の対象に含まれていない。学教法の規定を受けて学校教育法施行規則（文部科学省令）は、懲戒について詳細に定める（第二六条）。まず、懲戒の前提として、「校長及び教員が児童等に懲戒を加えるに当っては、児童等の心身の発達に応ずる等教育上必要な配慮をしなければならない」（同条第一項）。懲戒は教育の一部であることの注意書きないし念押しにほかならない。懲戒の種類として同規則は、「懲戒のうち、退学、停学及び訓告の処分」を挙げ、これは校長が行うとしている（第二六条第二項）。これ以外の懲戒（事実上の懲戒）は、校長以外の教師も行うことができるわけである（教師の懲戒権限）。

退学は、児童・生徒に対し、在学中にその意に反して卒業を待たずに学校を途中でやめさせる処分で、「性行不良で改善の見込みがないと認められる者」「学力劣等で成業の見込みがないと認められる者」「正当の理由がなくて出席常でない者」「学校の秩序を乱し、その他学生又は生徒としての本分に反した者」のいずれかに該当した場合になされる（規則第二六条第三項。但し、「本分」が現代法の用語としてふさわしいかどうかについては疑問なしとしない）。退学は、公立の小学校・中学校・義務教育学校・特別支援学校に在学する学齢児童又は学齢生徒に対してすることはできない（同条第三項）。義務教育段階にある児童・生徒であっても、私立学校に在籍している者に対しては退学処分も可能である。公立の小・中学校等が「受け皿」となりうるからである。高校生が飲酒したり喫煙したり、教師に暴力を振るったり、あるいは、校則で禁止されているバイクに乗ったりパーマをかけたりし、また、大学生がカンニングしたり破廉恥行為をしたりして退学処分を受ける例は少なからずある。この場合、学校側は教育的配慮から、生徒らに自主退学することを促す措置をとることもある。

停学は、在籍している学校で一定期間教育を受ける機会を停止させる処分で、公私立を問わず学齢児童・学齢生徒に対しては行うことができない（規則第二六条第四項）。在学させている以上はどの学校も義務教育を受ける機会を奪うことは適切でないとの趣旨である。もっとも、規律の厳格な私立学校などでは、「停学」の語を用いないで実際には停学と同じような処分を行う場合もあるようである（例えば「自宅謹慎」）。訓告は、逸脱行為をした児童・生徒等を文書又は口頭でその非を諭す処分である。もっとも、学校現場では、子どもの不利になることはできるだけ避ける傾向が強く、訓告処分を行って指導要録に記録を残すようなことはしないで、「校長による指導」ですませることが多いようである。

停学処分と似て非なるものに「出席停止」がある。小・中・義務教育学校において、他の児童生徒に傷害や心身の苦痛又は財産上の損失を与える行為、職員に傷害又は心身の苦痛を与える行為、施設又は設備を損壊する行為、授業その他の教育活動の実施を妨げる行為などを繰り返し、性行不良であって他の児童・生徒の教育に妨げがあると認める児童・生徒があるときは、市町村の教育委員会がその保護者に対して命ずることができる措置である（学校教育法第三五条、第四九条等）。懲戒とは異なり、校内におけるいじめや暴力や授業妨害等から他の児童・生徒の教育を受ける権利を保障するための教育措置にほかならないが、この措置を受けた児童・生徒の教育を受ける権利に一定の制約を課すこととなるため、学教法は教育委員会に慎重な手続を要求している（第三五条）。

なお、児童・生徒等が感染症にかかっており、かかっている疑いがあり、又はかかるおそれがあるとき、校長は当該児童・生徒等の出席を停止させることができる（学校保健安全法第一九条）。これは児童・生徒等の健康面からの措置であり、学教法上の出席停止とは性格を異にする。

(3)　体　罰

学校教育法第一一条但書は、「体罰を加えることはできない」と定める。「教育上必要があるとき」などの条件をつけていないから、体罰は絶対的に禁止される。

体罰の禁止は古く、既に一八七九（明治一二）年の教育令には、「凡学校ニ於テハ生徒ニ体罰（殴チ或ハ縛スルノ類）ヲ加フヘカラス」（第四六条）と定められ、一八九〇（明治一三）年の改正教育令も、「小学校長及教員ハ児童ニ体罰ヲ加フルコトヲ得ス」（第六三条）と定め、さらに、教育勅語体制下の一九四一（昭和一六）年の国民学校令も、「国民学校職員ハ教育上必要アリト認ムルトキハ児童ニ懲戒ヲ加フルコトヲ得但体罰ヲ加フルコトヲ得ズ」（第二〇条）と、現行の学教法とほぼ同じ条文を置いていた。しかし実際には、戦前は体罰が公然と行われていた。憲法・教基法体制になってからは体罰禁止は徹底されている筈であるけれども、なお根絶されておらず、体罰事件はしばしば起きている。

体罰禁止で最も難しい問題の一つは、「体罰」とはどのような行為かという「体罰概念」をめぐってである。学教法が制定された翌一九四八（昭和二三）年一二月、当時の法務庁は、高知県警察隊長からの照会「児童懲戒権の限界について」に対し、概ね次のように回答した（法務庁法務調査意見長官回答）。

「体罰」とは、懲戒の内容が身体的性質のもので、

(1)身体に対する侵害を内容とする懲戒で、なぐる・けるの類

(2)被罰者に肉体的苦痛を与えるような、端坐・直立等、特定の姿勢を長時間にわたって保持させるようなもの。しかしこの場合、「体罰」に該当するかどうかは機械的に判定すべきでなく、当該児童の年齢・健康・場所的および時間的環境等、種々の条件を考え合わせて肉体的苦痛の有無を判定しなければならない。

(3)放課後教室に残留させることは通常「体罰」には該当しないが、用便のためにも室外に出ることを許さないとか、食事時間を過ぎて長く留めおくとかいうことがあれば、体罰に該当する。

(4)義務教育においては、児童に授業を受けさせないという処置は、懲戒の方法としては許されない。

⑸児童を教室外に退去せしめる行為は許されない。

世人の注目を集めた体罰事件としては、「水戸五中事件」がある。悪ふざけをした中学二年生をたしなめた教師が、叱責した際に生徒の頭部を叩いたため、暴行罪で起訴された事案であった。なお、当該生徒は教師から頭部を叩かれて八日後に、原因不明の脳内出血で死亡したが、教師の行為と生徒の死亡との因果関係については、不明とされたままである。一審（水戸簡判昭和五五年一月一六日）は暴行行為を有罪としたが、控訴審は当該教師の行為に違法性はないとし、次のように説いた。「生徒の好ましからざる行状についてたしなめたり、警告したり、叱責したりする時に、単なる身体的接触よりもやや強度の外的刺激（有形力の行使）を生徒の身体に与えることが、……教育上肝要な注意喚起行為ないしは覚醒行為として機能し、効果があることも明らかであるから、……いやしくも有形力の行使と見られる外形をもった行為は学校教育上の懲戒行為としては一切許容されないとすることは、本来学校教育法の予想するところではないといわなければならない」（東京高判昭和五六年四月一日　判時一〇〇七号一三三頁）。この判決が出された当時、わが国の多くの中学校は荒れており、教師たちはその対応に苦慮していた。そうした雰囲気の中で、この判決が一部の「体罰教師」たちにとって「お墨付き」となった面があることは否定できない。

体罰をめぐる裁判事件の一部をピックアップすると次の通りである。

・殴打による中学生受傷　　静岡地判昭和六三年二月四日
・中学生を砂浜で首まで生き埋め　　福岡地判平成八年三月一九日
・暴行による小学生の自殺　　神戸地裁姫路支部判平成一二年一月三一日
・暴行を受けた小学生の自殺　　福岡地小倉支部判平成二一年一〇月一日
・暴行によるバレー部女子中学生受傷　　津地判平成二八年二月四日

学校で生じる体罰事件の裁判では近時、体罰に対して厳しい姿勢を示す判決が出されることが少なくない。例えば神戸地裁姫路支部判平成一二年一月三一日（判時一七一三号八四頁）は次のように述べる。「学校教育法一一条ただし書が体罰の禁止を規定した趣旨は、いかに懲戒の目的が正当なものであり、その必要性が高かったとしても、それが体罰としてなされた場合、その教育的効果の不測性は高く、仮に、被懲戒者の行動が一時的に改善されたように見えても、それは表面的であることが多く、かえって当該生徒に屈辱感を与え、いたずらに反発・反抗心をつのらせ、教師に対する不信感を助長することにつながるなど、人格形成に悪影響を与える恐れが高いことや、体罰は現場興奮的になされがちでありその制御が困難であることを考慮して、これを絶対的に禁止するというところにある」。事案は、小学六年生児童が担任教師から体罰を受け、それが原因となって自殺した、というものであった。

体罰事件が依然としてなくならない事態に鑑み、文科省は二〇〇七（平成一九）年二月、「問題行動を起こす児童生徒に対する指導について」通知を出し、体罰が法律で禁止されていることを述べるとともに、しかし、先の東京高判昭和五六年四月一日を引用しながら、「有形力の行使」を追認した。その後、この通知に沿うかのような最高裁判決も出されている。事案は、いたずらをして廊下を逃げて行った小学校三年生児童を追いかけ、その胸元を両手で掴んで「もう、すんなよ」と大声で叱った行為が、体罰に当たるかどうかが争われたもので、最高裁は次のように述べた。「本件行為は、その目的、態様、継続時間等から判断して、教員が児童に対して行うことが許される教育指導の範囲を逸脱するものでなく、学校教育法一一条ただし書にいう体罰に該当するものではないというべきである」（最三判平成二一年四月二八日　判時二〇四五号一一八頁）。

特異な体罰事件としては、頭髪を脱色した中学二年の女子生徒が、保健室で教師らによって髪を黒く染められた事例がある。判決はしかし、本件行為は「有形力の行使ではあっても、教員が生徒に対して行うことが許される教育的指導の範囲を逸脱したものとはいえず」として、生徒側の訴えを棄却した（大阪地判平成二三年三月二八日　判時二一四三号一〇五頁）。教育現場で臨機応変に子ども達と関わる教師の側からすれば、指導するにあたってやむにやまれず手を振り上げる場面もありえようが、教育の専門家である教師としては、体罰につながりかねない「有形力の行使」を安易に行うことは許されない。

体罰は部活の場面で行われることが多い。その背景には、競技大会やコンクールで上位の成績を取ろうとする学校・教師の「熱意」に溢れた指導や、保護者からのプレッシャーがあり、さらにその背後には、優れた成績を獲得した者に、マスコミや社会の過大なまでの称賛が寄せられるという事情が横たわっているように思われる。教育活動にほかならない部活が、子どもにとっても教師にとっても、競争に勝って賞を取り、注目と称賛を獲得するための場になってしまっているかのようである。教師の「働き方改革」の一環として、教師の手から部活を離し、外部の指導者に委ねようとの試みもなされつつあるが、スポーツや文化活動で勝敗・順位にこだわる状況が続く限り、部活を外部の指導者の手に移しても、「ブラック部活」と体罰問題はなくならないかもしれない。

教師による体罰や暴行は、障害のある児童・生徒に対してもなされることがある。中度の精神障害がある市立養護学校の高等部二年生が教師から体罰を受けた事件では、被害生徒の供述の録音と精神科医の証言等で体罰の存在を認定している（名古屋地判平成五年六月二一日　判時一四八七号八三頁）。聾学校中等部の生徒が体育大会に向けての練習中、リレーの順番がきたにもかかわらず座り込むなどしたため、立腹した教師が当該生徒の顔面や胸部・肩を殴打したことでチック症状が出、ＰＴＳＤの診断を受けた事件では、裁判所は生徒側の請求を一部認め、「学校での出来事を自分の口で親に説明することさえ困難な生徒について学校内で事故が起きた場合、本件学校としては、当然のことながら、事故の詳細を速やかに調べ、保護者……にこれを説明すべき条理上の義務を負っていることが明らかである」と述べている（神戸地判平成一七年一一月一一日　判時一九一八号四八頁）。被害児童・生徒に障害がある場合、体罰・暴行の存在自体や態様を立証することは必ずしも容易でなく、被害が表に出ないで終わってしまうこともありうる。障害のある児童・生徒は、時として「供述弱者」（朝日新聞二〇二〇年四月一日「オピニオン&フォーラム」における井戸憲一弁護士の言）になることがあるのである。

子どもを叱責するに際し、不必要な罵詈雑言を吐くのは、身体に対する打撃ではないから、「体罰」とは言い難いが、やや不正確な表現をすれば「精神的体罰」にほかならず、子どもの人権を侵害する行為として許されない。市立中学校の部活の合宿で顧問の教師が、頬を叩いたり「お前は論外」「お前は使い物にならない」などと発言したことを苦にして中学生が退部し、精神科に通院するに至ったことを理由に損害賠償を請求した事案で、裁判所は、暴力を振るった行為とともに、「お前は論外」「使い物にならない」等との教師の発言は、生徒を侮辱し、人格を傷つけ、自尊心を害するものであって、暴力と同様、教師において自制できないままの怒りをぶつけたもので違法行為であるとして、生徒側の請求を認容した（津地判平成二八年二月四日　名古屋高判平成二八年九月三〇日　判時二三〇三号九〇頁）。

(4) 体罰と「しつけ」

体罰に対する世間の目が厳しさを増していた二〇一二（平成二四）年一二月、大阪の高校でバスケットボール部の生徒が教師から体罰を受けて自殺するという事件が起き、大きな社会問題となった（本件の刑事裁判は大阪地判平成二五年九月二六日、民事裁判は東京地判平成二八年二月二四日）。文科省は事件の翌二〇一三（平成二五）年三月、先の二〇〇七年二月の「問題行動」通知を踏まえつつ、「懲戒と体罰の区別等についてより一層適切な理解促進を図るとともに、教育現場において、児童生徒理解に基づく指導が行われるよう」求める通知「体罰の禁止及び児童生徒理解に基づく指導の徹底について」を発出した。

体罰禁止に向けた右の動きは、児童虐待の頻発に鑑み、学校以外の施設での監護・教育に伴う懲戒のあり方にも及んだ。二〇一九（令和元）年六月に児童福祉法を改正して、児童福祉施設の長、里親等は、監護・教育及び懲戒に際して「体罰を加えることはできない」とし、また同じ時に「児童虐待の防止等に関する法律」を改正して、「児童の親権を行う者は、児童のしつけに際して、体罰を加えることその他……監護及び教育に必要な範囲を超える行為により当該児童を懲戒してはならない」としたのは、その現れである。一方、民法は、親権を行う者は「監護及び教育に必要な範囲内でその子を懲戒することができる」（第八二二条）と定め、親が子に対して懲戒をする権限を認めているが、「必要な範囲」の境界が必ずしも明確でないために、親権者による体罰につながるとの批判があり、その見直しも検討されている。「体罰」と「有形力の行使」と「しつけ」は、教育・子育ての場ではいずれも紙一重である。

保護者が「しつけ」と称してその実暴力・虐待を行い、子どもを死に追いやる例が増加し、児童福祉法等の改正によって体罰は許されないとされたのを受けて、厚生労働省は二〇二〇（令和二）年二月、主に保護者を念頭に、「体罰等によらない子育てのために」（いわゆる体罰ガイドライン）を公表した。そこでは、「子どもの人格や才能等を伸ばし、社会において自律した生活を送れるようにすること等」を目的とする「しつけ」は、体罰とは異なるものであることを説いている。「・口で3回注意したけど言うことを聞かないので、頬を叩いた　・大切なものにいたずらをしたので、長時間正座をさせた　・友達を殴ってケガをさせたので、同じように子どもを殴った　・他人のものを盗んだので、罰としてお尻を叩いた　・宿題をしなかったので、夕ご飯を与えなかった　→これらは全て体罰です」と。このガイドラインに対しては、「しつけができなくなる」との反対意見や、「体罰によらない育児」「子どもが安心して相談できる体制整備」を求める専門家の意見などが寄せられている（朝日新聞二〇二〇年二月一九日朝刊）。体罰は、人々がこの社会でどのようなストレスを抱えながら暮らしているのか、といった問題と深く関係する。

2 いじめ

(1) いじめの定義といじめ事件

「いじめ」は、ごく一般的には、相手をわざと困惑させたり苦しめたりする行為を指す。いじめはこれまでも多かれ少なかれ学校現場で生じていた。しかし、「陰湿ないじめ」を受けて子どもに深刻な苦痛をもたらし、大きな社会問題として取り上げられるようになったのは、一九八〇年代に入った頃からである。こうした「いじめ」を当時文部省は、「児童生徒の問題行動等生徒指導上の諸問題に関する調査」（一九八一年度）において、「①自分より弱い者に対して一方的に、②身体的・心理的な攻撃を継続的に加え、③相手が深刻な苦痛を感じているもの」と定義し、生徒指導の重要課題とした。その後二〇〇六（平成一八）年の同調査で文部科学省は、「当該児童生徒が、一定の人間関係のある者から、心理的、物理的な攻撃を受けたことにより、精神的な苦痛を感じているもの」と定義し直し、いじめ問題にいっそう力を注いだ。二〇一三（平成二五）年六月制定の「いじめ防止対策推進法」は、いじめを、「児童等に対して、当該児童等が在籍する学校に在籍している等当該児童等と一定の人的関係にある他の児童等が行う心理的又は物理的な影響を与える行為（インターネットを通じて行われるものを含む）であって、当該行為の対象となった児童等が心身の苦痛を感じているもの」と定義している（第二条第一項）。

「いじめ」の把握数は、「いじめ」の定義や調査方法によって大きく増減する。文科省は二〇〇六（平成一八）年に「いじめ」の定義を変えたのに伴い、「発生件数」を「認知件数」（様々な場面を通して学校が「いじめ」だと認知した件数）に改め、それまでの調査方法等を変更したが、調査方法等を変える前年の二〇〇五（平成一七）年度からのいじめ認知件数の推移を示すと、（表3）の通りである。

（表３）　いじめの認知件数の推移

	2005年度	2006年度	2007年度	2008年度	2009年度	2010年度	2011年度
小学校	5,087	60,897	48,896	40,807	34,766	36,909	33,124
中学校	12,794	51,310	43,505	36,795	32,111	33,323	30,749
高等学校	2,191	12,307	8,355	6,737	5,642	7,018	6,020
特別支援学校	71	384	341	309	259	380	338
計	20,143	124,898	101,097	84,648	72,778	77,630	70,231

	2012年度	2013年度	2014年度	2015年度	2016年度	2017年度	2018年度
小学校	117,384	118,748	122,734	151,692	237,256	317,121	425,844
中学校	63,634	55,248	52,971	59,502	71,309	80,424	97,704
高等学校	16,274	11,039	11,404	12,664	12,874	14,789	17,709
特別支援学校	817	768	963	1,274	1,704	2,044	2,676
計	198,109	185,803	188,072	225,132	323,143	414,378	543,933

令和元年10月発表の文部科学省初等中等教育局児童生徒課「平成30年度児童生徒の問題行動・不登校等生徒指導上の諸課題に関する調査」より作成

二〇〇六（平成一八）年度と二〇一二（平成二四）年度でいずれも前年度を大きく上回っているのは、いじめ自体が急に激増したというわけでは必ずしもなく、調査方法等を変更したことと、二〇一一（平成二三）年一〇月に滋賀県大津市内の中学二年生男子生徒がいじめを苦に自殺した事件が起き（「大津市中学生いじめ自殺事件」）、担任教師の不適切な対応や学校と教育委員会の「隠蔽体質」が明らかにされるなど、問題が深刻化したことから、認知に対する学校の取り組みが厳格化した結果による。もっとも、認知件数はあくまでも学校・教師が把握しえた件数だから、学校・教師の目に触れない隠れたいじめは、認知件数を上回るに違いないことに留意する必要がある。

比較的初期のいじめ事件としては、一九七九（昭和五四）年九月に埼玉県上福岡市（当時）の中学一年男子生徒がいじめを苦に自殺した事件がある。在日朝鮮人三世であった同生徒は、日頃から同級生や部活部員らから暴行などのいじめを繰り返し受けて耐え切れなくなり、「学校に行くのがいやになって、生きているのもいやになりました。ぼくは自殺します。さようならみなさん」という遺書を残し、マンションから飛び降り自殺した。遺書で名指しされたクラスメートの中には少年の自殺を知ると、「あいつ死んじゃったよ！」と喜んだ者もいたという。なお、本件被害者と同じクラスでやはりいじめに遭っていた生徒は、少年の告別式の翌日、「今度はおまえの番だ、死ね」と脅されて神経性胃炎となり、転校した（Wikipedia：「上福岡第三中学校いじめ自殺事件」等参照）。市教育委員会は事件後の一九八三（昭和五八）年三月、「上福岡市在日韓国・朝鮮人児童・生徒にかかわる教育指針について」を発出している。

いじめ事件はその後もやまず、放課後に友人と校舎内の廊下で立ち話をしていた小学四年生の女児が同級生の男児から「滑り込み」をかけられて負傷したため、女児側が学校設置者である市と加害児童の両親に損害賠償を求めた事件や（浦和地判昭和六〇年四月二二日　判時一一五九号六八頁）、一九八六（昭和六一）年二月に起きた中学生自殺事件（「中野区立中学校事件」）が起きている。後者はいじめ自殺事件として大きくクローズアップされた。

二〇一九（令和元）年七月には、岐阜市で中学三年生男子が、一年生の頃から同級生や部活などでいじめを受けていたところ、三年生になってから激しさを増し、それを苦にして自殺するという事件が起きた。いじめの行為は、巨額の金銭を払う誓約書を書かされる、トイレの和式便器の前で土下座させられる、蹴られる・殴られる・首を絞められる等であった。学校側は当初、同級生が担任にいじめを示唆するメモを渡すなどしていたが、担任も学年主任も十分な対応をせず、「学校いじめ防止等対策推進会議」で校長が学年主任に早急な対応を指示した後も担任らはすぐに聞き取りをしなかった。市教委が設置した第三者委員会は一二月に、当該生徒の自殺はいじめが主要因であったと認定する報告書を市教委に提出した（朝日新聞二〇一九年一二月二四日朝刊）。学校はとかく自校でいじめが行われたことを認めたがらない傾向にあるが、学校の不十分ないじめ対応が、ここでも明らかになったわけである。

(2) いじめ行為に伴う責任

いじめ事件では、加害者の刑事責任を問うだけでなく、むしろそれよりも、被害者が民事上の救済を求めて提訴するケースの方が多い。その場合、公立学校であれば、教師らの注意義務違反（過失）を理由に国家賠償法（国賠法）を援用して学校の設置者（市町村）に対し、私立学校であれば、民法を援用して使用者である学校法人等に対し、あるいは、加害児童・生徒本人又はその保護者の監督義務違反を理由に民法を援用して、損害賠償等を請求するのが通例である。国賠法第一条第一項は、公務員が職務を行うについて故意又は過失によって違法に損害を加えたときの国又は公共団体の賠償責任を定め、民法第七一五条第一項は、被用者の加害行為による損害に対する使用者の賠償責任を定めている。また、民法第七〇九条は不法行為者本人の損害賠償責任を、同七一四条は、責任無能力者（幼児・児童など）の加害行為による損害に対する監督義務者（親権者など）の賠償責任を、それぞれ定める。実際の裁判では、教師・学校設置者に過失があったかどうか、保護者に監督義務違反があったかどうか、加害児童・生徒に行為の判断能力・弁識能力があったかどうか、といった点が争われる。

いじめ事件では教師・学校・自治体だけでなく、保護者や加害児童・生徒も重い責任を負うことがあることを知らなければならない。民法第八二〇条は、「親権を行う者は、子の利益のために子の監護及び教育をする権利を有し、義務を負う」と定める。前述2(1)の「小学生滑り込み負傷事件」で浦和地裁は、教師と保護者に監督義務違反があったとし、原告（女児）側の請求を認めた。その中で親の監督義務について、本件家庭では「弱い者いじめはしないように言い聞かせていた旨の供述部分があるけれども、かかる説諭のみをもってしては、……保護監督義務を尽くしたとは到底いえない」と、保護者の監督が不十分であったと述べている。校内における生徒間の暴行による傷害事件でも、中学生の親に監督責任を認めた判決がある（東京地判昭和六〇年五月三一日　判時一二〇二号六四頁）。

いじめの加害生徒本人に賠償義務を負わせた例としては、前述の「大津市立中学生いじめ自殺事件」判決があり、裁判所は、加害生徒らの一連のいじめ行為は、一体として被害生徒の自殺という生命侵害との関係において違法な権利侵害行為に該当するとして、加害同級生二名に約三八〇〇万円の賠償金の支払いを命じた（大津地判平成三一年二月一九日　WEB：裁判所 COURTS IN JAPAN 裁判例情報。控訴審では賠償金を減額した。大阪高判令和二年二月二七日）。なおこの大津いじめ事案では、原告側は加害生徒らの保護者に対しても賠償金の支払いを請求したが、大津地裁は、「監督義務違反は民法八二〇条所定の日常的な監督義務の違反では足りず、具体的な結果との関係で、これを回避すべき監督義務の違反が認められる必要があると解される」と述べた上で、二名の加害生徒に対する保護者の監督については、「加害行為に及ばないようにさせることについて、監督義務違反があったと認めることはできないし、日常的な監督義務違反も認め難い」「日常的な監督義務が十分に尽くされていたのかについて、疑問の余地なしとしない（が、しかし）……他人に対して暴力的な行動に出て被害を生じさせることを疑って、そのようなことのないように指導を徹底しなければならないような契機までは存在しなかった」として、保護者らの監督義務違反は認めなかった。

(3)　子ども―子ども間のいじめ

大津いじめ自殺事件を一つのきっかけとして、二〇一三（平成二五）年に制定された「いじめ防止対策推進法」は、「児童等が安心して学習その他の活動に取り組むことができるよう、学校の内外を問わずいじめが行われなくなるようにすること」を求め（第三条第一項）、「児童等は、いじめを行ってはならない」とする（第四条）。いじめは重大な人権侵害に結びつくものであるから、いじめを禁じることは当然としても、単にいじめはいけないといった説教的条文を用意すればいじめがなくなり、問題が解決するわけのものではなく、現にこの法律が成立した後も、学校における子ども同士のいじめ事件は起きている。

同級生などからのいじめによって被害児童・生徒に深刻な打撃を与えた事件で、それが裁判になった事例はこれまで多数ある。既に本文中で触れたものを除く一審判決を列挙すると次のようである。

いじめによる自殺事件

・津久井町立中学校事件　横浜地判平成一三年一月一五日
・城島町立中学校事件　福岡地判平成一三年一二月一八日
・鹿沼市立中学校事件　宇都宮地判平成一七年九月二〇日
・神奈川県立高校事件　横浜地判平成一八年三月二八日
・名古屋市私立中学校事件　名古屋地判平成二三年五月二〇日
・桐生市立小学校事件　前橋地判平成二六年三月一四日

いじめによる致死傷等事件

・安城市立中学校暴行事件　名古屋地裁岡崎支部判平成六年七月二二日
・大阪市立中学校暴行負傷事件　大阪地判平成七年三月二四日
・豊中市立中学校暴行死亡事件　大阪地判平成九年四月二三日
・新庄市立中学校マット死亡事件　山形地判平成一四年三月一九日
・三郷市立中学校暴行負傷事件　さいたま地判平成一五年六月二七日

いじめによる登校拒否・転校・精神障害等事件

・杉並区立小学校小児神経症事件　東京地判平成二年四月一七日

・羽村町立中学校登校拒否事件　　東京地裁八王子支部判平成三年九月二六日
・広島市立中学校統合失調症事件　　広島地判平成一九年五月二四日
・京都市立中学校転校事件　　京都地判平成二二年六月二日
・名古屋市立小学校不登校事件　　名古屋地判平成二五年一月三一日

子どもであれおとなであれ、人が社会生活を営んでいく上で、人間関係から生じる嫌がらせやいじめが発生することは、ある意味で避け難く、それは学校においても例外ではない。この、ある意味で不可避な学校でのいじめ・嫌がらせをどのように捉えるかは、教育上の難問に属する。かつて世人に大きな衝撃を与えた中学生いじめ自殺事件の裁判で、それぞれの結論は異にしながらも、生徒間の衝突・いじめの不可避性とそこでの子どもの成長を説いた二つの判決があった。一つは、男子中学生が同級生のたび重なるいじめに遭い、自殺したため、遺族が学校の設置者に対し損害賠償を求めた事案で（いわゆる「いわき市立中学校いじめ自殺事件」）、判決は原告側の請求を一部認容したが、その中で次のように述べた。「学校は、生徒にとって、直接にしかも集団的に個人と接するという意味において、家庭とは質的に異なるいわば一個の社会であり、生徒は、学校生活の中で、教師の指導を受けることによってばかりでなく、他の生徒との軋轢や時には喧嘩などの衝突をも通じて、たくましく成長し社会生活に適応する能力を身につけていくという一面があること、したがって、学校生活においておよそ生徒間の衝突が起こらないように、学校側が常時管理監督するというようなことは決して相当でな」い（福島地裁いわき支部判平成二年一二月二六日　判時一三二七号二七頁）。もう一つは、やはり男子中学生が同級生らからいじめを受けたのを苦に自殺した事案で（いわゆる「中野区立中学校いじめ自殺事件」）、裁判所は原告の請求を一部認容し、次のように説示した。「これらのいじめをなくすことが学校教育の実現すべきひとつの理想であることはいうまでもないけれども、あたかも犯罪のない社会がないのと同様に、その根絶自体は不可能であって、むしろ、子供は、家庭に次ぐ仲間集団である学校という世の中のありようを投影した小社会において、異なった存在や主張を持つ他者とめぐりあい、正邪、強弱、その他もろもろの体験をし自我を確立していく中で、社会の価値や規範を体得し、社会化を遂げていくものである。したがって、そこでの学校教育の課題や学校当局者の責務は、およそいじめのない学校社会を実現することは不可能であることを前提として、生徒らがいじめの克服を通して主体的に自我を確立し、他者に対する思いやりの精神を身につけていくことに向けられるべきものである」（東京地判平成三年三月二七日　判時一三七八号二六頁）。

裁判で争点の一つとなった自殺の予見可能性について、いわき市事件判決が、「学校側において自殺することを予見すべきであったということはできないものと考える」としつつ、「悪質かつ重大ないじめ」に関しては、「悪質重大ないじめであることの認識が可能であれば足り、必ずしも自殺することまでの予見可能性があったことを要しないものと解するのが相当」として、生徒の自殺に学校側（市）の責任を認めたのに対し、中野区事件判決は、教員らは生徒の自殺を予見することはできなかったとしており、両判決は異なる判断をしている。しかし、結論を異にするこの二つの判決が、学校生活における生徒間の軋轢やいじめは不可避であるとしている点で、一定の共通認識を示していることは興味深い。両判決は、いじめはもとより好ましいものではないが学校社会では当然に生じる事態だという前提に立って、学校・教師側の管理・対応を論じているのである。

障害のある中学生が同級生からいじめられた事例としては、脳腫瘍の手術を受けて半身麻痺等の症状が残っていて、普段からいじめの対象となっていた転校生が放課後、教室内で「催眠術遊び」（ふたりの生徒が向き合い、一方が大きく息を吐き、吐き切ったところで他方が相手の胸を勢いよく突く遊び）の標的にされ、意識が朦朧となって壁に頭を打ちつけて転倒させられたという事件がある。ちなみに、本件裁判の争点はいじめではなく、加害生徒（原告）が教師から体罰を受けたとする損害賠償請求であるが、裁判所は、「全体として被罰者たる原告に肉体的苦痛を与えたものということができ、したがって法律上禁止された体罰に該当する」と、教師による体罰を認定した（静岡地判昭和六三年二月四日　判時一二六六号九〇頁）。判決によると、原告の加害生徒は、「積極的に身体障害者等弱い者をいじめ、また、真面目に授業を受けている生徒に悪戯をし、それを注意されると自分は関係がないような態度を装ったり、他人の所為にしたりするなど要領よく立ち廻ることが多かった」という。また、同生徒が「体罰」によって受けたのは、ごく軽い「眼球打撲兼結膜下出血」であった。体罰の違法を訴えた本件の真の被害者は、いじめに遭った転校生だと言うべきであろう。

(4)　教師―子ども間のいじめ

いじめは子ども同士の間で起きることが多いが、教師と子どもの間で生じる場合もある。教師が子どもを指導するにあたり、その場の状況に合わせて、軽い気持ちで他愛なく「悪乗り」したり、口頭で厳しく諭したりすることは日常的に行われるところであるが、教師が子ども同士のいじめに不当に加担したり、子どもに向かって度を過ぎた罵詈雑言や、人格・自尊心を否定するような暴言を吐いたりすれば、それによって子どもが深く傷つく場合もあり、当該行為はまぎれもないいじめに該当することとなる。「中野区立中学校いじめ自殺事件」では、いじめグループが校内で「葬式ごっこ」を開いた際、担任教師らが寄せ書きを添えるなどの加担をした。一審（東京地判平成三年三月二七日　判時一三七八号二六頁）は、教師の加担行為を「ひとつのエピソード」とし、いじめとは認めなかったが、控訴審（東京高判平成六年五月二〇日　判時一四九五号四二頁）は、「葬式ごっこ」は普通人なら苦痛に感じるはずのものだとして、それを止められなかった学校に批判の目を向けている。

市立小学校五年生の女児Aについて、担任教師YがA児の同級生に、「Aはわがままだから仲よくしてはいけない、一緒に帰ってはいけない、Aのような子と遊ぶのは人間のクズだ」などと言ったため、女児が中学生になってから心身症・ＰＴＳＤ（外傷性ストレス性障害）と診断された事件は、教師によるいじめの典型例と言える。Ａ（原告）が教師と市に損害賠償を請求した訴訟で裁判所は、教師Ｙに対する請求は退けたが、次のように述べて市の賠償責任を認めた。「被告Ｙの原告に対する本件いじめ行為は、被告Ｙが五年三組の担任教師であり、原告が同組に在籍する一〇歳の児童であるという絶対的な力関係の下で、被告Ｙから原告に対し一方的かつ執拗に行われたものであり、しかも、原告に自らの落ち度や短所についての反省や改善の努力を求めるという限度をはるかに超え、原告にとっては自己の人格や存在意義自体を否定されたものであったことが認められ、それが初等教育の場で教師から児童に対し行われたことを考慮すれば、まさに人権に関わる重大なものであったといわざるを得ない」（さいたま地判平成一七年四月一五日　判時一九二二号一二一頁）。

普段から教師の体罰を受けていた中学三年生が、無断で欠席・遅刻・早退したとの理由で同教師から、「もう二度と学校に来るな」などと怒鳴られ、それが原因となって卒業までの約三カ月間登校しなかった事件の慰謝料請求訴訟では、裁判所は請求を一部認容して次のように述べた。「教室内で原告（生徒）に対し、『もういいから帰れ。二度と来るな』『もし学校に来たいんなら、親と一緒に来て俺の前で土下座して謝れ』等と大声で怒鳴り、同人をして学校を退出し、欠席するに至らせたというものであることからすれば、同被告（教師）の行為は懲戒の範囲を逸脱し、教育的配慮を欠いた違法なものといわざるをえ（ない）」（浦和地判平成二年三月二六日　判時一三六四号七一頁）。このほか、いたずらを繰り返す子どもの頬を叩いてもよいと他の児童をそそのかした事件もある（千葉地判平成一六年四月二八日　判時一八六〇号九二頁）。

他方、子どもが教師を痛めつけるというケースも見受けられる。子どもによる教師いじめ事件として典型的な例の一つに、教師自殺事件がある。地域でも生活指導の面で問題が多いことで知られている中学校に赴任した教職歴二〇余年のＡ女は、生徒から暴力を振るわれたり、体育大会の教師参加種目で、大勢が見ている前で担任学級の生徒らから無視されるなどして精神障害を発症、入退院を繰り返していたが、発症後一年三カ月ほど経って自殺したというものである。裁判所は、同教師の自殺は公務災害ではないとした処分の取消しを求めた遺族の請求を容れ、次のように判示した。「A女と生徒との関係は二学期に入りさらに悪化し、……教師としての自信を失い、無力感とともに敗北感を募らせていったものと推認され、これら一連の出来事は、強い精神的ストレスの重複を伴うものであったというべきである」「A女の自殺は、本件精神障害の結果、正常な認識、行為選択能力が著しく阻害され、精神的抑制力が著しく阻害されている状態で行われたものというべきである」（大阪地判平成二二年三月二九日　判タ一三二八号九三頁）。判決は、生徒らによる暴力や無視の出来事に関して同僚教師たちから何らの支援もなされず、放置された状況にあったことをも述べている。

一九九八（平成一〇）年一月、英語担当の女性教師から授業態度を注意された中学生が、「うるせえな！」「ざけんじゃねえ！」などと叫びながらナイフで教師の腹部を突き刺し、倒れ込んだ教師の体を内臓が破裂するまで蹴り続け、死に至らせた事件は、いじめの範囲をはるかに超えた衝撃的な殺人事件である。教師の遺族が提起した損害賠償請求訴訟で裁判所は、加害少年とその両親に共同不法行為責任があるとして賠償を命じた（宇都宮地判平成一六年九月一五日　判時一八七九号一三六頁）。

教師の行状をスマホで撮影してネットで拡散し、あるいは拡散すると脅したりするのは、教師に対する子どもの、いかにも現代的ないじめ・嫌がらせ現象である。

(5)　いじめ対策

いじめを防止し、いじめに遭った子どもをどのように救済しケアしていくかの「いじめ対策」は、種々講じられている。一九九六（平成八）年七月には、「児童生徒の問題行動等に関する調査協力者会議」が「いじめの問題に関する総合的な取組について」を文部省に提出していたが、翌年あたりから少年のナイフ殺傷事件が連続して発生し、そのため一九九八（平成一〇）年三月に文部大臣が、子どもとおとなに向かって直接、「ナイフを学校に持ち込むな、命の重さを知ってほしい」旨の「緊急アピール」を出すに至った。しかし、校内における身体的・心理的いじめは収まる気配がなく、事態はむしろ深刻さを増していった。そのことは、その後文科省が立て続けに通知を発したことからも窺い知れる。

・「いじめの問題への取組の徹底について」　二〇〇六（平成一八）年一〇月
・「問題行動を起こす児童生徒に対する指導について」　二〇〇七（平成一九）年二月
・「児童生徒が利用する携帯電話等をめぐる問題への取組の徹底について」　二〇〇八（平成二〇）年七月
・「いじめの実態把握及びいじめの問題への取組の徹底について」　二〇一〇（平成二二）年一一月
・「『いじめの問題への取組状況に関する緊急調査』結果について」　二〇一一（平成二三）年一月
・「『いじめ、学校安全等に関する総合的な取組方針』等について」　二〇一二（平成二四）年九月
・「犯罪行為として取り扱われるべきと認められるいじめ事案に関する警察への相談・通報について」　二〇一二（平成二四）年一一月
・「いじめの問題への的確な対応に向けた警察との連携について」　二〇一三（平成二五）年一月

二〇一三（平成二五）年六月の「いじめ防止対策推進法」の制定は、こうした動きを踏まえ、いじめ防止等のための対策を総合的に策定・実施する制度的基盤をなすものである。そこでは、文部科学大臣・地方公共団体・学校はいじめ防止のための基本方針を定めること（第一一～一三条）、地方公共団体はいじめ問題対策連絡協議会を置くことができること（第一四条）、いじめによって児童等の生命・心身・財産に重大な被害が生じるなどの重大事態への対

処（第二八条）、などが規定されている。同年一〇月にはこの法律を受けて、文科大臣決定「いじめの防止等のための基本的な方針」が出された。「方針」は、「全ての児童生徒を、いじめに向かわせることなく、心の通う対人関係を構築できる社会性のある大人へと育み、いじめを生まない土壌をつくるために、関係者が一体となった継続的な取組が必要である」とし、いじめの防止等のために国・地方公共団体等・学校が実施すべき施策、地域や家庭との連携、関係機関との連携などを詳細に記述している。二〇一六（平成二八）年一一月の「いじめ防止対策協議会」の報告に基づき、文科省は各都道府県教育委員会教育長に宛てて、重大事態を把握する端緒、重大事態の発生報告等に関する通知「『いじめの防止等のための基本的な方針』の改定及び『いじめの重大事態の調査に関するガイドライン』の策定について」を発出し、また、先の二〇一三（平成二五）年一〇月の文科大臣決定「いじめの防止等のための基本的な方針」を改定した。

いじめは、子ども自身のモラルが低下していること、自らの言動が相手や周囲にどのような影響を及ぼすかについての想像力が子ども達から失われていること、社会的偏見や差別意識に基づくもの、さらにはいじめること自体に快感を覚えるようなもの等々、その原因と態様は複雑である。元東大教授で評論家の西部邁（にしべすすむ）（一九三九～二〇一八年）は、「民主主義は文明の敵である」という立場から、自由主義には「引き籠もり」が、民主主義には「苛め」がつきまとう、と断じる。「伝統」を重んじ「自由民主主義」を敵視するこうした主張には小さからぬ疑義を禁じえないが、それはともかくとして、いじめは、対症療法的な「対策」を講じるだけでなく、子ども達を取り囲んでいる政治・経済・文化、あるいは現代人の心理的要因などを多角的に掘り下げて考える必要がある。

現代日本でいじめがなぜかくも陰湿・悪質になっているのか。それは、激烈な国際競争の度合いがいよいよ増大する中で、おとなも子どもも、意識的にか無意識的にか、競争に打ち勝ち生き残ろうとすることによる神経症的現象なのかもしれない。法政大学で教鞭をとった思想史家の藤田省三（一九二七～二〇〇三年）が「『安楽』への全体主義」

で論じていることが、ここでは極めて示唆的である。不快の源を根こそぎ除去して一面的な「安楽」を追求してやまない「安楽への隷属」は安らぎを失い、「焦立つ不安」という精神状態を形づくることとなった結果、「他人に対する激しい競争や抑制の無い蹴落としが当たり前の事」、つまり「競争者としての他人を『傷つける喜び』」という病理的倒錯現象となり、「社会的つながりはズタズタになる」と彼は言う。藤田の指摘は、後述のハラスメントや差別の問題を含め、いじめの背景と核心を衝いている。「陰湿ないじめ」は、おとな達の人権意識の欠如や差別意識や鬱屈した不満、息苦しさや苛立ち等々、社会全体にはびこっている空気の直接・間接の反映であるに違いない。ＳＮＳなどで過激な煽（あお）りや唆（そそのか）しの言説が溢れていることも原因の一端であろうし、それはまた、「〇〇ファースト」といった自己中心に流れかねないスローガンが人気を博し、流布している近時の空気によって、ますます助長されている。してみれば、「いじめっ子」も「いじめられっ子」も、ともにおとな社会が生み出した被害者・犠牲者なのである。

欲望に応えようとひたすら、歯止めなく「高度化」に邁進している現代文明社会では、法律で「いじめを行ってはならない」と子どもを諭し（「いじめ防止対策推進法」第四条）、学校全体でいじめの防止及び早期発見に取り組む責務があると学校・教師に言い含め（同第八条）、子どもに「規範意識を養うための指導その他の必要な指導を行うよう」と求め（第九条）、あるいはあれこれの報告書や答申で「心の通う豊かな人間関係を作ろう」などと呼びかけても、これらがいじめ問題の本源に迫ることには限界があるように思われる。子ども達に、自分の「生きる力」を養うのと同時に他者を「生かす力」を養うにはどうすればよいか、真の「共生社会」を形成するにはどうすればよいか、教師・保護者をはじめおとな一般は、政治家も、官僚も、企業人も、自らの生き方や国・社会の仕組みやあり方について、深甚の「自己批判」をしなければならない。

3　学校事故

(1)　学校事故の発生

子ども達は教室や廊下や校庭、理科室や音楽室や工作室、また、運動や遊戯や実験や実習等々、学校のあらゆる場所と場面で活発に動き回る。そこには多かれ少なかれ危険が潜んでいる。学校で教育活動を行う際、あるいは施設・設備の欠陥に伴って生じる災害、言い換えれば、学校の管理下で生じる災害を、学校事故という。発達段階にある子どもの判断能力や行動の未熟さ、教師の指導上の油断や注意義務違反、教師の多忙による子ども達への目の届きにくさ、さらには教育行政による管理の不備等々、学校事故の原因は多岐にわたる。学校事故は戦前にも少なからず起きており、一九一三（大正二）年の、市立小学校の児童が校庭の遊具で遊んでいたところ支柱が老朽化していて落下し、裂傷を負って失血した後、死亡した事件がよく知られている（徳島市遊動円棒事件）。この事件は、国の不法行為責任を認めようとしなかった旧憲法体制下の「国家活動の免責」「国家無答責」原則において、民法第七一七条（土地の工作物等の占有者・所有者の責任）を適用して公の施設に関する賠償責任を認めた事例として、行政法学上しばしば引き合いに出される（大審院大正五年六月一日判決　大審院民事判決録二二輯一八巻一〇八八頁）。学校の施設・設備・工作物等の瑕疵（かし）（何らかの欠陥があること）による事故は、今も時々発生する。校舎屋上からの小学生の転落死（広島地判昭和五二年六月二二日　判時八七三号七九頁）、石炭ストーブによる火傷（札幌地判昭和五三年一二月一日　判時九三六号一〇七頁）、園内のO－157に汚染された井戸水を飲んだ幼稚園児の死亡（浦和地判平成八年七月三〇日　判時一五七七号七〇頁）等。

独立行政法人日本スポーツ振興センターは毎年度、学校の管理下の災害に対して医療費等を給付した件数を調査し

（表4）　学校の管理下の災害に対し医療費・死亡見舞金等の給付をした件数

	平成28年度		平成29年度		平成30年度	
	傷病	死亡	傷病	死亡	傷病	死亡
小学校	359,950	12	352,425	8	344,087	13
中学校	359,703	12	342,919	16	318,734	26
高等学校	266,588	19	265,571	25	255,630	28
高等専門学校	2,523		2,409		2,248	
幼稚園	18,279	2	18,107	3	17,323	5
認定こども園等	7,138		9,240		11,714	
保育園	39,781		40,211		41,277	
総　数	1,053,962	45	1,030,882	52	991,013	72

日本スポーツ振興センター『学校の管理下の災害』平成29年版、平成30年版、令和元年版より作成

ているが、最近三年間の状況は（表4）の通りである。

学校の管理下で負傷したり疾病に罹ったりしたケースは、小・中学校ともに三〇万件を超え、高校でも二五万件を超えており、全体の発生件数は減少傾向にあるとはいえ、死亡事故や幼児のための施設ではむしろ増加が見られる。児童・生徒及び保護者が大小の身体的・精神的・物理的被害を受ける学校事故には悲惨なものも少なくない。二〇〇一（平成一三）年六月に起きた大阪教育大学附属池田小学校での無差別殺傷事件（大阪地判平成一五年八月二八日　判時一八三七号一三頁）は、「学校は安全な場所」という「神話」を崩し、「不審者」の侵入に備えて監視カメラを設置し校門を閉ざすきっかけを作った点で、その後の学校安全対策ないし学校のあり方に大きな変化をもたらすこととなった。

学校事故は、起きないように留意すること（事前予防）と、起きてしまったときの対応（事後救済）が重要である。学校の施設・設備を安全なものとすることや、事故に備えてのマニュアルの作成、教職員の知識・技能・心構え・訓練等の研修を行うことなどは事前の予防であり、事故が発生してしまった場合の事実的・法的救済を講じるなどは事後の救済である。文科省はこうした対応について二〇一六（平成二八）年三月、都道府県教育委員会等に宛てて「学校

事故対応に関する指針」を公表し、事故の未然防止と事故発生後の取組みをまとめ、「事故対応に関する共通理解と体制整備の促進」を求めた。

事前予防・事後救済いずれも、施設・設備等の不備による事故、教師の行為を原因とする事故、子ども自身の行為による事故など、事故の態様によってその対応は一様でない。学校事故の法的責任を問題にする場合は、例えば教師の故意・過失によって事故が生じたときは、教師自身に対しては民法第七〇九条（不法行為責任）、学校の設置者に対しては、国公立学校であれば国家賠償法第一条（公務員の違法行為に基づく国又は公共団体の責任）、私立学校であれば民法第七一五条（使用者の責任）、施設・設備の不備・不完全によって生じたときは、国公立学校であれば国賠法第二条（公の営造物の瑕疵に基づく責任）、私立学校であれば民法第七一七条（工作物所有者等の責任）などを根拠として責任を追及し、救済を求めるのが通例である。学校事故をめぐる裁判では、施設・設備の不備・不完全の有無・程度のほか、教師に故意・過失（とりわけ過失）があったかどうかが争われることが多い。遠足で子ども達に川遊びをさせるにあたり、川底に深みがあることを事前の調査で見落としていたのではないか、当日の監督に落ち度があったのではないかなどがそれである。過失とは、教育の専門職として求められる注意義務を果たさなかったこと（注意義務違反）をいう。

特別支援学校における児童生徒の事故も多い。日本スポーツ振興センターによる最近三年間の死亡事故状況は、二〇一六（平成二八）年度二件、二〇一七（平成二九）年度五件、二〇一八（平成三〇）年度二件である。これら計九件のうち六件は突然死である。傷病については、図工の時間中の「ハンダゴテ」が腕に当たって火傷した、陸上部のランニング中に転倒して脱臼した、下校時に走っていて昇降口のマットにつまずき下駄箱に顔面をぶつけた、等の事例を紹介している（『学校の管理下の災害　令和元年版』）。その他、自立活動の時間に担任が「歩行練習に行こう」と声をかけたところ、突然廊下に飛び出して前のめりに倒れ顔面を打ちつけた、などの事例もある（平成三〇年版）。

事故の態様はさまざまであるが、障害があるゆえの事情によるものも含まれている。

以下、幾つかの事例を便宜的にグループ分けして紹介するが、これ以外にも休み時間中の事故や放課後の事故、あるいは登下校中の事故、学校の施設・設備の不備による事故など、多くの場所と場面で学校事故が発生している。

(2)　授業中・給食指導中の事故

実技を伴う体育や実験を伴う理科など、教科の性格上危険性が内在する授業では、事故が生じやすい。それだけに学校としては、使用する器具等の安全や、指導にあたる教員の注意などの面で万全の対策を講じることが求められる。

体育授業中の事故はプールと柔道の指導に際してのものが多い。例えばプールの授業では、教師の指導で水泳の飛び込みの練習をしていた市立中学校の生徒が、「走り飛び込み」をしたところバランスを失って水底に頭部を激突させ、頸椎を骨折し頸髄を損傷し、重大な障害を負ったため、市に損害賠償を求めた訴訟で、最高裁は請求を認めた。「スタート台上に静止した状態で飛び込む方法についてさえ未熟な者の多い生徒に対して右の飛び込み方法（助走してスタート台に上がってから飛び込む方法）をさせることは、きわめて危険であるから、……（指導にあたった）教諭には注意義務違反があったといわなければならない」（最二判昭和六二年二月二六日　判時一二三二号一〇〇頁。一審は横浜地判昭和五七年七月一六日　判時一〇五七号一〇七頁、控訴審は東京高判昭和五九年五月三〇日　判時一一九号八三頁）。この事件は、当時としては極めて高額な賠償金（一億三千万円ほど）の支払いを命じた点でも注目された。また柔道の授業では、教師の指導を受けていた中学生が、柔道部に所属する生徒から技をかけられて頭部に外傷を負い、後遺症が残った事件の損害賠償請求訴訟で、受け身の練習を十分にさせなかった注意義務違反があるとして被害者の請求を認めている（松山地判平成五年一二月八日　判時一五二三号一三八頁）。このほか体育の授業に伴う事故としては、運動会で演じることになっていた「四段ピラミッド」の練習中に最上段から落下して児童が負傷した事件で、三段目以下の児童が不安定な状態にあったのに漫然と合図を出したなどとして、教師らの注意義務違反を認めた例がある（名古屋地判平成二一年一二月二五日　判時二〇九〇号八一頁）。

体育授業以外でも授業中の事故は生じる。町立小学校で、自習時間中に教室が騒がしくなったので、学級会長である四年生児童が静かにさせようと教卓近くに行ったところ、席を離れていた同級生が会長めがけて吹いた吹き矢の矢が眼に当たって失明した事件もその一つである。裁判所は、時間休を取って自習にした担任教師につき、吹き矢を保管するにあたっては児童らが自由には取り出せないようにするか、補欠授業者に吹き矢の保管についても連絡すべき義務があるのにこれを怠った過失があり、校長につき、担任教師を指導監督しなかった過失があるとして、学校の設置者である町に賠償責任を認めた（青森地裁八戸支部判昭和五八年三月三一日　判時一〇九〇号一六〇頁）。

理科では、過酸化水素水を加熱する実験の授業を受けていた町立中学校の生徒が、試験管が爆発・破裂して負傷したため、担当教師の安全配慮義務違反を理由に損害賠償を求めた事案がある。裁判所は、担当教師は実験を行うに際して生徒らを適切に指導・監督すべきであるのに、試験管とアルコールランプとの間にアスベスト金網を置くなどの義務を怠ったとして、請求を認めた（静岡地沼津支部判平成元年一二月二〇日　判時一三四六号一三四頁）。

障害のある子どもの授業中の事故としては、自閉症の小学三年生が、体育の授業のため体育館に移動した折、体育館の倉庫に入り込んでしまったので、担任教師が、「倉庫に入ってはいけないと言ったでしょう。そんなに入っていたかったら入っていなさい」と叱責して扉を閉めた後、倉庫内の腰高窓から転落して負傷した事件がある。裁判所は担任教師の過失を認めた。「（被告担任教師は）心身障害児学級の担任として、学校における教育活動及びこれと密接不離な生活関係に関する限り、障害を持つ児童一人一人の行動の特質に対し日頃から注目し、自ら危険行為に出るおそれのある児童については、かかる結果の発生を回避すべく十分な指導や配慮をすべき義務があると解される」（東京地裁八王子支部判平成二〇年五月二九日　判時二〇二六号五三頁）。

給食指導中にも重大な事故が発生することがある。学校給食は、子どもの心身の健全な発達と、食に関する正しい理解と適切な判断力を養うことを目的とし、健康の保持増進を図り、食事についての正しい理解を深めること等を目標とするものであり（学校給食法第一条、第二条）、教師はこの目標の達成に向けて指導するのであるが、それにもかかわらず事故が起きてしまうことがある。市立小学校で、幼い頃からそばアレルギーによる気管支ぜんそくに罹患していた児童が給食に出されたそばを食べ、担任教師が当該児童を単独で早退させたところ、帰宅途中で発作を起こして死亡した事件があった。裁判所は、担任教師にはそばアレルギー症の重篤さと本件児童にそばを食べさせないことの重要性を認識し、事故を回避することは可能であったとして、市に賠償を命じたが、同時に、児童の母親について、給食にそばが出る時にはおにぎり等を持参させるよう学校から指示されていたのに持たせていなかったこと、事件当日に担任から帰宅させることを知らされながら迎えに行かなかったこと等の点で落ち度があったとも述べた（札幌地判平成四年三月三〇日　判時一四三三号一二四頁）。学校給食のあり方に波紋をもたらし、この事件をきっかけに給食を一時取りやめた自治体もあった。二〇一二（平成二四）年一二月には、小学校五年生女児が給食後体調を崩し、救急搬送されたが、食物アレルギーによるアナフィラキシーのため死亡した事故が起きた。

市立小学校で給食に出された生野菜を食べた児童らが、病原性大腸菌Ｏ－１５７による集団食中毒に罹患し、女児が死亡した事件は、罹患者が多数に及んだ点からも深刻な出来事として社会に大きな衝撃を与えた。遺族が市に対して賠償を求めた裁判で判決は、安全対策として加熱調理に切り替えておけばＯ－１５７を除菌できていた可能性が高かったとして市の過失を認め、その中で次のように述べた。学校給食は、「学校教育の一環として行われ、児童側にこれを食べない自由が事実上なく、献立についても選択の余地はなく、調理も学校側に全面的に委ねているという学校給食の特徴や、学校給食が直接体内に摂取するものであり、何らかの瑕疵等があれば直ちに生命・身体へ影響を与える可能性があること、また、学校給食を喫食する児童が、抵抗力の弱い若年者であることなどからすれば、学校給食について、児童が何らかの危険の発生を甘受すべきとする余地はなく、学校給食には、極めて高度な安全性が求められているというべきであって、万一、学校給食の安全性の瑕疵によって、食中毒を始めとする事故が起きれば、結果的に、給食提供者の過失が強く推定されるというべきである」（大阪地裁堺支部判平成一一年九月一〇日　判タ一〇二五号八五頁）。給食を提供する側のいわば絶対的完璧性が要求されているのである。

(3) 特別活動・校外指導中の事故

特別活動は、学校において自主的・自発的に取り組み、集団活動において他者と協働し、人間関係の課題を見出すなど、自己の生き方について考えを深めること等をめざすもので、具体的には、給食、掃除当番、児童会・生徒会活動、体育的行事、集団宿泊的行事など多彩な活動を含む。給食指導の際の事故については右に述べたので、ここではそれ以外の事例を取り上げる。

掃除当番中に発生した事故として、清掃作業中に小学生が同級生からほうきを投げつけられて負傷した事件では、裁判所は、「小学校六年生は、最上級の学年であり、清掃作業にも十分の経験を積み、作業内容も熟知しているものであるから、担任教師は「通常は作業終了後に点検のため巡回をすれば、一応その指導監督を果しているものと解すべきである」として、教師の過失を否定している（福岡地判昭和四五年五月三〇日　判時六二一号六七頁）。掃除が一段落した頃に机の表面からはぎ取られていたデコラ板を投げつけられて眼に当たり、失明した事件でも、小学校五年生ともなれば学校生活にも適応し、集団内の自律に関する判断能力を有しているから、「担任教師等が付きっきりで監視をしなければならないものではない」として、被害者の損害賠償請求を棄却している（山形地裁鶴岡支部判昭和五二年八月一五日　学校事故・学生処分判例集三巻一〇九七・一五頁）。清掃時間中に児童同士が衝突し、脳挫傷・頭蓋内出血等の傷害を負った事件でも、教師の指導監督に過失はなかったとされている（東京地判平成二三年九

月五日　判時二一二九号八八頁）。これに対して、清掃作業のため机や椅子を移動していた際にガスストーブのホースに足を取られ、ストーブの上の金ダライの熱湯を浴びて火傷した事件では、担任教師の過失が認められた（京都地判平成六年四月一八日　判時一五四九号九〇頁）。担当した教師に過大な・法外な義務や責任を負わせるのはもとより妥当ではないが、同時に、指導にあたる教師は、法的義務を遂行しさえすれば足るわけではなく、何よりも子どもの安全に意を用い、教育的義務を果たすことが求められる。

体育的行事では、運動会における事故が多い。体育祭で騎馬戦を行った県立高校で、騎手同士がもつれ合って落馬し、地面に体を強打した結果、完全マヒの後遺症を負った事件の県に対する損害賠償請求訴訟で、裁判所は県に二億八千万円を支払うよう命じた。「本件事故は、校長及び指導担当教諭らにおいて、事前に生徒に騎馬戦の危険性及び転落時に取るべき安全確保の手段を指導し、かつ十分な練習をさせる義務に違反し、更に本件騎馬戦に当たり、騎手が落下する方向が急激に変化したとしても審判員が危険防止措置を取ることができるように、対戦する騎馬1組に対し複数の審判員を配置する義務に違反したことにより発生したというべきである」（福岡地判平成二七年三月三日　判時二二七一号一〇〇頁）。同様の事案としてはこれ以前にも、「大将落とし」の騎馬戦（各騎馬が競技場を自由に動き回り、相手チームの騎馬と組み合って騎手を落馬させていき、最終的に相手チームの大将である騎手を落馬させたチームが勝利となるもの）で、馬を構成する三人のうちの先頭を受け持つ生徒がもみ合いによって負傷した事件があり、判決は約一億五千万円の損害賠償を認めている（福岡地判平成一一年九月二日　判時一七二九号八〇頁）。事故を避けるため、近時の騎馬戦は相手の鉢巻を奪うという形にしていることが多いようである。「伝統的な勇ましい騎馬戦」でなければ物足りないと感じる点もありえようが、状況は変わっているのである。

校外指導に伴う事故としては、夏休みを利用して中学生一一名が野外キャンプで川の中州にテントを設営して一泊したところ、台風による大雨で翌朝川が急激に増水し、引率の教師一名と八名の生徒が濁流に押し流されて溺死した事例がある。対岸にたどり着いて派出所に助けを求めに行ったもう一名の教師が業務上過失致死罪で起訴されたが、裁判所は、「本件事故は全く異例の突発的局地的集中豪雨という偶然的、不可抗力的事実に基因するものであり、被告人（教師）につき本件事故発生につき過失は認められない」として無罪を言い渡した（宮崎地判昭和四三年四月三〇日　判時五二二号一四頁）。

旅行・宿泊を伴う学校行事ではこのほか、「石鎚山転落事件」がある。特別活動として少年自然の家を利用して合宿訓練をした市立中学校の生徒が、二日目に引率教師らとともに石鎚山に登ったところ、風に飛ばされて三メートルほど下の岩の上に落ちた帽子を取ろうとし、教師から一旦は制止されたが、簡単に取れると生徒が言ったため、「滑らないように」と注意されて崖を下りて行き、八〇メートルほど転落して脳挫傷などの傷害を負ったというものである。生徒側は、山頂で生徒らを監督していた教師の過失を理由に、市に損害賠償を求めて提訴した。この事件では、転落した生徒を救助するため教師が自ら崖を下り、誤って転落死している。判決は、「原告（生徒）が崖を下りることを一旦はやめるよう指示したものの、原告が簡単に取れそうである旨言ったことから、その場所の危険性についての判断を誤り、結局これを許可したものであり、この点において同教諭には過失があるといわなければならない」と述べ、市に賠償を命じた（松山地裁今治支部判平成元年六月二七日　判時一三二四号一二八頁）。教え子を助けようとして命を落とした教師には過失があったとし、いわば「死者を鞭打つ」判決となった形であり、被害生徒・指導教師の双方にやり切れない悲劇をもたらした事案である。

(4) 部活中の事故

部活に伴う学校事故は、教育活動の中でも目立つが、部活が子ども達の自主性に委ねられ、教師の指導が必ずしも細部にわたるとは限らないことがある点で、子どもの自主性と教師の指導のバランスをめぐって困難な問題が生じる。

かつて、町立中学校の体育館で部活の練習をしていた生徒と、館内でトランポリン遊びをしていた生徒が言い争いになり、部活の生徒がトランポリンの生徒を館内の倉庫に連れ込んで殴打した結果、トランポリンの生徒が外傷性網膜全剥離で失明したため、町に損害賠償を請求した訴訟で、最高裁は次のように説いた。「課外のクラブ活動が本来生徒の自主性を尊重すべきものであることに鑑みれば、何らかの事故の発生する危険性を具体的に予見することが可能であるような特段の事情のある場合は格別、そうでない限り、顧問の教諭としては、個々の活動に常時立会い、監視指導すべき義務までを負うものではないと解するのが相当である」（最二判昭和五八年二月一八日　判時一〇七四号五二頁）。顧問教師は常時監視指導すべき義務はないとする右の論を、部活一般に安易に適用することは、もとより妥当ではない。部活における子ども達の自主性が尊重されるからといって、教師の指導・監督が常に緩和されるわけのものではなく、児童・生徒の年齢・判断能力や部活の内容により、その具体的指導のあり方は異なるのであって、器械体操や格技のように活動そのものに危険性が内在するような部活、あるいは活動の状況に鑑みて危険が予想されるようなときは、万全の態勢で指導に臨まなければならないのである。

柔道部に入部した市立中学校の一年生Xが、受け身の技術を十分に習得できていなかったために練習中頭部を打撲して一〇日ほど入院し、一カ月余り後に復帰して練習を再開したが、乱取りの途中で足が痛むと言って休んだところ、これをとがめた二年生の部長Cから払い腰のような技を数回繰り返されて意識を失い、植物状態の後遺症が残ったという事件では、裁判所は、柔道部の顧問教師Aと同副顧問Bの過失について次のように述べ、市と県に総額二億円余の賠償を命じた。「①A及びBは、日ごろから必ずしも十分に本件柔道部の練習に立ち会っておらず、部員の個々の技量に応じた安全対策も講じておらず、さらに、八月に被告Cが本件柔道部の部長となってから、部長自ら柔道部の秩序を乱す行動をとっていたのに、これに適切に対処せず、②Aは、九月一二日、原告Xが脳内出血という、柔道の指導者であれば当然、今後の指導方針について十分に配慮を払うべき傷害を負ったことを認識したにもかかわらず、その後、……原告Xの病状を具体的に確認することは一切せず、漫然と通常の練習に復帰させ、……その危機意識の低さには、顕著なものがあったといわなければならない」（福島地裁郡山支部判平成二一年三月二七日　判時二〇四八号七九頁）。判決は本件中学校の校長についても監督上の過失を認め、また、部長であった生徒Cにも賠償を命じている。

部活そのものには必ずしも危険性が伴わない場合でも、活動の状況によって指導者側に過失があったとされることがある。中学一年生のテニス部員が放課後、他の部員らとコートを整地するため円筒状のコンクリート詰め鉄板巻製のローラーを駆け足で牽引していたところ、足を取られて転倒し、ローラーに轢かれて死亡した事件で裁判所は、「顧問教諭としてはローラーの適切な使用方法をテニス部員の生徒全員に周知徹底させるべき注意義務があったのに、右義務を尽くさなかったため本件事故が発生したというべきである」とした（静岡地裁沼津支部判昭和六二年一〇月二八日　判時一二七二号一一七頁）。もっとも判決は一方で、ローラーを駆け足で牽引することの危険を容易に予知しえた筈だとして、被害生徒の過失も認め、賠償額を減額（過失相殺）している。

部活の一環としてサッカー大会に参加した私立高校の生徒が頭部に落雷を受け、両眼失明、両下肢機能不全等の重篤な後遺障害となった事件も、サッカーそれ自体の危険性が問題となったわけではない。一審と控訴審はいずれも被害生徒側の賠償請求を認めなかったが、「原審の判断は是認することができない」とした上告審（最二判平成一八年三月一三日　判時一九二九号四〇頁）を受けた差し戻し後の控訴審は、学校側の責任を認め、賠償金の支払いを命じた。「課外のクラブ活動においては、……担当教諭は、できる限り生徒の安全にかかわる事故の危険性を具体的に予見し、その予見に基づいて当該事故の発生を未然に防止する措置を執り、クラブ活動中の生徒を保護すべき注意義務を負うものというべきである」「雷鳴が大きな音ではなかったとしても、同校サッカー部の引率者兼監督であった教諭としては、上記時点ころまでには落雷事故発生の危険が迫っていることを具体的に予見することが可能であったというべきであり、また、予見すべき注意義務を怠ったものというべきである」（高松高判平成二〇年九月一七日　判時二〇二九号四二頁）。判決はこの結論を、落雷による死傷事故が全国で毎年五～一一件発生していること、落雷の危険性と事故予防のための科学的知見が多く存在していたという事実を根拠にしている。先に3⑵で紹介したそば給食死亡事件の札幌地判が、そばアレルギーの危険性に関する当時の一般的知見を根拠の一つに、担任教師の注意義務違反を認定したのと軌を一にする。

部活中に熱中症で健康を害したり死亡したりする事故が裁判事件となる例は、一九九〇年頃から目立つようになっている。「熱射病」と表現される時期もあったが（例えば、徳島地判平成五年六月二五日　判時一四九二号一二八頁など）、最近はメディアも判例も「熱中症」の語を用いる。ラグビー部の夏季合宿で死亡した例（静岡地裁沼津支部判平成七年四月一九日　判時一五五三号一一四頁）や、野球部の練習中に死亡した例（高松高判平成二七年五月二九日　判時二二六七号三八頁）など、気候変動の影響による学校事故は増える傾向にある。

文科省は二〇一三（平成二五）年五月、運動部活動での指導の充実を求めてガイドラインを示し、指導に必要な七つの事項を挙げた。①顧問教師だけに運営・指導を任せないこと、②学校・運動部活動ごとに指導体制を整えること、③指導の目標・内容を明確にすること、④適切な指導方法・コミュニケーションを充実し、生徒の意欲や自主的・自発的な活動を促すこと、⑤肉体的・精神的な負荷や厳しい指導と体罰等を区別すること、⑥科学的な指導の内容・方法を取り入れること、⑦指導力発揮のために継続的に資質能力の向上を図ること、がその内容である。後にスポーツ庁も二〇一八（平成三〇）年三月、文科省のガイドラインに基づいて「運動部活動の在り方に関する総合的なガイドライン」を公表し、中学生にとって望ましいスポーツ環境を構築し、運動部活動が地域、学校、競技種目等に応じた多様な形で最適に実施されることを目指した。これらが学校現場で実効的に行われるためには、教師をはじめ保護者や地域の人たち、そして子ども達自身の、部活に関する意識と理解が不可欠である。

(5) 自然災害に伴う事故

わが国が昔から大小の自然災害に見舞われてきたことは、各地に残る古文書にも記録されているところである。大規模な災害によって子ども達が犠牲になった例も数知れずあった筈であり、それに遭遇した周囲の人々の悲痛は想像してなお余りある。戦後に限っても、一九五〇（昭和二五）年一二月に谷川岳を登山中の高校山岳部が雪崩に巻き込まれ、教師と生徒計五名が死亡した事故（佐野高校事件）、一九六七（昭和四二）年八月に西穂高岳を登山していた高校山岳部が、急な天候悪化に遭遇し、雷の直撃を受けて教師・生徒ら計一一名が死亡した事故（松本深志高校事件）、二〇一七（平成二九）年三月に山岳部を有する複数の高校の生徒・教師が県高等学校体育連盟主催の春山登山安全講習会に参加し、雪中歩行訓練に臨んでいたところ雪崩に巻き込まれ、教師・生徒計八名が死亡した事故（那須雪崩事件）など、自然災害に係る学校事故で生徒や教師が犠牲になった例は少なからず起きている。それが「人為的な学校事故」として認識され、災害の予防と被災に際しての救済及び責任の所在が、遺族の側からも社会的にも厳しく問われるようになったのは、二〇一一（平成二三）年三月一一日の東日本大震災においてであり、その動きにはとりわけ顕著なものがあった。

東日本大震災に遭遇した際、私立幼稚園で地震発生後、送迎バスを海側に走らせて途中で園児を保護者に引き渡し、一旦は避難所になっている小学校にバスを停車させたが、園長の指示に従って再びバスを海側に向けて出し、坂道を下ったところで園児を保護者に引き渡した後、渋滞に巻き込まれて津波に襲われ、車内にいた五名の園児と添乗員が死亡した事件は、そうした悲惨な事故の一つである。設置者と園長に対する損害賠償請求訴訟で、裁判所は原告の請求を認めた。「仮に被告園長において……情報収集義務を果たしていれば、……津波の高さが６ｍ以上と報道されていたことを知ることができ、このような状況下において高台から眼下に広がる海側の低地帯に向けて本件小さいバスを発車させることはなく、本件幼稚園地震マニュアルに従って高台にある本件幼稚園に園児らを待機させ続け、迎えに来た保護者に対して園児らを引き渡すことになったものと推認され、本件被災園児ら五名の尊い命が失われることもなかったであろう」「保護者や園児の対応のため忙しかったとしても、被告園長のほか、複数の教諭がいたのであるから、地震の揺れが収まった直後には直ちに被告園長において園児らの安全に係る情報の早期収集に努めるべきであって、保護者や園児の対応の必要性はその情報収集義務を免除し、又はその義務違反の有責性を否定する理由にはならない」（仙台地判平成二五年九月一七日　Lexis ASONE）。保育所の近くに津波が押し寄せたため保護者のワゴン車で避難した園児二名が津波に襲われて死亡した事件の裁判では、原告保護者側の請求は棄却された（仙台地判平成二六年三月二四日　判時二二二三号六〇頁）。

東日本大震災の津波で石巻市立大川小学校の児童七四名と教師一〇名が死亡した事件は、遺族の筆舌に尽くしがたい悲嘆とともに、社会に大きな衝撃を与えた。津波で犠牲になった児童七四名のうち二三名の児童の遺族が市と県に損害賠償を求めた裁判の判決は一審、控訴審とも詳細を極める。一審（仙台地判平成二八年一〇月二六日　WEB：裁判所 COURTS IN JAPAN 裁判例情報）は、地震発生前における教員の注意義務については、事前の対策に問題がなかったとした。「大川小学校が、……教育計画の一部として取りまとめた危機管理マニュアルは、……その内容としては、当該学校の実情に応じたものであることが求められているにすぎず、……個々の学校が定めるべき具体的な内容が明らかになるような規範が示されていたものではな」く、「改正学校保健安全法施行後にあっても、大川小学校の実情として、同法二九条に基づき作成すべき危険等発生時対処要領に、津波発生時の具体的な避難場所や避難方法、避難手順等を明記しなければならなかったとまでいうことはできず、したがって、同法を根拠に、教員が、そのような内容に危機管理マニュアルを改訂すべき注意義務があったともいえない」と。しかし地震発生後の避難に関しては、教師らが児童らを高台に避難させる義務を怠ったとした。「遅くとも午後三時三〇分頃までには、教員は、津波が大川小学校に襲来し、児童の生命身体が害される具体的な危険が迫っていることを予見したものであるところ、

E教諭以外の教員が、児童を校庭から避難させるに当たり、裏山ではなく、三角地帯を目指して移動を行った行為には、結果を回避すべき注意義務を怠った過失が認められる」。

これに対して控訴審（仙台高判平成三〇年四月二六日 WEB：裁判所 COURTS IN JAPAN 裁判例情報）は、事前の対策についても地震発生後の避難についても、ともに組織的な不備があったと断じた。「大川小の危機管理マニュアルには、大川小において、大川小付近の北上川まで遡上する津波の発生が予想される地震が発生した場合（少なくとも、津波警報の発令があった場合）には、第二次避難場所である校庭から速やかに移動して避難すべき第三次避難場所とその避難経路及び避難方法を予め定めておく必要があったというべき」ところ、「校長等は、……（本件危機管理マニュアル中の第三次避難に係る部分に、本件想定地震によって発生した津波による浸水から児童を安全に避難させるのに適した第三次避難場所を定め、かつ避難経路及び避難方法を記載するなどして改訂すべき義務を）懈怠したものと認めるのが相当である」とし、「校長等が本件安全確保義務を履行していれば（本件危機管理マニュアル中の第三次避難に係る部分に「バットの森」を定め、かつ避難経路及び避難方法について、三角地帯経由で徒歩で向かうと記載してあれば）、被災児童が本件津波による被災で死亡するという本件結果を回避することができたと認められるから、本件安全確保義務の懈怠と本件結果との間に因果関係を認めることができる」。一審がもっぱら教師たちの避難行動における落ち度を問題にしたのに対し、控訴審は、事前対策についても避難についても、校長らの組織としての懈怠・過失があったとしたのである。最高裁は控訴審を支持して市・県側からの上告を退け（最一決令和元年一〇月一〇日）、控訴審判決が確定した。過去に多くの人命を奪った地震・津波が一再ならず襲ってきた地域における防災計画・避難誘導のあり方に留まらず、この判決は、防災・避難のあり方に極めて高いレベルの注意義務を教育行政・学校・教職員全般に要求したものと言える。

一審判決が出される前後の頃、原告遺族側の記者会見の背後には、「学校・先生を断罪！」という紙が貼ってあった。このように書かざるをえない遺族たちの無念・悲嘆と、このように責め立てられる学校・教職員の苦悩は計り知れない。幼稚園バス園児死亡事故も保育園ワゴン車園児死亡事故も大川小学校児童死亡事故も、判決はいずれも、被災した子ども達、その保護者、そして、パニック状態の中で必死に子ども達を守ろうとした教師や行政職員たちの生々しい様子を詳細に記述している。あえて言えば、誰もが悪くない、誰をも責めることができない筈のこの事故で、しかし訴訟・裁判の仕組みにおいて法的には、誰かを名指して責任を問わなくてはならず、原告側はおそらく、心ならずも被告側の非を厳しく攻撃せざるをえなかったに違いない。東日本大震災をめぐる裁判は、当事者双方はもとより、関係者全てにとって耐え難く重苦しい試練として人々の中に長く刻印され続けるであろう。同時に、先に3⑶で紹介した集中豪雨中学生溺死事件判決と照らし合わせるとき、学校・教師に対する保護者・社会の期待と要求、そしてそれと対をなす学校・教師・行政の責任が、半世紀を経て格段に重くなっていることを知ることができる。「安心・安全」を求めてやまない現代日本において、いつ誰が被害者となり加害者となるかわからないまま、人々は限りなく大きな負担を強いられ、また自らを強いるに至っているようである。

4　ハラスメント

⑴　人権侵害としてのハラスメント

平家物語の冒頭「祇園精舎」に続く「殿上闇討」の段に、鳥羽上皇の長承元年（一一三二年）頃の嫌がらせ事件が綴られている。上皇のために三十三間堂を建てて一千一体の仏像を据えた備前守・平忠盛（清盛の父）が、その褒賞として但馬の国守になり、内裏への昇殿を許されたところ、「五節豊明の節会」（宮中で天皇が新穀を食する儀式）に忠盛が参内した折、忠盛の昇殿を妬んだ公卿らが忠盛を闇討ちにしようと企てた。しかし忠盛はこれを事前に察知、太刀を帯びて列席し家来を傍に控えさせていたため、闇討ちは決行できずに終わった。然るに、天皇に召されて舞うことになったとき、人々はそれまでの歌の調子を変え、「伊勢の平氏はすがめなりけり」と囃し立てた。忠盛は桓武天皇の子孫とはいえ、都から遠ざかって長らく伊勢の国に住んでいたので伊勢平氏と言われたが、伊勢の産物で酢を入れる甕(かめ)=酢甕(すがめ)として粗悪品とみられていた瓶子(へいじ)(とっくり)と、忠盛がすがめ(斜視)であったことにかこつけてからかったのである。「殿上闇討」の段にはまた、別の嫌がらせ事件も語られている。「五節の節会」で蔵人頭(くろうどのかみ)であった太宰権帥(だざいのごんのそつ)季仲が召されて舞ったところ、季仲が色黒で「黒帥(こくそつ)」などとあだ名されていたことから、公卿たちは歌の調子を変えて、「あな黒々(くろぐろ)、黒き頭(とう)かな、いかなる人のうるしぬりけむ」と囃し立てた。

いじめ・嫌がらせの言動が他愛ないものであれば聞き流すこともできるが、それが度を過ぎれば、屈辱を受けた者は深い苦痛を味わうことになる。忠盛や季仲が当時のからかい・嫌がらせをどのように受け止めたかはともかく、こうしたハラスメントは現代日本の職場でも繰り返されている現象である。「ハラスメント」とは、人間としての尊厳・権利・自由など正当な利益を不当に制約・侵害し、痛めつけて、不快と苦痛を与える行為を総称する。そして「ハラスメント」は、学校においても発生する。

ハラスメントが人々に意識されるようになったのは、アメリカで女性の社会進出・職場進出が顕著となった一九六〇年代の「セクシュアル・ハラスメント」からと言われ、わが国には一九八〇年代にそれが上陸し、以後わが国では、和製英語を含め、パワー・ハラスメント(パワハラ)、アカデミック・ハラスメント(アカハラ)、マタニティ・ハラスメント(マタハラ)、モラル・ハラスメント(モラハラ)といった諸々のハラスメント造語が誕生している。セクハラは性的嫌がらせ、パワハラは職場の使用者や上司が優越的な地位を利用して行う権力的嫌がらせ、アカハラは大学等において研究者が指導的立場を振りかざして行う学問上・研究上の嫌がらせ、マタハラは妊娠・出産した女性を解雇するなどの嫌がらせ、モラハラは相手を無視したり暴言を吐いたりする嫌がらせである。

ハラスメントについては国際的にもその重大性が認識されており、それは、二〇一九年六月に国際労働機関（ＩＬＯ）の総会が、「仕事の世界における暴力とハラスメントの撤廃に関する条約」を採択したことにも現れている。同条約は、「世界人権宣言、市民的及び政治的権利に関する国際規約、経済的、社会的及び文化的権利に関する国際規約、あらゆる形態の人種差別の撤廃に関する国際条約、女子に対するあらゆる形態の差別の撤廃に関する国際条約、全ての移住労働者及びその家族の構成員の権利の保護に関する国際条約、障害者の権利に関する条約など他の関連する国際的文書を想起し」「仕事の世界における暴力とハラスメントは人権侵害または虐待の一形態であり得ること、また機会均等に対する脅威」であることを認識して（前文）、「暴力とハラスメントのない仕事の世界」を実現することを基本原則とする（第四条）。「仕事の世界における暴力とハラスメント」とは、「単発的か反復的なものであるかを問わず、身体的、精神的、性的又は経済的害悪を与えることを目的とした、またはそのような結果を招く若しくはその可能性のある一定の許容できない行為及び慣行またはその脅威をいい、ジェンダーに基づく暴力とハラスメントを含む」。「ジェンダーに基づく暴力とハラスメント」とは、「性またはジェンダーを理由として、直接個人に対して行われる、または特定の性若しくはジェンダーに不均衡な影響を及ぼす暴力およびハラスメントをいい、セクシュアル・ハラスメントを含む」ものと定義されている（第一条1）（以上、WEB：ＩＬＯ駐日事務所仮訳による）。ジェンダーは、「男性・女性であることに基づき定められた社会的属性や機会、女性と男性、女児と男児の間における関係性、さらに女性間、男性間における相互関係」をいう（WEB：ＵＮ ＷＯＭＥＮ日本事務所）。

ハラスメントの中でしばしば問題とされるのはセクハラとパワハラであろう。職場におけるセクハラについては、「雇用の分野における男女の均等な機会及び待遇の確保等に関する法律」が第一一条で、「事業主は、職場において行われる性的な言動に対するその雇用する労働者の対応により当該労働者がその労働条件につき不利益を受け、又は当該性的な言動により当該労働者の就業環境が害されることのないよう、当該労働者からの相談に応じ、適切に対応するために必要な体制の整備その他の雇用管理上必要な措置を講じなければならない」と定め、これを受けて厚生労働省は二〇〇六（平成一八）年、「職場における性的な言動」に関する指針を告示している（二〇一六年に改正）。そこでは、性的な言動により労働者がその労働条件につき不利益を受けるもの（対価型セクハラ）と、性的な言動により労働者の就業環境が害されるもの（環境型セクハラ）、また、性的指向又は性自認に対するセクハラも含めている。

パワハラに関しては、人事院事務総局職員福祉局職員福祉課長の各府省人事担当課長宛の通知「『パワー・ハラスメント』を起こさないために注意すべき言動例について」（二〇一〇年一月）で、パワハラは「上司から部下への不用意な言動によって、職員の勤労意欲を減退させ、ひいては精神的な障害に陥る職員を発生させる要因にもなり得るもの」であるから、管理監督者は「『パワー・ハラスメント』について十分問題意識を持つとともに、自ら『パワー・ハラスメント』を起こさないのはもちろんのこと、職場において『パワー・ハラスメント』が起きていないかどうか日常的に注意することが重要」としている。労働者一般については、二〇一九（令和元）年六月に従来の雇用対策法を改正した「労働施策の総合的な推進並びに労働者の雇用の安定及び職業生活の充実等に関する法律」（労働施策総合推進法）が、その第三〇条の二第一項で、「事業主は、職場において行われる優越的な関係を背景とした言動であって、業務上必要かつ相当な範囲を超えたものによりその雇用する労働者の就業環境が害されることのないよう、当該労働者からの相談に応じ、適切に対応するために必要な体制の整備その他の雇用管理上必要な措置を講じなければならない」とされた。同法がパワハラ防止法とも称されるゆえんである。労働施策総合推進法を受けて厚労省は二〇二〇（令和二）年一月、「職場におけるハラスメント関係指針」を定め、パワハラとして六つの類型を告示した。①身体的な攻撃（暴行・傷害）、②精神的な攻撃（脅迫、名誉棄損、侮辱、ひどい暴言）、③人間関係からの切り離し（隔離、仲間外し、無視）、④過大な要求（業務上明らかに不要なことや遂行不可能なことの強制、仕事の妨害）、⑤過小な要求（業務上の合理性なく能力や経験とかけ離れた程度の低い仕事を命じることや仕事を与えないこと）、⑥

個の侵害（私的なことに過度に立ち入ること）がそれである。

ハラスメントは経営者や上司が従業員や部下に対してするだけでなく、「上下」に関係なく同僚間でなされるものもあり、ハラスメントは職場においてあらゆる方向と形態で行われうる。ハラスメントを禁止・防止するための法令や指針を定めても、実際の現場でそれが徹底されるかは別問題である。ハラスメントが相次ぎ、社会的に問題とされていたさなか、例えば市立小学校の教師間で、暴言・暴力などのいじめ行為や性的嫌がらせなどの行為が繰り返されていた事件があった。三〇代と四〇代の男女教師四人が二〇代の教師に対し、「ボケ」「カス」などの暴言を浴びせたり、コピー用紙の芯で尻を叩く、ＬＩＮＥで別の女性教師に猥褻なメッセージを送らせる、教師の車の上に乗ったり目や唇に激辛ラーメンの汁を塗るなどし、そのため被害教師は体調を崩して学校を欠勤するに至ったものである（朝日新聞二〇一九年一〇月五日付朝刊）。この事件についての市教委の外部調査委員会は後日、多くの暴力・ハラスメント行為を認定し、歴代の校長がこれを助長したとの調査報告書を市教育長に提出した（朝日新聞二〇二〇年二月二二日朝刊）。学校はハラスメントが多く発生する職場の一つに挙げられることがあるが、教育現場におけるこうした事例の発生は、遺憾ながらそれを裏付けてしまうものである。

ハラスメントはまぎれもなく人権を侵害するものであるが、どのようにしたら人権が保障されるかについて、かつて一七七六年のヴァージニア人権宣言は、「およそ自由な政治を、あるいは自由の恵みを、人民に確保するには、ひとり正義、中庸、節制、質素および徳性を固守し、根本的な諸原理をしばしば想起することいがいには方法がない」と書いた（第一五条）。妬み・怒り・恨み等々は多分に個人の心の問題であり、ハラスメントはこうした人の心の動きに支配される部分が大きいが、しかし一方、それは社会・経済・政治・文化・制度などのありようとも深く関連する。ハラスメントの予防はそれゆえ、自由や権利の感覚を心に刻み込み、これをしばしば想起するだけでなく、制度や社会環境を整えることによって実効性を確保することも不可欠である。ハラスメントを「根絶」することは人間社会では不可能かもしれないけれども、これを少なくすることは可能であり、そのためには、単に個々の事案を批判したり対症療法的に処理するだけでなく、その土壌を形成している社会のあり方を謙虚にかつ厳しく見つめ直すことも不可欠である。

(2) セクハラ

ハラスメントが「セクハラ」から広まったこともあり、教育の場でもハラスメントに注目が集まるようになったのは、セクハラ事件によってである。その比較的早い時期の事例としては、東京地裁八王子支部判平成八年四月一五日（判時一五七七号一〇〇頁）を挙げることができる。事案は、小学校の女性教師が、①校長と一緒に中学校を視察した後の帰りがけ、居酒屋で飲食して店を出た所で手を掴まれて校長の体に擦りつけられたり、②運動会開催日の食事会の後「モーテルに行こう」と誘われたり、③退職教師の歓送会の後で店の壁にもたれていた女性教師の肩を掴んで首筋に息を吹きかけられたりしたが、これらに拒絶的な態度を示したことで、希望していなかった学年の学級担任を命じられたり初任者指導の担当を押しつけられるなどしたとして、校長に慰謝料を請求したというものである。この事件では事実をめぐって双方の言い分が対立した。裁判所は、①についてのみ、「（校長は）ことさらに供述を避けている」として女教師の請求を一部容れたが、その他については、「事実を認めることはできない」「的確な証拠はない」として、その主張を採用しなかった。

公立中学校の校内で部活の女子生徒A子にキスをするなどしたとして懲戒免職処分となった教師（原告）が、処分の取消しを求めた訴訟では、裁判所は請求を棄却し、教師のセクハラ行為を認定している。「A子供述と原告供述は、原告がA子に対しキスをしたか否かという点において対立するところ、当裁判所は、A子の供述の方が信用性があり、……他方、原告供述は信用することができないと判断し（た）」「原告は、計三回にわたり、自身が顧問を務める陸上部に所属する女子生徒に対し、本件セクハラ行為に及んだものであるが、このような行為は、教育公務員の信用を失墜させるものとして地方公務員法三三条に反するとともに、全体の奉仕者である公務員としてふさわしくない非行に当たるといえる」（宮崎地判平成二二年二月五日　判タ一三三九号九七頁）。

教育に関わるセクハラ事件は大学において目立つ。大学教授（被告）が出張先のホテルで同行した女性研究補助員（原告）に猥褻行為をしたとする事案では、一審が、「ホテルの一室で強制わいせつ行為があったとする原告の供述よりも、これを否定する被告の供述の方が信用性において優る」として猥褻行為の事実を否定したが（秋田地判平成九年一月二八日　判時一六二九号一二一頁）、控訴審は、「控訴人（女性研究補助員）の供述をいたずらに虚構を述べていると排斥することはできない」とし、猥褻行為を否定する教授の主張は「成功しているとは認めがたい」と述べて、一審判決を覆した（仙台高裁秋田支部判平成一〇年一二月一〇日　判時一六八一号一一二頁）。その他、女性大学院生が男性指導教員から性的嫌がらせを受けたとする事案（千葉地判平成一三年七月三〇日　判時一七五九号八九頁）、女子学生が合宿中に教授からわいせつ行為を受けたとする事案（東京地判平成一三年一一月三〇日　判時一七九六号一二一頁）など、一九九〇年代末から二〇〇〇年代初頭にかけて、大学に関わる「セクハラ裁判」が集中した。しかしその後も、女子学生を食事に誘った指導教授が、「おれの女になれ」などと発言したことで大学から解任されるといった例（二〇一八年）を含め、大学におけるセクハラ事件は一再ならず起きている。

セクハラは目撃者がいない場所で発生することが多いため、事実を確定することが必ずしも容易でなく、当事者のどちらの言い分が信用するに値するかということで判断されがちである。法廷における供述・弁論の巧拙によって事実認定が左右されてしまうことがあるのは多かれ少なかれ避け難く、その結果、「逃げ切り」による「無罪放免」や、それとは逆の「冤罪」が生じることがあり、真実を認めてもらえなかった当事者としては、被害者であれ加害者であれ、到底承服できないものが残る。

教師に対する生徒のセクハラ行為事件もある。私立高校一年生男子生徒が、同級生に「パシリ」を強制したり携帯電話の通話料金を負担させたりといったいじめを繰り返す一方、女性講師に授業中、「処女か」「やらして」などと性的交渉を示す発言をしたり、わざわざ席を立ってズボンを下げるなど同講師を羞恥・困惑させ、授業の進行をたびたび中断させたため、高校が事実関係を調査の上、同生徒を退学処分とした事件はその一例である。退学処分を違法として同生徒が、同校の生徒であることの地位確認を求めた訴訟で裁判所は、講師に対する行為について、「女性に対するデリカシーを欠く行為であり、授業を積極的に妨害して他の生徒に迷惑をかけているものであって、著しく不適切な行動である」「原告（生徒）は、素行不良で改善の見込みがなく、あるいは、学校の秩序を乱し、生徒としての本分に反しているとの評価を受けてもやむを得ない」と述べ、退学処分を適法とした（大阪地判平成一七年三月二九日　判時一九二三号六九頁）。

(3)　パワハラ・アカハラ

学校におけるパワハラは、同僚教師に対する校長の一方的な担任外しや受け持ち授業時間の不当な増減、大学にあっては、理事長・学長・学部長などによる人事上の嫌がらせなどが挙げられる。

私立高校で組合活動の中心的な人物であった女性教師Xを嫌悪した学園の校長らが、①Xの仕事を外し、②Xを職員室内で隔離し、③第三職員室と称する別室に隔離し、④自宅研修を命じたほか、⑤年末一時金や諸手当を支給しないなど、長期にわたって差別的な排除行為をしたため、Xが学園に損害賠償を請求した事件で、裁判所はXの請求を認めた。学園が教師Xから一切の仕事を取り上げたことは、「被告（学園）に対する恭順さを示さず固い姿勢を維持し続ける原告（X）の態度を嫌悪し、これを被告の都合の良いように改めさせるか又は教師として被告に留まることを断念させる意図のもとでした嫌がらせという他はなく」、仕事を取り上げたまま職員室内のXの席を移動して他の教職員から隔離したのは、「組合の結成を嫌悪した被告が、……原告に対して行った嫌がらせであると共に、他の教職員に対する見せしめであると推認でき」、Xだけを第三職員室に隔離したことは、「原告が組合員であることを理由とする差別的取扱い」であり、学園側による自宅研修は、「第三職員室内での四年以上の隔離勤務によっても自発的に退職する意思を示さない原告に対して更に追い打ちをかけたものであって、原告を被告から完全に排除することを意図してされた仕打ちという他な（い）」。そして判決は次のように総括する。「被告による仕事外し、職員室内隔離、第三職員室隔離、自宅研修及び賃金等の差別により、原告は一〇年以上の長期にわたって、教師として最も重要な職務である授業だけでなく、校務分掌の一切の仕事を取り上げられ、しかも、出勤することだけは義務づけられて、他の教職員から隔離された席或いは職員室から隔絶された一人のみの部屋で、一日中具体的な仕事もなく机の前に座っていることを強制され続けた挙句、自宅研修の名のもとに被告からも排除されてしまったのであって、このように、何らの仕事も与えずに勤務時間中一定の場所にいることを強制することは、原告に対して精神的苦役に科する以外の何ものでもなく、また、右隔離による見せしめ的な処遇は、原告の名誉及び信用を著しく侵害するものというべきであって、原告は被告の右各違法行為によって甚大な精神的苦痛を受けたことは、誰の目から見ても明らかであ（る）」（東京地判平成四年六月一一日　判時一四三〇号一二五頁）。まれに見る極端かつ悪質なパワハラ行為と言うほかない。

市立中学校で、前年度よりも週当たりの授業数が八時間増加した上、これまで担当したことのない科目を担当させられ、教科以外の校務分掌も軽減されず、そのため授業の準備不足に陥り、じんましん、顔の腫れなどが発症し、心療内科に通院する事態となり、また、校長が指導力不足等教員の研修に係る申請を行う際、心療内科での受診について特段の記載をせずに県教育センターにおける指導力向上特別研修を受講させたところ、受講期間中に教師が自殺するに至ったので、教師の両親が、自殺は校長と教頭による業務加重・パワハラによるものであるとして、市と県に損害賠償を求めた事件がある。裁判所は請求を一部認容した。「労働者の健康状態を把握し、健康状態の悪化を防止するという県及び市の信義則上の安全配慮義務に違反し」、校長・教頭らの行為は同教師に心理的な負荷の大きい影響を与え、精神疾患を増悪させる危険性の高いものであった、と（鹿児島地判平成二六年三月一二日　判時二二二七号七七頁）。問題を抱える教師が学校に赴任し、業務を遂行する上で同僚や管理職が困惑することはありうるが、当該教師の人権と尊厳を侵害するような対応をすることは許されない。

就職内定した会社の人事課長から、ＳＮＳに毎日ログインしてコメントを書き込むよう求められていた大学四年生が、「毎日ログインしていなかったり、書き込まない人は去ってもらいます」「無理なら辞退してください、邪魔です」とか、内定辞退に言及されたり入社後の過重労働を示唆されたりなど、精神的に追い込むような言葉を投稿されて精神疾患を発症し、入社二カ月前に自殺に至った事件（朝日新聞二〇二〇年四月一〇日朝刊）は、卒業を控えた学生に対する企業からの嫌がらせであり、学校におけるものではないが、大学生の就職活動ないし大学教育に深く関わるパワハラ行為である。

学校におけるアカハラは事柄の性質上、大学で起きることが多い。私立医科大学の講師が、教室会議の席で主任教授から辛らつな発言を受けたとして損害賠償を請求した事件は、その一例である。裁判所は請求額を減額したものの、主任教授の行為の違法性を認め、講師の請求を認めた。「指導であればどのような方法をとっても許されるということはなく、指導をされる個人の人格権を不当に侵害することがないよう、社会通念上相当な方法がとられなければならず、その相当性を逸脱した場合には、違法となり、不法行為を構成する」のであって、本件主任教授の指導方法は、「指導に対して反抗的な発言をした原告（講師）の態度に誘発された可能性があることを考慮してもなお、……原告の立場や、原告の精神面に対する配慮を欠いているというほかなく、指導としての適切さを欠き、原告の人格権を侵害しているものといわざるを得ない」（東京地判平成一九年五月三〇日　判タ一二六八号二四七頁）。ちなみに、教室会議で本件主任教授が本件講師に向かってした発言の一部を、判決によって示すと次のようである。

「ところで、お前に言いたいことがあるんだがな。毎日大学に来ているようだが、何やっているのか分からないんだよな」

「お前のゼミなんか、学生が聞いてきたら、取るなと言ってやるよ」

「お前がいなければ一人採用できるんだ。お前がいることが教室のマイナスなんだ」

「お前のなんか、業績ではない。業績集には載せない」


厳しい財務状況に置かれている私立大学にあって、大学当局から科学研究費や外部からの資金の獲得など研究実績を上げるように求められ、主任教授もまた追い込まれて苦しい立場にいたかもしれないとはいえ、本件主任教授の物言いは、「お前」呼ばわりとともに、大学という場にはいかにも不似合である。この種のハラスメントが医科系大学・学部において比較的多く見られるのは（例えば、教室主任教授の助手に対する嫌がらせ行為として、大阪地判平成一二年一〇月一一日　大阪高判平成一四年一月二九日　判例タ一〇九八号二三四頁、など）、わが国において積み重ねられてきた医学教育の「伝統」ないし雰囲気に由来するのかもしれない。

アカハラとセクハラが重なる場合もある。私立大学の女性院生のマンションの部屋に同大学の教授が一晩滞在し、その後同教授が同院生にメールを繰り返し送信したり食事に誘ったりした行為が、セクハラ・アカハラに該当するとして、一審・控訴審とも、大学が当該教授を准教授に降格した懲戒処分は違法でないとした事例がある（東京地判平成三一年一月二四日　東京高判令和元年六月二六日　判タ一四六七号五四頁）。控訴審はセクハラを、「行為者の性的発言や行動により対象者に不利益又は不快を与えること」とした上で、セクハラに該当するというためには、「対象者が不利益を受け、又は性的不快感を受けることを行為者が意図したこと又はこの点について行為者に過失があることは不要である」と述べ、アカハラについても、「行為者の優越的な地位を利用した発言や行動により対象者に不利益を与え、又は修学等を困難にすること」とした上で、「優越的な地位を利用すること又は対象者が不利益をうけ、若しくは修学等が困難となることを行為者が意図したこと又はこの点について行為者に過失があることは不要である」とした。相手に不利益・不快等を与えれば、行為者側の故意・過失の有無を問わず直ちにハラスメントを構成する、という趣旨である。

5　クレーム・トラブル

(1)　難クセ・イチャモン・無理難題

制度をフランスに、内容・方法をアメリカに倣った一八七二（明治五）年の「学制」は、発足直後から、実情にそぐわないとして人民の反発に遭遇し、数々の「学校打ち壊し」「学校焼き払い」が横行した。この「暴動」は、わが国近代教育における最も初期にして大規模な民衆的クレームと言えるが、その後の教育令や諸学校令によって徐々に学校制度の整備が進んでからも、別の形態においてではあったが、人々の学校・教師に対するクレームは止むことはなかった。明治の中頃に教育論者の一人が『学校家庭連絡の方法』という書物の中で次のように書き留めているのは、それを物語っている。「父母等ハ其子弟ヲ学校ニ托シ置クモ、少シク其意ニ満タサルコトアルトキハ、忽チ子弟ト共ニ学校ヲ非難シ、教師ヲ誹謗シ、時ニ或ハ故意ニ子弟ノ出校ヲ止メテ、教師ヲ恐喝スルモノアルカ如キ、又其子弟ノ試験等ニ成績ノ悪カリシトキハ、一ニ之ヲ教師ノ不親切ニ帰シ、子弟ノ品行ノ直ニ改マラサルトキハ、亦之ヲ学校ノ不注意ニノミニ由レルモノトナシ、非難攻撃至ラサルトコロナキガ如キハ、地方ノ小学教師ガ、異口同音ニ訴フルトコロニアラスヤ」。学校に対する保護者のクレームは、明治期にもさまざまな「誹謗」「恐喝」「非難攻撃」を伴って存在していた。

しばしば引き合いに出される保護者のクレームとして、幼稚園の劇の発表会でなぜウチの娘を主役にしなかったのかとか、小学校の遠足の集合写真でなぜウチの息子が中央にいないのか、というのがある。保育園で汚した服は保育園で洗濯してほしいという要望や、給食で本人の嫌いな食べ物は今後食べさせないでほしいという要請、あるいは、廊下で同級生と衝突して前歯を損傷した被害児童の母親が、学校が適切に対処しないのなら自分が加害児童の歯を折ると申し向けたり、体育でバドミントンをした際に同級生が打ったシャトルが眼に当たった被害生徒の母親が、学校と教育委員会に対し、既に県立高校に合格している「加害生徒」の合格を取り消すよう要求した例もある。教師を必要以上に困惑させるこの種のクレーマー保護者を、「モンスターペアレンツ」と呼んだ時期もあった。

学校・教師に対するクレームが、時に「難クセ・イチャモン・無理難題」として教師たちを苦痛に陥れ、それが社会問題となるに至ったのは一九九〇年頃からである。学校・教師に対する「難クセ・イチャモン・無理難題」は、教育活動や学校経営・教育行政に関する保護者・地域住民などからの不条理な苦情・注文をいう。それが社会に広まるようになった背景は、もとより単純ではないが、一九八四（昭和五九）年から一九八七（昭和六二）年まで「教育の自由化」「教育の民営化」を通奏低音として活動した臨教審の一連の提言と、それに基づく「教育改革」にも起因するように思われる。臨教審は教育を、それまでのいわば国・自治体による「当てがいぶち」的であったものから、子ども・親自身の選択の対象にした。選択によって自ら（の子ども）が通うべき学校を決め、選択の如何によって人生の成功・失敗が分かれるというシステム（教育の市場原理、自己責任）ないし意識が進行し、教育が「商品」となった以上、人々が学校・教師により良い教育サービスの提供を強く求めることになるのは、ごく自然の勢いである。学校という「商品」の「欠陥」や「不備」に対する「消費者」＝保護者の苦情はこうしたところから生じる。

競争と成果主義に基づく資源配分の原理が渦巻く社会で、何とか生き残り他に優越しようと焦慮し、長期的・安定的な人生を設計することが難しくなってしまっている、――こうした修羅場にあって少しでも他に抜きん出て有利な地位を得ようとすれば、人々はイライラして他に当たり散らし、自己中心的で理不尽な要求を突きつけ、他を攻撃し、他を叩きのめそうとするに違いない。あるいはまた、希望や願いが通らず、目標が達成できないで鬱状態に陥ったり神経症に苦しんだりもする。自己に有利な教育資源を探し出し選び出してその分配を掌中に収めようとして、学校・教師の振る舞いに目を凝らし、小さなミスや不備をも許すことができず、責め立てるのは、ある意味で致し方のないことではあっても、それはしかし、「親の教育の自由」のエゴイスティックな欲望に衝き動かされた、悪意ある権利行使にほかならない。「自由の精神」は本来、平等・共存・敬意によって成り立つものである筈のところ、時として、欲望の際限のない拡大を許容する根拠に使われることがある。

学校・教師に対する保護者の理不尽なクレームに巻き込まれた教師の中には、不必要に平身低頭の態度を示したり、反対に、必要以上の「反撃」をしたりといった反応を示す者もいる。自己を責め、心身に深い痛手を被って本来の教育活動に支障を来し、体調を崩して休職・退職に追い込まれ、さらには自殺に及ぶ者もいる。経験が少ないことや宿題の出し方について、保護者からクレームを寄せられていた小学校の新任教師が自殺に及んだ事件（読売新聞二〇一〇年三月六日朝刊）は、そうした悲劇にほかならない。

(2) 教師の「受忍」

保護者のクレームないしは「教師いじめ」が社会的に問題視され始めた頃、父母らの批判を受ける教師のあり方が問題となった裁判事件があった。東京都の区立小学校の女教師であったXは、以前から担任学級の一部保護者と不協和状態に陥っていたところ、これを調整しようと試みていた校長は九月中旬の保護者懇談会で、Xを担任から外す旨を発言した。同懇談会の終了後同学級の保護者ら三名は喫茶店で、「あんな子どもをすごくいじめる先生に担任を持たせるわけにはいかない」「Xを担任から降ろしてよかった」などと話し合ったりしたが、同月下旬に行われた保護者参観の日、校長はXを担任から外す処分をした。そこでXは、校長、保護者ら、東京都及び区に対し、損害賠償を請求して提訴したのである。裁判所はXの請求を認めなかった。「一般に、小学校教育は、学校と父母とが両輪となって協力し合うことによって成り立つものであるから、父母らが学校の教育内容に関心を抱き、学級担任またはその教育方針、教育内容等について要望を出し、あるいはその教育方針や教育内容等を批判したり、これらについて注文を付けたりすることは、当然許されることであり、また、父母の間で、担任教師の学級運営の在り方や教育方針、教育内容等について議論し、あるいはこれを批判することも当然許されるべきことである。そして、他方、教師は、できる限りその教育方針、教育方法等に関する父母の要望または批判に耳を傾け、これを受け止めるよう努力するべきであり、仮に、父母らが担任教師に対する不平、不満を談合し、その内容が教師としての能力や指導方針にかんする批判や非難に及ぶことがあったとしても、それがいたずらに担任教師に中傷を加えるものでない限り、受忍すべきものである」（東京地判平成三年二月五日　判タ七六六号二五七頁）。校長は学校運営の責任者として、保護者や地域住民から寄せられる種々の要望等を聞き、それが教育上有益かつ可能である限り、それにできるだけ応えるよう努めなければならないと同時に、教職員に対し適切な指導・助言・管理を行う責務を負っている。本件において一部保護者らの言動が仮に違法・不法ではないとしても、本件校長は彼らの声高な要求にいささか性急に応えてしまったのではないか等、本件校長の対応については、教育現場の問題としてはなお検討の余地があろう。

保護者からのクレームを理不尽と感じ、苦痛を受けたとして教師が裁判所に救済を求めるのは、保護者に対する教師の側からのある種の「逆襲」である。A子の担任であった市立小学校の教師が、保護者との間で連絡帳をやり取りしていたところ、同教師のA子に対する接し方について保護者が、A子のテストの解答を消して不正解としたと指摘したり、「悪魔のような先生です」「最低の先生だと思っている」などと書き込んだりしたほか、市教育委員会を訪れて同教師の言動を申告し、また、A子に対する同教師の行為について警察に出向いて相談するなどしたため、保護者のこうした行為によって精神的損害を被ったとして、教師が保護者に慰謝料を請求した訴訟がある。裁判所はしかし、教師の請求を棄却した。「教諭が、テストにおける児童の解答を消して不正解にするなどということは、職務上許されないものであることは明らかで、原告（教師）が、故意に職務上許されない行為をしたと指摘することが、原告の社会的評価を低下させるものであることは、あまりにも明らかである」「（しかし）本件連絡帳への書き込みによって、未だ『公然』と名誉を棄損したとはいえない（から）本件連絡帳への書き込みによる名誉棄損の成立は、認められない」「本件書き込みの具体的内容、経過からみても、これらの表示（「悪魔のような先生です」「最低の先生だと思っている」等）は、A子に対する対応を巡って、被告ら（保護者）が、原告に対する反感を強めるなか、ひどい先生と同種の表現として使用したものとみることができる。そうすると、諸般の事情を考慮しても、原告の人格的価値に対する社会的評価を低下させるものとみることはでき（ず）侮辱の成立は、認められない」「被告ら（保護者）の行為には、配慮に欠ける点や不注意な点が、多々存在し、原告（教師）が、被告らの行為を問題にすることは、理解できる（が）、不法行為の成立に関しては、いずれもその要件を満たさないというほかな（い）」（さいたま地裁熊谷支部判平成二五年二月二八日　判時二一八一号一一三頁）。

右の判決は、保護者の「モンスター」ぶりに顔をしかめながらも、教師はある程度の「受忍」をしなければならないと説いて、法的判断としては教師の請求を認めることはできないとしたわけである。法（裁判）による解決には一定の限界があることを物語る。判決は冒頭部分で、「教育現場の問題は、それが教育内容そのものの問題（例えば、教育方法の適否）でないとしても、本件学校や市教委が、児童や父兄を交えて、話合い等の方法により解決することが望ましいことは、いうまでもない」と述べている。理念的には確かにその通りではあるが、本件の場合、保護者と教師の間には決定的な不信が存在し、いがみ合いの状態にあって話し合う雰囲気など到底なく、そうした中で、侮辱的な言葉を投げかけられて大きな精神的苦痛を被った教師が、やむにやまれず訴訟に踏み切ったものと推測される。

ユネスコ特別政府間会議で採択された「教員の地位に関する勧告」（一九六六年）は、「学校または教員に対して苦情を有する父母は、最初に、校長および当該教員との話合いの機会を与えられるものとする」と定め（第六八項1。条文は市川須美子他『教育小六法　２０２０』学陽書房　所収）、学校・教師に対して保護者がクレームを寄せる権利の存在を予定している。わが子の教育についての保護者の要求・要望は、保護者の権利ではあるけれども、その権利を、教育現場で活動している教師に向かってどのように行使すべきかは、賢慮を要することがらである。自己の権利・自由を行使することと相手に対して不寛容になることとは別なのであり、教育にとって大切なのは、教師と保護者が互いに敬意を払い、理解し合って協力することである。

(3)　保護者クレームの「限界」

保護者側の言動を不法行為であるとした判決例もある。自宅で自殺した高校生Aの母親とその委任を受けた弁護士が、校長を、亡Aに対する殺人罪及び名誉棄損罪で警察署長に告訴したり、記者会見を開いて告訴を説明したり、ブログに告訴状を掲載したりしたため、校長が、多大の精神的苦痛を被ったとして母親と弁護士に損害賠償の支払いと謝罪広告の掲載を求めた事案がそれである。生徒Aは、母親の財布から金銭を持ち出したと疑われて母親と口論となった後不登校となり、うつ病の診断を受け、自宅で自殺したが、校長がうつ病のAに登校を強要したことが殺人罪にあたり、校長がAの自殺についての記者会見で、Aが母親の財布から金銭を盗んだことで叱られ、家出をしたことを述べたのは、名誉棄損にあたるとして告訴したというのである。裁判所は母親と弁護士の共同不法行為を認め、慰謝料の支払いと謝罪広告の掲載を命じた。校長が殺人罪を犯したとする告訴については、「被告ら（母親・弁護士）に事実関係の慎重な調査を要すべき注意義務があるにもかかわらず、殺人罪という犯罪の嫌疑をかけるのに相当な客観的根拠もなく、また、その確認もせずに本件告訴をしたといってよく、原告に対する不法行為」にあたり（校長がA

の名誉を毀損したとする告訴についても同様)、また、「被告らによる本件記者会見による説明及びブログによる掲載は、いずれも被告らが話し合って行われたものであるから、被告らによる共同不法行為と評価することができる」(長野地裁上田支部判平成二三年一月一四日 判時二一〇九号一〇三頁)。うつ病に罹患した本件Aに登校を強いた行為が、仮に適切さを欠いていたにせよ、「未必の故意による殺人罪」に該当するというのは、子を自殺で失った親の悲嘆と無念の思いに出るものであったことを考慮に入れても、いかにも理不尽な論理だと言わなければならない。クレームを寄せるにあたっては自ずと一定の限界がある。

学校の方針や教師の言動を違法であるとして保護者が裁判に訴えたのに対し、逆に保護者側の言動こそ不合理であるとした判決もある。事案は、市立小学校に在籍していた知的障害のある児童とその両親が、校長による教育環境の整備が不十分であったために児童が不登校になったとし、また、この不登校をめぐるやり取りの過程で同校教師らが両親を誹謗中傷したとして、児童に対する学習権の侵害及び両親に対する教育権・名誉権の侵害を理由に、市に損害賠償と名誉回復措置を求めたものである。一審は原告・両親らの請求を棄却し(大阪地判平成一二年二月一七日 判タ一〇五四号一四五頁)、控訴審も同様の判断をした。「子どもの教育を公共施設を通じて組織的かつ計画的に行うという公教育制度の性格や、普通教育における教育の機会均等の確保と教育水準の維持の要請等にかんがみれば、保護者である親の教員等に対する働きかけ等は、あくまでも教員等が当該児童に対する教育の具体的内容及び方法の決定及びそれに基づく個別的指導等について当該児童の利益の擁護等の観点からその裁量権を適切に行使することができるようにするために必要な助力等の範囲にとどまるべきものであって、それを超えて、専ら自らの利害と関心に基づく独自の教育方針等を教員等に要求したり、当該小学校の教員人事や組織運営に介入したりするなど、いやしくも教員等の右裁量権の適切な行使を妨げ、他の児童等に対する教育の実施に支障を与え、ひいては円滑な学校運営を阻害するような言動に及んではならないことはいうまでもないところであって、そのような言動は、たといそれが子を思う親の善意に出たものであったとしても、当該児童の利益を著しく損なうものといわなければならない。そして、教員等の適切な裁量権の行使とそのための保護者による適切な助力等を通じて当該児童の学習をする権利の充足を図っていくにおいては、何よりも教員等の学校関係者と当該保護者との円滑な関係の形成、維持が不可欠であることはいうまでもない」（大阪高判平成一四年三月一四日　判タ一一四六号二三〇頁）。

同控訴審はまた、末尾に近い箇所で次のようにも述べている。「控訴人児童らが不登校状態となるに至った経緯については、控訴人両親が教員人事その他の学校の管理運営事項についてまで容喙するものと受け止められてもやむを得ない言動をするなど、障害を有する児童の保護者としての必要な助力等の範囲を逸脱した一連の言動等を行ったことにより、関係教員らとの間のそれまでの円滑な関係を著しく損ったことに、その最大の原因があるというべきである」。本件保護者の学校・教師に対する要請・クレームないし攻撃がかなり痛烈なものであったことが窺われるが、判決は、保護者の苦情の「限度」を示しつつ、「学校関係者と当該保護者との円滑な関係の形成、維持」を説いたのであった。保護者の教育要求と教師の専門性をどのように調和的に実現すべきかを考える上で、本件は、「クレーム対応」に関する貴重な素材を提供している。

(4)　クレーム・トラブルの対応と解決・処理

「法学概論」や「法学入門」のテキストにはしばしば、「社会あるところ、法あり」（ubi societas, ibi jus）というラテン語の法諺（ほうげん）が登場する。人が社会生活を送る所には法やルールが存在し、また存在しなければならないという意味である。社会に法やルールが必要であるということは、裏から言えば、人が社会生活を送る所にはほぼ必ず「もめごと」や「紛争」や「苦情」が発生するということでもあるから、この法諺のひそみに倣ってラテン語を並べると、「社会あるところ、もめごとあり」（ubi societas, ibi dissensio）とか「社会あるところ、紛争あり」（ubi societas, ibi conflitus）、さらには、「社会あるところ、苦情あり」（ubi societas, ibi querela）ということになるだろう。同時に、「もめごと」も「紛争」も「苦情」も、それ自体は面倒で不快な出来事ではあるが、これがあるために人々も社会も賢明になっていく面があることは否定できない（「雨降って地固まる」）。もめごと・紛争・苦情はマイナス面だけでなくプラス面も備えているのであって、問題はそれゆえ、これらをいかに賢くプラスの方向に転じ、乗り越え、解決・処理していくかである。そしてこれを可能にするためには、人々の「自制」が重要な要素の一つとなる。

かなり以前からわが国では、犯罪被害者が、自分たちは筆舌に尽くしがたい悲惨な目に遭って苦しんでいるのに、加害者とりわけ未成年者は、未成年であるという理由でその氏名が公表されず、将来の更生という見地から「手厚く」保護され、やがて「社会復帰」を果たしていくが、それは被害者の立場からはやり切れない、との思いを訴えている。被害者はこの上なく苦しい境遇に追い込まれ、マスコミでも実名が公にされて取材に応じざるをえず、深い傷を負っているのに対し、未成年の犯罪者・加害者は法に守られており、それは耐え難いまでに不合理だ、と。こうしたことから被害者が加害者に厳しい目を向け、厳しい態度で臨み、厳しい「仕打ち」を望むことにもなる。一般に、被害に遭った者は害を加えた者がこの上なく憎く、加害者がどのように謝罪しどのような刑罰を科されようと、決して許せないというのが普通の感覚である。殺人犯が無期懲役を宣告されると、人を殺しても犯人はぬくぬくと生きていると言い、死刑を宣告されると、犯人が死んでも被害者は帰ってこないと言って、被害者の遺族は怒りと嘆きを新たにする。

一方、どれほど残忍な事件であろうとも、復讐や自力救済を認めず、犯人に対する訴追・刑罰の権限は国家の手にあるとし、また、拷問や残虐な刑罰を絶対に認めないというのが近代立憲主義の大原則である。「目には目を、歯には歯を」といったタリオ（応報）が社会風潮を支配すれば、この大原則は崩れることになる。弁護士の次の言葉はその意味で興味深い。「犯罪被害者と言えば何でもありという傾向がある。『あだ討ち』になってしまう危険がある」

（朝日新聞二〇〇六年九月七日朝刊）。学校・教師に対するクレームを、このような応報・仇討にしないよう、賢慮をもって然るべく解決・処理する手立てを講じることは、教育の場にはとりわけ重要である。実際にはしかし、被害者側が「同害報復」の念にとらわれたり、他方、自らが加害者であるとされて保護者らから責め立てられ、時に激烈な攻撃の標的となって学校としての許容量を越え、教師らが本来の業務に専念することができず、学校も追及を恐れて事実を隠ぺいしたり、他方、保護者側もクレームをエスカレートさせて苦悩と憎悪の果てに心身を疲弊させ、子どもそうした環境の中に投げ込まれて深刻な犠牲を強いられる、といった事態は、少なからず生じている。

学校・教師に対する保護者・地域住民のクレームは、教育における「秩序」を回復し「正義」を実現する上での有用な社会過程でもあり、学校・学校教育にとって有益・不可欠な側面を有するものであることにも注意しなければならない。クレームをマイナスとのみ考えるのは必ずしも妥当でなく、難クセもイチャモンも無理難題も、見方を変えれば、それが発生するのは人々が社会において共通の基盤・規準を有しているからなのであり、人と人とが何とか結合しようと願っている証しでさえあるのである。クレームを必要以上にエスカレートさせたり、クレームが理不尽だからと言って、それをいたずらに嘆いたり非難したり罪悪視したりするだけでは問題は片づかない。人間が社会の中でよりよく生きようとする限り、一方でクレームを抑制し、他方でクレームを謙虚に受け止めて解決・処理し、そうした努力を積み重ねることによって人々は賢明さを増していくのである。保護者クレームは、その赴くままに放置すれば、関係者を言い知れぬ苦悩と不幸の深淵に陥れてやまぬものであるが、根絶とまではいかないにせよ、これを軽減するための工夫を重ねるほかないのである。

クレームの対応・解決・処理の場や方法は単一ではない。クレームから生じたトラブル終結の方式は、当事者の合意によってなされるタイプのものと、第三者の介入によってなされるタイプのものとに分類されたり、共通のルールに準拠してなされるものと、合目的な裁量に基づいてなされるものとに分類されたり、自主的紛争処理・司法的紛争処理・行政的紛争処理・政治的紛争処理に分類されたりなど、幾つかの視点からの分類が可能である。このうち、両当事者の話し合いによる相対（あいたい）交渉は、当事者が直接接触して問題に臨むところから、相互が納得できる解決を図る可能性が大きい半面、双方の間に能力の差があるような場合、能力に劣る側が不利になるなど、公平性・公正性に欠けることもある。第三者の関与のもとになされるものには、非制度的なものと制度化されたものがあり、制度化されたものにはさらに、解決・処理内容の規準や実現の強度という観点から、公準に基づく裁断や強制性に力点を置くものと、当事者の任意性や自主性に力点を置くものがある。制度的第三者関与型の解決・処理方式のうち、第三者が事実を一定の手続によって認定し、公準に基づいて裁定し、それを強制的に実現するものとしては、「法の支配」の体制にあっては裁判がその典型であり、当事者の主体性・自主性をできるだけ生かしながら公正な現実的解決・処理を追求する制度的な方式としては、「裁判外紛争処理」（Alternative Dispute Resolution　ＡＤＲ）と呼ばれものがある。

一九八六（昭和六一）年四月、臨教審は第二次答申において「苦情処理の責任体制の確立」を提言したが、二〇〇〇年代に入ると、「教育問題調整委員会」「学校保護者相談室」「学校法律相談」といった名称のセクションを置く自治体が見られるようになり、さらに、教育再生会議第三次報告（二〇〇七年一二月）が、「子供や保護者との関係などで学校だけでは対応困難な問題に迅速・的確に対処するため、『学校問題解決支援チーム』の設置を進め、教員が子どもの教育に専念できるようにする。小規模市町村については、都道府県教育委員会が設置するチームが対応することも含め、今後五年間ですべての都道府県・市町村教育委員会での設置を目指す」と述べたことを契機に、この種の組織の設置に拍車がかかった。教育再生会議の第二分科会における二〇〇七（平成一九）年三月二九日開催の第六回会議での一委員の発言は、この第三次報告に与って力があったと思われる。「私は教師のうつというテーマでずっと取材をしておりますが、取材をすればするほど先生方が多様な保護者から追い詰められ、うつになり、つぶれていく現状が浮かびあがり胸が痛くなります。そんな彼らを支えるシステムがないんですね。子どもたちの権利を保障するために教師の権利を保護する。教師をバックアップする制度整備も必要だと考えます。……教師がだめだ、教育委員会がだめだではなくて、やはり学校の先生を励まし、具体的にサポートする内容も是非、入れていただきたいと思います」（WEB：教育再生会議―会議開催状況）。

二〇一〇（平成二二）年八月の文部科学省調査によると、同年八月現在、「学校問題解決支援チーム」等の名称で専門家チームを設置しているのは一〇都県と一一市、計二一都県市であった。もっとも、その後の状況を見ると、「学校問題解決支援チーム」は、人員配置、受付件数、解決実績などの面で全般的にさほど活発ではないようである。文科省は二〇二〇（令和二）年度から、いじめや保護者とのトラブル等に対応することを目的に、各地の教育事務所などを拠点として弁護士を配置し、市町村教育委員会からの相談を受ける「スクールロイヤー」の制度を発足させることにし、既に、弁護士会と協定を結んで学校からの相談を受ける制度をとっている自治体（例えば名古屋市）もあるが、これは、「学校問題解決支援チーム」の新しい変形ないしは発展的な仕組みと言えよう。

引用・出典・参考文献

・https:www.nier.go.jp/library/rarebooks/seido/370.98-315/「小学生徒心得」教育制度」
・群馬県教育委員会『群馬県教育史　第一巻（明治編上巻）』昭和四七年
・唐澤富太郎『図説　近代百年の教育』国土社　一九六七年
・唐澤富太郎『図説　明治百年の児童史　上』講談社　昭和四三年
・坂本秀夫『生徒心得』エイデル研究所　一九八四年
・坂本秀夫『校則裁判』三一書房　一九九三年
・金　賛汀『ぼくもう我慢できないよ　ある『いじめられっ子』の自殺』一光社　一九八〇年

・森部英生『教育紛争の法理と裁判事例』日本教育新聞社　平成八年
・西部　邁『文明の敵・民主主義』時事通信出版局　二〇一一年
・藤田省三『全体主義の時代経験』みすず書房　一九九五年
・国立教育政策研究所編『いじめについて、わかっていること、できること』悠光堂　二〇一三年
・日本スポーツ振興センター『学校の管理下の災害』平成二九年版、平成三〇年版、令和元年版
・市古貞次校注・訳『平家物語一』日本古典文学全集29　小学館　昭和五七年
・稲垣吉彦『平成・新語×流行語小辞典』講談社現代新書　一九九九年
・中野麻美編著『ハラスメント対策全書』エイデル研究所　二〇一〇年
・https:www.ilo.org/tokyo/standards/list-of...ja/index.htm「二〇一〇年の暴力とハラスメント条約（第一九〇号）」
・多田房之輔『学校家庭連絡の方法』博文館　明治二七年
・廣田尚久『紛争解決学（新版増補）』信山社　二〇〇六年
・WEB：内閣官房教育再生会議担当室『教育再生会議第六回議事録』平成一九年三月一日
・WEB：初等中等教育局参事官「保護者や地域等からの要望等に関する教育委員会における取組」

五　教育・学習の担い手と人権・民主主義

1　教員養成と教員資質

(1)　師範学校における教員養成

一八七一（明治四）年に設置された文部省は、「学制」制定の四カ月ほど前の一八七二（明治五）年五月、教員養成の拠点として東京に師範学校を置いた。「学制」が実施に移された後も、小学校教員は不足しており、さしあたってそれまでの寺子屋の師匠などを充当していたが、やがて本格的な教員養成に着手し、各地に「伝習所」とか「小学講習所」などの施設を作り、東京の師範学校で学んだ卒業生をここに配置し、これらが府県の師範学校となっていった。東京の師範学校を中核とする教員養成制度がこうして構築されていったのである。

一八七九（明治一二）年の教育令で師範学校は、各府県が「便宜ニ随ヒテ」設置すべきものとされていたが（第三三条）、翌年の改正教育令は、「各府県ハ小学校教員ヲ養成センカ為ニ師範学校ヲ設置スヘシ」と必置を義務づけた（同条）。これを受けて一八八一（明治一四）八月に「師範学校教則大綱」（文部省達）が定められ、修業年限一年の初等師範学科（小学初等科の教員養成）、修業年限二年半の中等師範学科（小学中等科及び初等科の教員養成）、修業年限四年の高等師範学科（小学高等科の教員養成）それぞれの課程表が示された。例えば高等師範学科の履修科目は、修身、読書、習字、算術、地理、歴史、図画、生理、博物、物理、化学、幾何、代数、経済、記簿、本邦法令、心理、教育学学校管理法、実地授業及唱歌、体操である。各教科のほか、心理学・教育学・教育実習などの教職科目が配当されていた。一八八六（明治一九）年四月の師範学校令を受けて同年五月の文部省令「尋常師範学校ノ学科及其程度」は、履修学科として、倫理、教育、国語、漢文、英語、数学、簿記、地理歴史、博物、物理、化学、農業、手工、家事、習字、図画、音楽、体操を挙げ、男子には農業、手工、兵式体操を、女子には家事を課した（第一条）。「倫理」は「人倫道徳ノ要旨」を内容とし、「教育」は教職科目に相当する。「教育」の内容・程度は、「総論智育徳育体育ノ理学校ノ設置編制管理ノ方法本邦教育史外国教育史ノ概略教授ノ原理各学科ノ教授法及実地授業」としている。教職科目の充実が見られる。

一八九七（明治三〇）年一〇月に師範学校令が改正されて師範教育令となった後、一九〇七（明治四〇）年四月の文部省令「師範学校規程」は、第一章「生徒教養ノ要旨」と第二章「予備科及本科」から成り、まず「生徒教養ノ要旨」として、「忠君愛国ノ士気ニ富ム」「精神ヲ鍛錬シ徳操ヲ磨励スル」「規律ヲ守リ秩序ヲ保チ師表タルヘキ威儀ヲ具フル」ことなどを列挙し（第一条）、その上で、「予備科及本科」において、修業年限や学科目等を掲げている。師範学校の中核である「本科第一部」（修業年限四年で一年間の予備科を終えて入学する課程）の男子生徒に課す学科目は、「修身、教育、国語及漢文、英語、歴史、地理、数学、博物、物理及化学、法制及経済、習字、図画、手工、音楽、体操」で、英語は「随意科目」としている（第六条）。女子生徒に課す学科目は、「法制及経済」の代わりに「家事、裁縫」としているほかは男子生徒と同じである（第七条）。「教育ニ関スル勅語ノ旨趣ニ基キ……小学校ニ於ケル修身ノ教授ニ必要ナル知識」である「修身」のほか、教職科目に相当する「教育」は、「教育ニ関スル一般ノ知識」「小学校教育ノ旨趣方法」「教育ノ技能」と「教育者タルノ精神」を養うことを内容とし、「心理及論理ノ大要ヨリ始メ教育ノ理論、教授法及保育法ノ概説、近世教育史ノ大要、教育制度、学校管理法、学校衛生ヲ授ケ又教育実習ヲ課スヘシ」とした（第九条）。ここでも教職専門科目はそれなりに充実している。

一九四一（昭和一六）年に国民学校令が制定され、それと合わせて師範教育令も改正されたが、師範教育令改正と同じ日付の文部省令「師範学校規程」は、教師たるべき師範学校生に、いっそう強く教育勅語と「国体の本義」と「皇国の使命」を自覚させようとした。修業年限が三年に縮小された「本科」の履修教科を、同規程は第二条で次のように定める。「男子部ニ在リテハ国民科、教育科、理数科、実業科、体錬科、芸能科及外国語科トシ女子部ニ在リテハ国民科、教育科、理数科、家政科、体錬科、芸能科及外国語科トス」。「国民科」の科目は「修身公民、哲学、国語漢文、歴史及地理」とし（第四条）、教職科目である「教育科」は、「国体ニ淵源スル我ガ国教育ノ本義ヲ闡明シ国民教育ノ要諦ト共ニ児童及青年ノ身体的精神的発達及保健衛生ニ付テ習得セシメ教育実践ノ根柢ニ培ヒ教育者タルノ資質ヲ錬成スルヲ以テ要旨」とし、その科目は「教育、心理及衛生」とした（第五条）。修業年限が縮小されたこともあり、それまでの教育理論、教育史、教育制度、学校管理などが列挙されていた科目は削除され、簡易なものとなっている。

（2）　**教育職員免許法**

一九四九（昭和二四）年五月に制定された教育職員免許法（教免法）は、「教育職員の資質の保持と向上を図ることを目的」に（第一条）、「各相当の免許状を有する者」を教育職員とし（第三条）、免許状の種類を普通免許状、仮免許状、臨時免許状とするとともに、普通免許状は一級と二級に分け、普通免許状は、小学校教諭免許状、中学校教諭免許状、高等学校教諭免許状、盲学校教諭免許状、養護学校教諭免許状などと並んで、校長免許状、教育長免許状、指導主事免許状とし（第四条）、それぞれに要する基礎資格と大学における修得単位数の別表を付けている。小学校一級免許状を例にとると、学士の称号を有することを基礎資格とし、大学における最低修得単位数は、一般教養科目三六単位、教科に関する専門科目二四単位、教職に関する専門科目二五単位で、「盲学校ろう学校又は養護学校の教諭」の一級普通免許状を取得するには、教諭の普通免許状を有するほかに「特殊教育に関する専門科目」二〇単位が必要とされた。幼稚園・小学校の普通免許状を取得するに要する「教職に関する専門科目」は、教育心理学、児童心理学（成長と発達を含む）、教育原理（教育課程、教育方法及び指導を含む）、教育実習を、それぞれ四単位以上修得しなければならない（教免法施行規則第五条）。

一九四九（昭和二四）年の教免法が、校長・教育長・指導主事それぞれに対応する免許状を設けた点は特徴的であるが、このうち校長免許状に必要な「教職に関する専門科目」は、普通免許状に必要な「教職に関する専門科目」について修得した一五単位のほか、教育評価（精神検査を含む）、学校教育の指導及び管理（学校衛生を含む）、教育行政学（教育法規、学校財政及び学校建築を含む）、教育社会学及び社会教育各三単位以上修得しなければならないとされた（同規則第八条）。

教員の養成については、教育職員養成審議会（教養審）や中央教育審議会（中教審）の答申などによってたびたび改善方策が提言され、それらを反映して教免法も改正を重ねている。一九七二（昭和四七）年七月の「教員養成の改善方策について」、一九八三（昭和五八）年一一月の「教員の養成及び免許制度の改善について」、一九八七（昭和六二）年一二月の「教員の資質能力の向上方策等について」などは教養審の答申であり、二〇〇二（平成一四）年二月の「今後の教員免許制度の在り方について」、二〇〇六（平成一八）年七月の「今後の教員養成・免許制度の在り方について」などは、中教審の答申である。

現行の教免法は、免許状の種類を普通免許状、特別免許状、臨時免許状に分ける。普通免許状は、学校の種類（小・中・高）ごとの教諭免許状、養護教諭免許状、栄養教諭免許状で、それぞれ専修免許状、一種免許状、二種免許状（高校教諭にあっては専修免許状と一種免許状）に区分される。特別免許状は学校の種類ごとの教諭免許状である。臨時免許状は、学校の種類ごとの助教諭免許状及び養護助教諭免許状である。付言すると、養護教諭は「養護学校の教諭」ではなく、保健室などで子どもの養護に携わる教師のことである。

現行の教免法が定める普通免許状の一種免許状を例にとると、幼・小・中・高の各教諭にあっては、大学において修得することを必要とする科目として、「教科に関する科目」「教職に関する科目」「教科又は教職に関する科目」が挙げられており、それぞれ所定の単位数の修得が必要である。このうち、「教職に関する科目」について教免法施行規則は、幼・小・中・高ともに、「教職の意義等に関する科目」「教育の基礎理論に関する科目」「教育課程及び指導法に関する科目」「生徒指導、教育相談及び進路指導等に関する科目」「教育実習」「教職実践演習」の科目それぞれ必要な単位数を修得しなければならないとする。これら教職科目は、それぞれに含めるべき内容がさらに指定される。「教職実践演習」は、「教員として必要な知識技能を修得したことを確認する」科目で、養成段階で学生たちの実践的な力をつけることを重視するためのものである。これら法令上の科目に基づいて大学が開講する授業科目の題目は、基本的に各大学の自由に委ねられる。例えば、「教育の基礎理論に関する科目」に含めることが必要な事項とされる「教育の理念並びに教育に関する歴史及び思想」に関する科目は、そこで指定されている内容を含んでいれば、大学は具体的な開講科目として、「教育原理論」とか「教育基礎論」などの題目を付すことができるわけである。特別支援学校教諭にあっては、幼・小・中・高校の普通免許状を有するほか、「心身に障害のある幼児、児童又は生徒の心理、生理及び病理に関する科目」などの「特別支援教育に関する科目」の修得が必要とされる。

現行の教免法は、普通免許状・特別免許状には一〇年の有効期間を付し（教免法第九条）、この有効期間の満了の際には、教員は免許更新講習の受講によって期間を更新することができるとする（第九条の二）。講習は、文科大臣の認定を受けた大学その他文科省令で定める者が実施する（第九条の三）。校長・副校長・教頭・主幹教諭・指導教諭・指導主事等は更新講習を受ける必要はない（教免法施行規則第六一条の四）。二〇〇〇年頃から学力低下や教師の質などが社会的な問題とされていたが、安倍内閣（第一次）が二〇〇六（平成一八）年一〇月の閣議決定により設置した教育再生会議が取りまとめた第一次報告「社会総がかりで教育再生を」（二〇〇七年一月）で、「不適格教員は教壇に立たせない」とするとともに、「緊急対応」の一つとして「真に意味のある教員免許更新制の導入」を提言したことで、同二〇〇七（平成一九）年六月、前年の教育基本法改正に合わせたいわゆる教育関連三法改正の一環として教免法を一部改正し、免許更新講習の制度を設けて、二〇〇九（平成二一）年四月から本格実施に移されたものである。

一九四九（昭和二四）年に教免法が制定された当初、例えば小学校一級免許状を取得するには、教科に関する科目二四単位、教職に関する科目二五単位が必要とされていたが、現行法では、「教科に関する科目」八単位、「教職に関する科目」四一単位、「教科又は教職に関する科目」一〇単位となっており、教科科目の大幅減と教職科目の大幅増が目立つ。「教科又は教職に関する科目」一〇単位を全て教科科目に充てたとしても、かつての教科に関する専門科目二四単位に満たない。小学校の教師には、各教科よりも教職に関する知見が必要だとする方針の現れであり、それが目下求められている「教師の専門性」なのである。教員養成大学・学部・学科等の教授職において「学問的訓練」を受けた「研究者教授」よりも、教育現場での経験を積んだ「実務家教授」が重視されているゆえんでもある。初代文部大臣森有礼は「学問」と「教育」を分け、上級学校（大学）では学問を、下級学校（小学校等）では教育を行うとした。彼が教員養成を「正規の学校体系」とは異なる師範学校に委ねたのは、国民の形成において教師の果たすべき役割が重要と考えたからであると同時に、初等教育の任にあたる教師は、「学問」ではなく「教育」を旨とする学校で養成するのがふさわしいと考えたからにほかならない。かつて師範学校は、例えば一九〇八（明治四一）年当時の学校系統では、高等小学校卒業者（一五歳）が進学できる四年制（一九歳まで）の、いわば中等レベルの学校であり、二〇歳で卒業する旧制高校よりも一段低い学校に位置づけられていた。「学問・研究」と「教育」を分け、あたかも前者を崇高なもの、後者を俗なものとするかのような旧制度の教員養成政策の然らしめるところであった。

戦後の新教育制度にあっては、教員は大学で養成するとの方針がとられた（教育刷新委員会建議　一九四七年五月）。しかし実際は、小・中・高校の教師は「学問」に携わる「学者・研究者」でなく、「教育」を担当する「実務家」である（にすぎない）と、一段下に見る意識が、今に至るまで人々の中に根深く尾を引いている。教師は高度な専門職なのであり、高度専門職たる教員の養成は、「学術の中心として、広く知識を授けるとともに、深く専門の学芸を教授研究」する大学（学校教育法第八三条）において、丁寧に行われなければならず、教員養成大学・学部・学科は、学問・研究・教育を一体として行うに足る、十分な人的・物的・内容上の陣容を備えた機関である必要がある。

(3)　教師心得

一八七二（明治五）年の「学制」は小学校教師について、性別に関係なく二〇歳以上で「師範学校卒業免状」か「中学免状」を有することを、中学校教師について、二五歳以上で「大学免状」を有することを資格要件としていた（第四〇章、第四一章）ほかには、特にこれといった定めを置いていなかったが、翌年五月に東京の師範学校は、教員資格とは別の、一四カ条から成る「小学教師心得」を制定した。その第一条は言う。「凡（およそ）教師タル者ハ学文算筆ヲ教フルノミニ非ス父兄ノ教訓ヲ助ケテ飲食起居ニ至ル迄心ヲ用ヰテ教導スベシ故ニ生徒ノ中学術進歩セズ或ハ平日不行状ノ徒アラバ教師タル者ノ越度タル可シ」。教師は、知識を教えるだけでなく、起居飲食に至るあらゆる面で子ども達を指導すべきであり、学力・行動の面で不振な者があれば、それは挙げて教師の責任である、というのである。続けて第二条は、「生徒ヲ誘導シテ信従セシメ親切篤実ニ訓誡シテ懶惰（らんだ）ノ風ヲ生ゼシム可ラズ」と定める。「教師ノ訓誡ハ生徒必ス敬ミテ」従わなくてはならないのだから、「教師ノ心正シカラズ其行ヒ浮薄ニシテ世人ノ侮慢ヲ受ル時ハ生徒モ亦教師ヲ信ゼズシテ訓誡ニ従ハザル」（第五条）とも。教師は公私ともに心正しくしなくてはならないと要求されたわけである。東京の師範学校は当時の教員養成の拠点であったから、この心得は、同じ年の一カ月後に編まれた先述（四1⑴）の「小学生徒心得」とともども全国に波及し、日本の教師と小学生のあるべき姿として深層に植え付けられ、今なお地下水脈の如く受け継がれているのである。

一八八一（明治一四）年六月、文部省は、「苟モ小学教員ノ職ニ在ル者夙夜黽勉服膺シテ忽忘スルコト勿レ」とする前文を掲げた全一五項から成る、詳細な「小学校教員心得」を発出した。その第一項は次のような文言である。「人ヲ導キテ善良ナラシムルハ多識ナラシムルニ比スレハ更ニ緊要ナリトス故ニ教員タル者ハ殊ニ道徳ノ教育ニ力ヲ用ヒ生徒ヲシテ皇室ニ忠ニシテ国家ヲ愛シ父母ニ孝ニシテ長上ヲ敬シ朋友ニ信ニシテ卑幼ヲ慈シ及自己ヲ重ンスル等凡テ人倫ノ大道ニ通暁セシメ且常ニ己カ身ヲ以テ之カ模範トナリ生徒ヲシテ徳性ニ薫染シ善行ニ感化セシメンコトヲ務ムヘシ」（ふりがなは森部）。教師たる者は自ら進んで模範となるべきだという点は先の「小学教師心得」と共通するが、「小学教師心得」にはなかった、「皇室ニ忠ニシテ国家ヲ愛シ父母ニ孝ニシテ長上ヲ敬シ朋友ニ信ニシテ」との一文は、一〇年ほど後の「教育勅語」の「臣民克ク忠ニ克ク孝ニ」「爾臣民父母ニ孝ニ兄弟ニ友ニ夫婦相和シ朋友相信シ」と相似していることは注目に値する。この「小学校教員心得」は、戦後の憲法・教基法のもとに新しい学校教育体制が成立するまで、小学校教師の守るべき準則とされたが、「多識」よりも「人ヲ導キテ善良ナラシムル」ことの方が大事だとするくだりは、現行教免法の、「教科に関する科目」よりも「教職に関する科目」を重視する姿勢に通じるところがある。

戦争末期、状況が逼迫した一九四五（昭和二〇）年五月、「戦時教育令」第二条は教師に求めて曰く、「教職員ハ率先垂範学徒ト共ニ戦時ニ緊切ナル要務に挺身シ倶学倶進以テ学徒ノ薫化啓導ノ任ヲ全ウスベシ」。教師の仕事はもはや教育・学習指導ではなく、「食糧増産、軍需生産、防空防衛、重要研究等戦時ニ緊切ナル要務ニ挺身セシムルト共ニ戦時ニ緊要ナル教育訓練」（第三条）だけであった。

(4) 教員の資質

一九四七（昭和二二）年の教育基本法は、教師について、「全体の奉仕者であって、自己の使命を自覚し、その職責の遂行に努めなければならない」と規定した（第六条第二項）。「全体の奉仕者」は、憲法第一五条第二項の、「すべて公務員は、全体の奉仕者であって、一部の奉仕者ではない」と文言を同じくする。「全体の奉仕者」とは、支配者としての官吏・官僚としてでなく、国民の信託を受けた「公僕」として国民全体に奉仕しなければならないという意味である。教師は、皇国主義における官吏でも軍国主義における将校でもない、さらにまた、「呼吸をしている教育機器」でも「個性を欠く官僚」でもない、国民全体に対して職責を果たすべき、人間的心情を豊かに具えた、教育に携わる「実践的知識人」たるべきなのである。

一九四八（昭和二三）年七月の「マッカーサー書簡」に基づいて教師の「争議権」に制限が加えられたり、一九五〇（昭和二五）年六月に朝鮮戦争が勃発するなどの状況下、かつて戦前・戦中に教師が果たした役割に反省と自己批判を込めて、戦後の平和で民主的な学校教育に積極的に貢献しようと、一九四七（昭和二二）年六月に結成した日本教職員組合（日教組）は、一九五二（昭和二七）年六月の定期大会で、「教師の倫理綱領」を決定した。それは、「半封建的な超国家主義体制のもとで、屈従の論理を強いられてきた」日本の教師は、「因習をたちきり、新たな倫理をもたなければならぬ」とするもので（まえがき）、「教師は日本社会の課題にこたえて青少年とともに生きる」「教師は平和を守る」「教師は教育の自由の侵害をゆるさない」「教師は労働者である」「教師は団結する」など一〇項目から成る。この綱領はその後一九六一（昭和三六年）に部分的に改訂されたが、日教組が退潮している現在、以前のような熱情と力強さを十分発揮しえていないように見受けられる。

教師はかつて人々の模範として、四六時中「聖職者」であることを求められたが、憲法・教基法のもとで教員組合が結成され、教師もまた労働者であるとの意識・主張が強まった。一方で、教師は模範的な振る舞いをすべきであるとの考えは国民の間になお根強く、教師自身にもそうした「自負」があった。戦後二〇年余り経ってからもなお、教師は労働者か聖職者かという論争が交わされたのは、教師がいかなる職であるかがなお明確に確立していなかったからにほかならない。ユネスコ特別政府間会議が一九六六年一〇月、「教育を受ける権利が基本的人権であることを想起し」「教育の進歩における教員の果たす不可欠の役割」の重要性を認識し、「教員がこの役割にふさわしい地位を享受することを保障する」ための、「教員の地位に関する勧告」を採択し、その第六項で、「教育の仕事は、専門職とみなされる」としたのを機に（引用部分の訳文は、市川須美子他『教育小六法　２０２０』学陽書房　所収）、教師は教育の専門職であるとの認識が一般的なものになっていったが、しかしなお、教師のあり方についての論争は収束しなかった。例えば一九七四（昭和四九）年の参議員選挙では，自民党が「聖職論」、社会党が「労働者論」、公明党が「使命聖職論」、民社党が「聖職勤労者論」、共産党が「聖職専門家論」を掲げて競い合うといった具合であった。現在はこの種の論争は特に目立っておらず、教職は専門職であるという点で大方が了解している。

一九九〇年頃から、指導力や人格に不足な面がある「問題教師」「Ｍ教師」が社会的にクローズアップされたことがあった。二〇〇〇（平成一二）年一二月に「教育改革国民会議報告――教育を変える一七の提案――」が、一一番目の提言「教師の意欲や努力が報われ評価される体制をつくる」の中で、「効果的な授業や学級運営ができないという評価が繰り返しあっても改善されないと判断された教師については、他職種への配置換えを命ずることを可能にする途を拡げ、最終的には免職などの措置を講じる」と述べたのは、こうした事情を背景とする。翌二〇〇一（平成一三）年七月、「地方教育行政の組織及び運営に関する法律」が一部改正され、第四七条の二を追加して、「児童又は生徒に対する指導が不適切であること」「研修等必要な措置が講じられたとしてもなお児童又は生徒に対する指導を適切に行うことができないと認められること」の両方に該当する県費負担教職員（公立学校の教師）は、これを免職し、他の常勤職に採用することができることになった。この場合の「免職し……採用する」は、免職だけ行われて採用されないという意味ではなく、「免職—採用」は一体不可分としてなされるという意味である（平成一三年八月二九日文部事務次官通知）。教師の資質に欠ける者を教育現場から外し、教職以外の職に移す措置である。教育再生会議の第一次報告「社会総がかりで教育再生を」（二〇〇七年一月）がより端的に、「不適格教員は教壇に立たせない」としたことについては、前述した（五1⑵）。

教師のあり方ないし教師の資質等については、教育職員養成審議会においてはもとより、二〇〇一（平成一三）年一月に諸審議会を整理・統合した後の中央教育審議会においても、例えば左に掲げるような答申によって、これまで何度か提言されている。

教育職員養成審議会答申

・平成九年七月一日「新たな時代に向けた教員養成の改善方策について」

・平成一〇年一〇月二九日「修士課程を積極的に活用した教員養成の在り方について
——現職教員の再教育——」

・平成一一年一二月一〇日「養成と採用・研修との連携の円滑化について」

中央教育審議会答申

・平成一八年七月一一日「今後の教員養成・免許制度の在り方について」

・平成二四年八月二八日「教職生活の全体を通じた教員の資質能力の総合的な向上方策について」

・平成二七年一二月二一日「これからの学校教育を担う教員の資質能力の向上について
～学び合い、高め合う教員育成コミュニティの構築に向けて～」

教師の資質をめぐっては、かつて、私立学園の中・高校に採用された教師が、校長に対する礼儀を欠いていること、言語表現・対人関係が粗野であること、不潔であること等を理由に解雇されたため、教師が同学園の教師であることの確認と賃金の支払い等を求めた事件があった（いわゆる「ノーネクタイ事件」）。裁判所は教師の請求を認めた。「たまたま教師が職員室で校長に欠礼したとしても、これをもって教諭としての職業上の不適格性の徴ひょうとすることはできない」「(当該教師は）無口かつ非社交的であって、敬語などを十分使用せず、標準語をまくし立てることはできないが、……講義をするのにも言語上障害があるものではない」「ネクタイを着用していなかったことをもって教師としての適格性判定の資料とすることはできないのである。また頭髪をぼさぼさにし、教員室の机の上でふけ落しをしていることは、好ましい風景ではないけれども、……それは教師として必要な智識、授業能力、指導力などと全く無縁なことであるから、これをもって教師としての適格性を占うことはできない」（東京地判昭和四六年七月一九日　判時六三九号六一頁）。判決はまた、「巧言令色すくなし仁」という論語の一節を引用して、地方出身のこの原告教師を擁護している。一方で、生活態度が放恣に流れて品位に欠けるとか、勤務時間中に飲酒して生徒と論争したとかで分限免職された例も見受けられる（例えば、福岡高裁宮崎支部判昭和四一年一〇月三一日、大阪地判昭和五一年一一月一五日など）。

教育の基本は、前を行く者が後に続く者に人類の歩みと知恵を伝達し、子ども達の自立と前進を促す人間的営みであり、教師は学校においてその営みに携わる専門職である。日本の近代教育の歴史の中で教師は、時に権力の伝達者・下僕に貶められ、権力によってその資質を歪んだ形で都合よく育成された時代もあった。教育が子ども達に知識と技能を伝え、子ども達の成長発達と自立を支援する営みである以上、教師は、安易に時代の雰囲気や流行に左右されたり、教育の論理以外の夾雑物に惑わされてはならないのであって、教師の資質はこれを基本に形成されるべきものである。

2　社会教育

教育と言えば学校教育のことだと考えるのが多くの人々の通念であるが、教育は学校だけで営まれるものではない。家庭でも地域でも職場でも、教育と学習は社会のあらゆる場所と場面で行われる。「社会教育」はそうしたもののうち、学校以外で公的に、組織的・意図的に行われる教育である。

(1)「国難」における「教化・思想善導」

教育・学習は人間の自然な営みであり、わが国でも社会における教育は、江戸時代の「若者組」のように古くからあって、近代に限っても、その組織化は「学制」以前から進みつつあった。一八七一（明治四）年に設置された文部省は博物局を置き、翌一八七二（明治五）年三月に東京の湯島聖堂で文部省博物館として最初の博覧会を開催、同年八月には同じ湯島聖堂に、現在の図書館に当たる書籍館（しょじゃくかん）を開設している。これが近代日本における制度的な社会教育の始まりである。当初わが国には「社会教育」という公式の用語はなく、一八八五（明治一八）年当時、文部省学務局第三課の所掌事務として「通俗教育ニ係ル事」を掲げていて、「通俗教育」がそれに相当していた（「通俗教育」が「社会教育」に改称されたのは一九二一年六月の文部省の改組によってである）。「学制」公布当時は学校教育の整備に重点が置かれていたため、社会教育に関する方策には格別目立つものはなく、当時の公的な社会教育事業は主に博物館と書籍館を拠点に行われていた。一八九九（明治三二）年一一月には図書館令（勅令）を制定し、図書館を道府県市町村に設置することにしたのは、政府がこの時期、図書館に力を入れ、図書館がわが国における社会教育の先駆であったことを示す。

国が社会教育の施設だけでなく、その活動に積極的に関与するようになったのは、一九〇四（明治三七）年二月から翌年八月にかけての日露戦争を契機とする。戦勝によるナショナリズムの高揚の半面、地方財政や国民生活は困窮し、社会問題が顕在化する中で、内務省は一九〇五（明治三八）年九月に地方局長通牒「地方青年団体向上発達ニ関スル件」を発し、次いで文部省も同年一二月、普通学務局通牒「青年団ニ関スル件」を発した。さらに一九一八（大正七）年九月には文部省と内務省は共同で「青年団体振興督励ニ関スル件」を訓令した。第一次世界大戦（一九一四～一八年）やロシア革命（一九一七年）などをきっかけに社会主義・民主主義・自由主義思想が流入した状況を「思想国難」と捉えたことがその背景をなす。既に一八九三（明治二六）年には尋常小学校卒業以上の者のために、「職業ニ要スル知識技能ヲ授クル所」として実業補習学校が設置されていたが、一九二六（大正一五）年四月、同じような年齢にある青少年に対し、「青年ノ心身ヲ鍛練シテ国民タルノ資質ヲ向上セシムル」ことを目的に青年訓練所令を定めるなど、国は青年層に対する社会教育に力を注いだ。一九二三（大正一二）年九月の関東大震災による深刻な社会不安を克服しようとして政府は同年一一月、「国民精神作興ニ関スル詔書」を発布し、国民教化を推進した。青年だけでなく、国民全体を対象とする社会教育を本格化したのである。

青少年団体に関する事務が内務省から全面的に文部省に移ったことを契機に、一九二九（昭和四）年七月、社会教育課は社会教育局に昇格し、文部省はさらに積極的に社会教育を推進する体制を整えていった。労働運動や左翼政党などに対する取り締まりを厳しくしていたわが国は、この年八月、教化総動員運動を展開した。同年一〇月にアメリカで株式市場が暴落し、世界恐慌の影響を受けたわが国は、不況からの脱却を海外への進出に向かわせたが、この状況の中で社会教育は、国民の思想教化の色彩をいっそう強くしていった。一九三三（昭和八）年八月には、「国家的指導原理タル日本精神ヲ闡明(せんめい)シ之ヲ普及徹底セシム」とする「思想善導方策」が閣議決定され、在郷軍人団、青少年団体、婦人団体、教化団体などの活動を奨励することとした。

一九三五（昭和一〇）年に天皇機関説事件が起きると、文部省は同年四月、「我ガ尊厳ナル国体ノ本義ヲ明徴ニシ之ニ基キテ教育ノ刷新ト振作トヲ図リ以テ民心ノ嚮フ所ヲ明ニスルハ文教ニ於テ喫緊ノ要務トスル所ナリ」との訓令を発し、教育に関与する者はこの重大な責任を自覚し、国体の本義に疑惑を生じるような言説は厳に戒めるよう求めた。この訓令は直接には各地方長官・帝国大学総長・直轄諸学校長・公私立大学・専門学校長・高等学校長に宛てたものであったが、ここで求められたことは広く社会教育にも影響を及ぼした。一九三七（昭和一二）年八月には「国民精神総動員」を閣議決定し、「挙国一致堅忍不抜ノ精神ヲ以テ時局ニ対処スルト共ニ今後持続スベキ時艱（じかん）ヲ克服シテ愈々皇運ヲ扶翼（ふよく）シ奉ル為此ノ際時局ニ関スル宣伝方策及国民教化運動方策ノ実施トシテ官民一体トナリテ一大国民運動ヲ起サントス」とした（ふりがなは森部）。社会教育はもはや「教育」でなく「教化」なのであった。

社会教育は当初、博物館や図書館の施設を軸に展開され、やがて日露戦争以後、その時々の経済国難・思想国難を克服し国民の意識を統一する意図のもと、青年や国民全体を対象とする団体を中心に、国家主義・軍国主義に資する「国民教化」「思想善導」という役割を担ったのである。「我が国のばあい、第二次大戦前の社会教育は、徹頭徹尾官府的社会教化事業であった」（碓井正久）とされるゆえんである。

(2)　社会教育の展開

戦後の社会教育の再建に向けた動きは、学校教育におけるそれと並んで早く、文部省は一九四五（昭和二〇）年九月の「新日本建設ノ教育方針」で、「社会教育ノ全般ニ亘リ之ガ振作ヲ図ル」とし、一一月には文部次官が「社会教育振興ニ関スル件」を通達し、青少年・婦人団体の設置勧奨、学校施設の開放、各種社会教育団体の活動促進、図書館・博物館等の整備などを地方長官に依頼している。翌一九四六（昭和二一）年五月には文部次官が地方長官宛に「公民館の設置運営について」を発出し、公民館を、「常時に町村民が打ち集って談論し読書し、生活上産業上の指導を受けお互の交友を深める場所」「謂はば郷土における公民学校、図書館、博物館、公会堂、町村集会所、産業指導所などの機能を兼ねた文化教養の機関」と性格づけ、その設置を奨励した。公民館は、敗戦によって荒廃した日本社会で、教養と文化を進め心のオアシスとなって人々を育くむ場所と施設がほしいと、時の文部省課長・寺中作雄が、一九四六（昭和二一）年の小冊子『公民館の建設』で構想したもの（「寺中構想」）がモデルとなっている。

一九四七（昭和二二）年の教基法は社会教育について、「家庭教育及び勤労の場所その他社会において行われる教育は、国及び地方公共団体によって奨励されなければならない」と規定した（第七条）。一九四八（昭和二三）年四月の教育刷新委員会建議「社会教育振興方策について」などを受けて翌年六月に制定された社会教育法（社教法）は、社会教育とは「学校教育法に基き、学校の教育課程として行われる教育活動を除き、主として青少年及び成人に対して行われる組織的な教育活動（体育及びレクリエーションの活動を含む）をいう」と定義し（第二条）、国及び地方公共団体は社会教育の奨励に必要な環境の醸成に努めなければならないと定めた（第三条）。続いて図書館法（一九五〇年四月）、博物館法（一九五一年一二月）、青年学級振興法（一九五三年八月。一九九九年七月廃止。）などの制定があり、社会教育法制が整備されていった。

社会教育関係団体（公の支配に属しない団体で社会教育に関する事業を行うことを主たる目的とするもの。社教法第一〇条）としてのＰＴＡ（父母と先生の会）の発足、主として農村で働く青年たちの盛んな学習活動、地域青年団の全国的な連合体としての日本青年団協議会の結成、学校を開放しての講座の開設、社会教育に携わる専門職である社会教育主事の大学での養成（社会教育主事講習）等々、日本国憲法と、憲法の精神に則った教基法の理念をもとに、発足当初の社会教育は、必ずしも十分な施設・設備にめぐまれていたわけではなかったが、活力に富んでいた。

やがて経済が復興し、高度経済成長の時代を迎えて農村の若者たちが大都市に流入するようになり、高校進学率も上昇するなどの環境の変化につれ、青年たちの自主的な社会教育活動（例えば青年学級など）は次第に往年の盛況ぶりが下降していったが、社会教育施設は経済成長の中で充実し、一九六〇（昭和三五）年には、青年のための集団宿泊訓練施設として静岡県御殿場市に国立中央青年の家が設置され、これを手始めに一九七六（昭和五一）年までに計一三カ所の国立青年の家が、文部省附属の組織として整備されていった。青年の家や少年自然の家など、従来の公民館とは異なる社会教育施設が各地に登場するようになったのも一九六〇年代以降のことである。一九七一（昭和四六）年四月の社会教育審議会答申「急激な社会構造の変化に対処する社会教育のあり方について」は、社会教育は多様な機会と場所において行われる学習活動を広く捉えるべきであること、家庭教育・学校教育・社会教育の有機的役割分担を確立するとともに生涯教育の観点から体系化を図るべきこと、社会教育の内容・方法の多様化・高度化を図るべきこと、などを提言している。

「生涯教育」と「生涯学習」は、しばしば同一の概念として、あるいは混同されて使われるが、一九八一（昭和五六）年六月の中教審答申「生涯教育について」は、生涯学習と生涯教育を次のように区分する。生涯学習とは、自己の充実・啓発や生活の向上のため、各人が自発的意思に基づいて、必要に応じ、自己に適した手段・方法を自ら選んで生涯を通じて行う学習であり、生涯教育とは、自ら学習する意欲と能力を養う生涯学習を助けるために、社会の様々な教育機能を相互の関連性を考慮しつつ教育制度全体を総合的に整備・充実しようとすることである、と。生涯学習は、学校教育や社会教育や家庭教育を含めて人の生涯にわたる自発的な自己学習活動であり、生涯教育は、生涯学習を援助・充実するための施策・制度であるというわけである。

ユネスコが「学習権宣言」を出した翌一九八六（昭和六一）年四月の臨教審の教育改革に関する第二次答申と、その翌年四月の第三次答申は、ともに生涯学習体系への移行を提唱した。教育における学習権と生涯学習の概念はこうして定着していった。一九八八（昭和六三）年七月に文部省が社会教育局を生涯学習局に改組したことや、一九九〇（平成二）年六月に「生涯学習の振興のための施策の推進体制等の整備に関する法律」が制定されたこと、そして同年八月に社会教育審議会が生涯学習審議会と改称されたことなどは、そうした動向の現れであった。

社会教育は、生涯教育・生涯学習の一領域であり、学校教育以外のさまざまな場と機会に行われる活動であるが、子育て支援、まちづくり、市民活動、高齢者学習、女性のキャリア形成、NPO活動等々多岐に及ぶとともに、制度的にも大小の改革が加えられている。二〇〇三（平成一五）年六月、時の政権の「骨太改革」の一環として地方自治法が一部改正され、都道府県や市町村など普通地方公共団体が指定する者に公の施設の管理を行わせることとしたが（第二四四条の二第三項）、それは社会教育施設の管理にも影響を及ぼした。この「指定管理者制度」の導入により、例えば各地で、生涯学習センター、コミュニティセンター、県・市立図書館、青年の家、少年自然の家、文化センター、野外センター、総合スポーツセンターなど、社会教育施設の多くが民間事業者の管理に委ねられるようになった。また、一九六〇年代頃から青少年の団体宿泊訓練のための施設として順次設置された全国一三カ所の国立青年の家と、一九七五（昭和五〇）年から順次開設された全国一四カ所の国立少年自然の家が、二〇〇六（平成一三）年に合併されて、独立行政法人国立青少年交流の家に改称されたことなども、改革の例である。こうした合理化・効率化の動きが、社会教育の充実に真に資するものであるかどうかについては、注意深い検討を要する。

社会教育の改革に直接間接の影響を促すこととなった文書としては、社会教育関係審議会の答申がある。生涯学習審議会以後の最近までの主な関連答申を挙げると次の通りである。

生涯学習審議会答申

・平成四年七月二九日「今後の社会の動向に対応した生涯学習の振興方策について」
・平成八年四月二四日「地域における生涯学習機会の充実方策について」
・平成一〇年九月一日「社会の変化に対応した今後の社会教育行政の在り方について」
・平成一二年一一月二八日「新しい情報通信技術を生かした生涯学習の推進方策について」

中央教育審議会答申
・平成一四年七月二九日「青少年の奉仕活動・体験活動の推進方策等について」
・平成二〇年二月一九日「新しい時代を切り拓く生涯学習の振興方策について～知の循環型社会の構築を目指して」
・平成二五年一月二一日「今後の青少年の体験活動の推進について」
・平成三〇年一二月二一日「人口減少時代の新しい地域づくりに向けた社会教育の振興方策について」

(3)　学習の自由と表現の自由

旧制度下の社会教育が極端な国家主義に彩られていたこともあり、憲法・教基法体制での社会教育は、人々の自由で自発的な学習の保障を旨とした。社会教育法が当初、民間の社会教育関係団体の自主的・積極的な活動を奨励し助長するため、「国及び地方公共団体は、社会教育関係団体に対し、いかなる方法によっても、不当に統制的支配を及ぼし、又はその事業に干渉を加えてはならない」とするとともに（第一二条）、「国及び地方公共団体は、社会教育関係団体に対し、補助金を与えてはならない」としたのは（第一三条）、この趣旨を表現したものにほかならない。一九五四（昭和二九）年五月に社団法人日本図書館協会が「図書館の自由に関する宣言」を出し、「基本的人権の一つとして、『知る自由』をもつ民衆に、資料と施設を提供することは、図書館のもっとも重要な任務である。図書館のこのような任務を果すため、我々図書館人は次のことを確認し実践する。①図書館は資料収集の自由を有する。②図書館は資料提供の自由を有する。③図書館はすべての不当な検閲に反対する。図書館の自由が侵される時、我々は団結して、あくまで自由を守る」としたのも、こうした文脈に位置づく。しかし一九五九（昭和三四）年に社教法第一三条は、国又は地方公共団体は、国にあっては審議会等の、地方公共団体にあっては社会教育委員の会議等の意見を聴いて、社会教育関係団体に補助金を交付することができる旨改正された。この改正をめぐっては関係者の間から、補助金交付を通じて行政が社会教育活動に干渉してくるのではないかとの危惧・反対が起き、学界・実践界で「サポート・バット・ノーコントロール」（助成すれども統制せず）が主張された。

社会教育活動と行政の関係をめぐってはその後、住民の学習に携わる社会教育主事が不当に配置転換されたとする事件（一九六六～六九年にかけての長野県喬木村や、一九九〇～九四年にかけての埼玉県鶴ヶ島市などにおける社会教育主事配転問題など）、公民館などの社会教育関係施設での集会・会合に行政側が使用を認めず、あるいはいったん使用を許可した後に許可を取り消すといった事例が発生した。社会教育の代表的・典型的な施設である公民館の使用ないし公民館での活動に関係する裁判事例の幾つかを挙げると次の通りである。

・公民館の使用許可の取消事件　鹿児島地決昭和四八年四月二六日
・同和関係集会のための公民館使用の拒否事件
　福岡地裁小倉支部判昭和五六年三月二六日
・国政選挙のための市民会館・学校・公民館の使用事件
　千葉地判昭和五八年三月二三日
・ミュージカル公演のための公民館・学校施設使用の不許可事件
　鹿児島地判昭和五八年一〇月二一日
・日米演習反対集会のための公民館使用許可の取消事件
　福岡高裁宮崎支部判昭和六〇年三月二九日
・ごみ焼却場建設計画反対懇談会の公民館使用許可の取消事件
　福岡地裁小倉支部判平成元年一一月三〇日

佐賀地判平成一三年一一月二二日

・公民館類似施設に対する固定資産税等の減免事件

熊本地判平成一七年四月二一日

福岡高判平成一八年二月二日

・「公民館だより」への句会作品の掲載拒否

さいたま地判平成二九年一〇月一三日

東京高判平成三〇年三月一日

最一決平成三〇年一二月二〇日

これらはそのほとんどが、使用不許可の取消しや損害賠償を求める個別具体的な争いであるが、その内実を注意深く眺めると、国や自治体の政策・施策に批判的な集会を行おうとして主催者側が使用を申請し、これに対して施設側が拒否するようなケースであることが少なくなく、そのような事案では、原告側（使用を拒否された側）は、裁判による当該政策・施策の批判や新たな法解釈を通じて当該政策・施策の見直し・形成、さらには政策批判や法創造をめざし、人々の支援をも受けて広範な「裁判闘争」ないし「法廷フォーラム」の展開となって、多かれ少なかれ政治的な色彩を帯びるのである。

例えば、右に挙げた事例のうち「ミュージカル事件」は、主任制反対闘争の一環として教員組合が、劇団によるミュージカルを県立高校体育館と公民館で実施しようと、それぞれ学校長と公民館長に使用許可を申請したところ、いずれも認められなかったので、組合側が県と市に損害賠償を請求したものであるが、その背後には、主任制を導入することの是非の問題が控えていた。裁判所は、主任制導入の問題については言及しなかったが、公民館長の使用不許可処分は違法とした。「公民館の事業の一つには『その施設を住民の集会その他の公共的利用に供すること』（社会教育法二二条六号）がある。……原告組合主催の本件公演会場としての使用は、本件公民館の設置目的に合し、その行う事業に該当するものと認められ、かつ右不許可理由に該当する事実を認めるに足る証拠はない」「主任制反対運動の一環であるとの理由から右公民館長の使用許可をしなかったこと自体が地方自治法二四四条二項にいう正当な理由なくして公の施設の利用を認めなかったものであって、……（公民館長の）右行為は、憲法二一条に規定する集会の自由を侵害した違法な行為であったと言わなければならない」（鹿児島地判昭和五八年一〇月二一日　訟務月報三〇巻四号六八五頁）。

また、「公民館だより俳句掲載拒否事件」は、市のA公民館で活動する句会の会員であった者が、秀句に選ばれた自作の句（梅雨空に「九条守れ」の　女性デモ）を、毎月発行の「公民館だより」に掲載するよう公民館に提出したところ、同句は世論を二分するテーマを扱ったものであるとして掲載不可とされたため、市に対し、掲載と損害賠償を請求した事案である。一審は請求を一部認容した。「本件句会の名称及び作者名が明示されることになっていることからすれば、A公民館が、本件俳句と同じ立場にあるとみられることは考え難いから、これを掲載することが、直ちにA公民館の中立性や公平性・公正性を害するということはできない」「職員らは、原告が、憲法九条は集団的自衛権の行使を許容するものと解釈すべきではないという思想や信条を有しているものと認識し、これを理由として不公正な取扱いをしたというべきである」「職員らが、原告の思想や信条を理由として、本件俳句を本件たよりに掲載しないという不公正な取扱いをしたことにより、……本件俳句が掲載されるとの原告の期待が侵害されたということができる」（さいたま地判平成二九年一〇月一三日　WEB：裁判所 COURTS IN JAPAN）。控訴審も不掲載を違法とした。「A公民館は、……本件句会が提出した秀句を一度も拒否することなく継続的に本件たよりに掲載してきており、……本件俳句については、それまでの他の秀句の取扱いと異なり、その内容に着目し、本件俳句の内容が、その当時、世論を二分するような憲法九条が集団的自衛権の行使を許容するものであるとの解釈に反対する女性らのデモに関するものであり、……本件たよりに掲載するとA公民館の公平性・中立性を害するとの理由で掲載を拒否したのである」「第一審原告の思想、信条を理由に、これまでの他の住民が著作した秀句の取扱いと異なる不公正な取扱いをしたものであり、これによって、第一審原告の上記人格的利益を違法に侵害したというべきである」「ある事柄に関して意見の対立があることを理由に、公民館がその事柄に関する意見を含む住民の学習成果をすべて本件たよりの掲載から排除することは、そのような意見を含まない他の住民の学習成果の発表行為と比較して不公正な取扱いとして許されないというべきである」（東京高判平成三〇年三月一日）。最高裁は上告不受理の決定をした。「九条俳句事件」は、社会教育における学習活動と学習成果の発表、これに対応する社会教育職員のあり方が問われたものであり、これらはいずれも社会教育の基本に関わる問題である。

社会教育と関連してはこのほか、二〇一九（令和元）年八月から一〇月まで愛知芸術文化センターで開催された国際芸術祭「あいちトリエンナーレ」の一環として展示された「表現の不自由展・その後」に、慰安婦問題を扱う作品や憲法九条、昭和天皇、米軍基地、原発、人種差別などを扱った作品が展示されたことから、「撤去しなければガソリン携行缶を持ってお邪魔する」などの脅迫的な抗議のメール・ファクスや電話が殺到し、入場者の安全を考えて展示が三日間で中止となり（その後、会期末の一週間前に再開された）、そのため、当初予定されていた国・自治体からの補助金交付が一時凍結されるといった事例が生じた。さらに、二〇二〇（令和二）年秋に開催予定であった国際芸術祭「ひろしまトリエンナーレ」が、新型コロナウイルスの感染拡大防止を理由に中止されたが、実際には中止以前のプレイベントで、「表現の不自由展・その後」に出展した作家の作品が並べられたことから県に多くの批判が寄せられたため、実行委員会事務局の広島県が外部委員会を設置し、展示内容を事前に確認する方針を表明したことに対し、総合ディレクターが辞任するなどの混乱があったとされる（朝日新聞二〇二〇年四月二一日朝刊）。創造的な芸術活動や自由な学習活動に政治への関心・言及や批判が伴うことは十分ありうるところ、芸術や学習における成果としての政治的な姿勢・見解を表明する試みを、この国の政治（政権）は「中立性」を、一部の国民は「反日」を理由に、許そうとしない。知性と柔軟性を欠くこうした不寛容とともに、二〇一二年末頃からの政治状況のもとで「息苦しさ」を感じてきた多くの人々の間に、鬱積した不安と苛立ち、差別や独善、分断や忖度が横行し、唆(そその)かされ煽(あお)られやすくなったわが国の「空気」が、ある意味で見事に芸術・文化・社会教育の分野で発揮された出来事ではあった。

3　人権・法と教育

(1)　子どもの人権

近代の人権宣言文書は、その発祥の地・アメリカでもフランスでも、「すべて人は生来ひとしく自由かつ独立しており、一定の生来の権利を有するものである」（一七七六年「ヴァージニア権利章典」第一条）や、「人は、自由かつ権利において平等なものとして出生し、かつ生存する」（一七八九年「人および市民の権利宣言」第一条）のように、その主語は、「人」「人民」「すべての市民」「何人も」であった。「人」の中には子どもも含まれるから、子どもの人権も当然保障される筈であるが、子どもに焦点を当てた人権文書が登場したのは二〇世紀に入ってからのことである。第一次大戦や感染症で多くの子ども達が犠牲になったことを踏まえて、一九二四年九月に国際連盟総会で採択された「児童の権利に関するジュネーブ宣言」がそれである。ジュネーブ宣言は、前文で、全ての国民は児童に最善のものを与えるべき義務を負うとした上で、児童は、身体的・精神的両面における正常な発達に必要な諸手段を与えられ、飢えた時は食物を与えられ、病気の時は看病され、危難の際には最初に救済を受けなければならない等、五カ条を掲げた。

第二次大戦後の一九四八年一二月には国際連合総会が世界人権宣言を採択したが、そこでも主語はいずれも「すべて人は（All human beings）」「何人も（Everyone）」であった。第二六条の「すべて人は、教育を受ける権利を有する」の中心は子どもにほかならないが、主語は「子ども」ではなかった。

一九五九年一一月、国連総会は、「人類は児童に対し、最善のものを与える義務を負う」との前文を付した「児童の権利に関する宣言」を採択した。その内容は、一九二四年のジュネーブ宣言や世界人権宣言を踏まえたもので、子どもを主体とし、「身体的、精神的又は社会的に障害のある児童は、その特殊な事情により必要とされる特別の治療、教育及び保護を与えられなければならない」（第五条）、「児童は、あらゆる放任、虐待及び搾取から保護されなければならない」（第九条）など、全一〇カ条から成る。しかし現実には、格調高い文言にもかかわらず、法的拘束力のない、いわば心構えに過ぎない「宣言」に留まるものであったために、そこで謳われた人権の多くは十分には実現せず、子ども達は、戦争や紛争や飢餓やおとな達の都合で多大な悲惨と苦痛に見舞われ続けた。

一九八九年一一月に国連総会で採択された「児童の権利に関する条約」は、「極めて困難な条件の下で生活している児童が世界のすべての国に存在する」こと（前文）を念頭に、拘束力のある法規範として制定されたものである。一八歳未満のすべての者を児童とした上で（第一条）、児童は、「児童又はその父母若しくは法定保護者の人種、皮膚の色、性、言語、宗教、政治的意見その他の意見、国民的、種族的若しくは社会的出身、財産、心身障害、出生又は他の地位にかかわらず、いかなる差別も」受けないこと（第二条）、「生命に対する固有の権利を有すること」（第六条）、「その児童に影響を及ぼすすべての事項について自由に自己の意見を表明する権利」を有すること（第一二条）などをはじめ、表現の自由、思想、良心及び宗教の自由、宗教又は信念を表明する自由、結社の自由及び平和的な集会の自由、国の内外の多様な情報源からの情報及び資料を利用することができること、精神的又は身体的な障害を有する児童が、その尊厳を確保し、自立を促進し及び社会への積極的な参加を容易にする条件の下で十分かつ相応な生活を享受すべきであること、初等教育を義務的なものとし、すべての者に対して無償のものとすること、あらゆる形態の性的搾取及び性的虐待から児童を保護すること等々、子どもたちの権利を詳細に列挙し、一九九〇年に発効した。わが国は一九九四（平成六）年五月に条約を批准した。

児童権利条約は、この条約において負う義務の履行の達成に関する締約国による進捗の状況を審査するため、児童の権利に関する委員会を設置し（第四三条）、この条約が効力を生ずる時から二年以内に、その後は五年ごとに、これらの権利の実現のためにとった措置及びこれらの権利の享受についてもたらされた進歩に関する報告を、国際連合事務総長を通じて委員会に提出することとしている（第四四条）。この規定に従い、わが国は、外務省が作成した報告書を「児童の権利に関する委員会」に提出している。他に、日本弁護士連合会や子どもの人権連などによるカウンターレポートも同委員会に提出されている。

日本政府が二〇一七（平成二九）年六月に委員会に提出した「第四・五回定期報告書」に対する委員会の「総括所見」は、二〇一九（令和元）年三月に正式な国連文書として公表されている。所見は五四項目にわたり、その多くは「〜するよう勧告する」という文言で結ばれているが、「〜するよう強く勧告する」「〜を深刻に懸念する」と、特に懸念を強調する文言が用いられている箇所が、前者では二項目、後者では五項目ある。「強く勧告する」としては、「子どもの権利に関する包括的な法律を採択し、かつ国内法を条約の原則および規定と完全に調和させるための措置をとる」こと（第七項）、「子どもの相対的貧困率がこの数年高いままであることに鑑み、かつ子どもの権利実現のための公共予算編成について……子どもに対する明確な配分額を定め、……資源配分の十分性、有効性および公平性の監視および評価を行なうための具体的指標および……予算策定手続を確定する」こと（第一〇項）が挙げられる。「深刻に懸念する」事項としては、「自己に関わるあらゆる事柄について自由に意見を表明する子どもの権利が尊重されていないこと」（第二一項）、「家庭および代替的養育の現場における体罰が法律で全面的に禁じられていないこと」

（第二五項b）、「一〇代女子の妊娠中絶率が高く、かつ刑法で堕胎が違法とされていること」（第三四項b）などが指摘されている。

「児童の権利に関する委員会」のこれまでの所見（例えば第三回政府報告書に対する二〇一〇年六月）に見られる指摘とも照らし合わせると、児童権利条約の実現に向けてのわが国の取り組みは、依然牛の歩みの感がある。一九五一（昭和二六）年五月に児童憲章を制定し、前文で「児童は、人として尊ばれる」と宣言し、すべての児童は、心身共に健やかにうまれ、育てられ、その生活を保障されるなど、「児童」を主語にして一二項目にわたる子どもの人権を宣言した割には、この国の政府関係者は、人権に関する思想・意識・感覚に疎いようである。

(2)　人権教育

社会生活において、人はともすれば他者に先んじ他者の上に立とうとする。差別はこうしたところからも生じる。他者に優越し他者を従え、他者を下に見ることによって自己を上位に置く、そのことに快感を覚える、あるいは、危険や不安に直面してそれから逃れようとするとき、差別に走る。わが国には、部落差別、アイヌ民族差別、韓国・朝鮮人差別、沖縄差別等々、幾つもの差別が存在してきたが、部落差別はその中で最も典型的な、差別の原点ともいうべきものである。

一八七一（明治四）年八月に、いわゆる解放令（太政官布告）が出され、以後「穢多非人」の呼び名を廃止し、「身分職業共平民同様」とすることになったが、実際には明治政府は解放のための政策を行わなかった。大正デモクラシーの雰囲気のもと、差別と貧困に苦しむ部落の人たちは、自ら部落解放のための運動を起こし、一九二二（大正一一）年三月、「全国水平社」を創立し、創立大会で、「長い間虐められて來た兄弟よ」に始まり、「人の世に熱あれ、人間に光りあれ」で結ばれる宣言文が読み上げられた。しかし被差別部落の人たちの社会的・経済的な苦難は長い間解決されることがなかった。

日本国憲法は、「すべて国民は、法の下に平等であって、人種、信条、性別、社会的身分又は門地により、政治的、経済的又は社会的関係において、差別されない」と定める（第一四条）。部落差別はこの平等原則と相容れないものである。差別解消の動きは、政府が「部落問題の解決を国策として取り組む」ために一九六〇（昭和三五）年八月、法律をもって総理府に設置した同和対策審議会が、一九六五（昭和四〇）年八月に出した答申と、これを受けて一九六九（昭和四四）年七月に制定された同和対策事業特別措置法（同対法）によって本格化した。同対法は当初一〇年間の時限立法であったが延長され、一九八二（昭和五七）年三月には地域改善対策特別措置法（地対法）が施行されて、「同和対策」は「地域改善対策」と名称変更した。その後何度か法改正が行われ、国の同和対策事業は二〇〇二（平成一四）年に終了した。この間に国際社会では、世界人権宣言四五周年を記念して一九九三年六月にウィーンで開かれた世界人権会議での決議を受けて国連が、「人権教育の国連一〇年」を定め、わが国もこれを受けて一九九五（平成七）年一二月、内閣に人権教育のための国連一〇年推進本部を設置し、さらに一九九七（平成九）年七月には、「人権教育のための国連一〇年」に関する国内行動計画を策定した。

部落問題の解決に向けては従来から学校などで「同和教育」「解放教育」が行われてきたが、右のような国内外の動きに合わせ、また教育現場での実践を踏まえて、新たに「人権教育」が取り組まれることとなった。二〇〇二（平成一四）年三月の閣議決定「人権教育・啓発に関する基本計画」は、人権教育の実施主体として学校、社会教育施設、教育委員会、社会教育関係団体、民間団体、公益法人などを挙げ、取り組むべき人権課題として、女性、子ども、高齢者、障害者、同和問題、アイヌの人々、外国人、HIV感染者、ハンセン病患者・元患者等、刑を終えて出所した人、犯罪被害者等、インターネットによる人権侵害、その他（例えば、同性愛者への差別といった性的指向に係る問題や新たに生起する人権問題など）を列挙した。二〇一二（平成二四）年一二月には「人権教育及び人権啓発の推進に関する法律」が制定された。同法は人権教育を「人権尊重の精神の涵養を目的とする教育活動」、人権啓発を「国民の間に人権尊重の理念を普及させ、及びそれに対する国民の理解を深めることを目的とする広報その他の啓発活動」とそれぞれ定義した上で（第二条）、「国及び地方公共団体が行う人権教育及び人権啓発は、学校、地域、家庭、職域その他の様々な場を通じて、国民が、その発達段階に応じ、人権尊重の理念に対する理解を深め、これを体得することができるよう、多様な機会の提供、効果的な手法の採用、国民の自主性の尊重及び実施機関の中立性の確保を旨として行われなければならない」としている（第三条）。多くの自治体では人権に関する委員会や協議会を設置して、「人権教育・人権啓発基本計画」などのタイトルで、閣議決定に列挙されている人権課題について当該自治体の実情を踏まえた文書・パンフレットを作成している。

こうした施策やこれに基づいた種々の実務・実践にもかかわらず、今なお部落の人たち、障害者、韓国・朝鮮人等に対するさまざまな差別行為はなくなっていない。これらの差別を解消することが喫緊の課題であるとして、二〇一三（平成二五）年から二〇一六（平成二八）年にかけて集中的に、差別解消に関する複数の立法がなされた。全ての国民が障害の有無によって分け隔てられることなく共生する社会の実現に資することを目的とする「障害を理由とする差別の解消の推進に関する法律」（障害者差別解消法　二〇一三年六月）、日本以外の出身者に対する不当な差別的言動の解消に向けた取り組みを推進することを目的とする「本邦外出身者に対する不当な差別的言動の解消に向けた取組の推進に関する法律」（ヘイトスピーチ解消法　二〇一六年六月）、部落差別の解消を推進し部落差別のない社会を実現することを目的とする「部落差別の解消の推進に関する法律」（部落差別解消法　二〇一六年六月）がそれである。

右のうち、ヘイトスピーチ解消法が制定される前には、朝鮮学校の周辺で政治団体が街宣活動で差別発言等を繰り返したとして、同団体の構成員らに対し損害賠償を求めた事件が生じている。判決は朝鮮学校側の請求を認めた。

「（被告団体構成員らは）『朝鮮部落、出ろ』『チョメチョメするぞ』『ゴミはゴミ箱に、朝鮮人は朝鮮半島にとっとと帰れー』『朝鮮人を保健所で処分しろー』……『日本の疫病神、蛾、うじ虫、ゴキブリは、朝鮮半島に帰れー』等の在日朝鮮人一般に対する差別的発言や、『ぶち殺せー』といった過激な大声で唱和が行われた事実が認められる。……いずれも下品かつ侮辱的であるが、それだけでなく在日朝鮮人が日本社会において日本人や他の外国人と平等の立場で生活することを妨害しようとする発言であり」「在日朝鮮人という民族的出身に基づく排除であって、在日朝鮮人の平等の立場での人権及び基本的自由の享有を妨げる目的を有するものといえるから、全体として人種差別撤廃条約一条一項所定の人種差別に該当するものというほかない」（京都地判平成二五年一〇月七日　判時二二〇八号七四頁）。ここでいう人種差別撤廃条約は、一九六五年一二月に国連総会で採択された「あらゆる形態の人種差別の撤廃に関する条約」のことで、わが国は、採択から三〇年後、国連が「人権教育の国連一〇年」を定めた一九九五（平成七）年一二月に批准したものである。条約の第一条第一項は「人種差別」を、「人種、皮膚の色、世系又は民族的若しくは種族的出身に基づくあらゆる区別、排除、制限又は優先であって、政治的、経済的、社会的、文化的その他のあらゆる公的生活の分野における平等の立場での人権及び基本的自由を認識し、享有し又は行使することを妨げ又は害する目的又は効果を有するもの」と定義している。大阪高判平成二六年七月八日（判時二二三二号三四頁）と最三決平成二六年一二月九日も京都地判と同旨である。この事件ではまた、同団体の被告らが侮辱罪・威力業務妨害罪・器物損壊罪で起訴され、いずれも有罪となり（京都地判平成二三年四月二一日）、他方、朝鮮学校は、市の公園を無許可で占用したとして略式起訴され、罰金の命令を受けている（京都簡判平成二二年九月九日）。

わが国の現状に鑑みるとき、差別はこれからも種々の機会と場で、意図的に、あるいは無意識のうちに、発生し続けるように思われる。二〇一六（平成二八）年七月に神奈川県の知的障害者施設「津久井やまゆり園」で、元同施設の職員であった男性が刃物で入所者一九人を刺殺し、入所者・職員二六人に重軽傷を負わせた事件は、障害者に対する犯人の確信的な差別・偏見・排除の言動とともに、被害者の家族が被害者の氏名を公表しないよう捜査当局や裁判所に求めるなど、この国の人々の深層に根強く存在する障害者への複雑な意識をあぶり出した。

かつて「オウム真理教」の信者の子ども達が地元の学校に通うことについて、地域のごく普通の住民たちが反対運動を起こしたことがあったが、これは信者の子どもたちの教育を受ける権利を奪う行動にほかならなかった。また、新型コロナウイルスの感染が流行した時は、感染者やその家族、感染対策に従事した医療関係者やその家族を忌避し、さらには、さまざまな職場の最前線で接客する従業員に「難クセ」をつけるなどの対応が報じられた。普段はおそらく善良な人々が、非日常的な追い詰められた場面では差別的言動に出てしまうことを物語る。それは、心の奥深くにその種子が潜んでいるからにほかならない。「いじめ裁判」が集中的に起きていた頃、小学生が入学まもなく同級生から、「病気持ち」「バイキン」などと囃し立てられた結果、自宅で突然笑い出したり風呂の水を飲むといった奇行を示し、小児神経症に罹患した事件があった。裁判所は、「学校教育という集団の場においては、児童が他の児童との接触や衝突を通じて社会生活の仕方を身に付け、成長して行くという面がある」と述べ、担任教師には過失はなかったとして、子どもの損害賠償請求を棄却したが（東京地判平成二年四月一七日　判タ七五三号一〇五頁）、ここで問うべきは、小学一年生がこのような差別語で同級生を罵倒するに至った背景である。子どもはおとな達の言動を日頃から耳にし、それをさまざまな場で再現する。子どもはおとなの言葉づかいを真似るのであり、子どものいじめ行為はおとな社会の反映にほかならない。

差別はいけないことだとは誰もが口にする。そう言いながら自分でも気づかないまま、わが身に降りかかった事態について差別の言動に出ることがある。差別問題の難しさはそこにある。詩人の村野四郎はかつて『詩人の鶏』という随想集の中で、「みどりの週間なので『樹木を愛しましょう』などといっているが、決して『雑草を愛しましょう』などといわないのは、人間が利用価値だけを考えている証拠」だと書き、「慈善団体の婦人会長が、骨つきのヒナ鳥の空揚(ママ)などをむしりながら、動物愛護の一席を弁じ」るのは、「これが人間愛の本質だからである」と書いた。差別の本質を的確に指摘して余りある。学校で「同和教育」を担当する教師が、自分の息子と付き合っている女性が部落出身であることを知って別れさせようとし、女性を自殺に追いやったという事件もあった。

教育・啓発によるスローガンは、偏見・差別を抑制し又はなくす手立てとしては万能薬でも特効薬でもない。子ども・おとな達に然るべき人権意識・人権感覚・人権行動を育て定着していくには、単なる理念や心構えや建て前や情緒や同情によってではなく、差別・偏見の理由と背景は何かを自らの問題として問い詰めると同時に、差別された者がどれほどの屈辱と苦痛を味わうかについての想像力を、生活全体を通して経験し、学び、身につけていくほかないであろう。同時に、より一般的には、自己中心的・排外的なポピュリズム、ないしは、不寛容で分断的な「デモクラシー」（いわゆる「イリベラル・デモクラシー」illiberal democracy）の世界的な蔓延という現代的状況をも、視野に入れて考える必要があろう。

(3) 法教育

規制緩和・競争原理・成果主義・自己責任などの標語のもと（新自由主義、ネオリベラリズム）、一九九〇年代からわが国では種々の改革が急速に進行したが、一九九九（平成一一）年七月、二一世紀のわが国社会における司法制度の改革と基盤の整備に関し必要な基本的施策について調査審議する機関として、内閣に司法制度改革審議会が設置され、小泉内閣が発足した年（二〇〇一年）の一二月に意見書が取りまとめられた。意見書は、裁判員裁判や法科大学院の制度の創設などを提言するとともに、国民の司法参加の拡充や司法教育の充実についても触れ、「学校教育を始めとする様々な場面において、司法の仕組みや働きに関する国民の学習機会の充実を図ることが望まれる。そこでは、教育関係者のみならず、法曹関係者も積極的な役割を果たすことが求められる」と述べた。

この意見書を受けて法務省は二〇〇三（平成一五）年七月、学校教育等における司法・法に関する教育・学習について調査・研究・検討するため法教育研究会を発足させ、翌二〇〇四（平成一六）年一一月に報告書を作成した。報告書は、「一九九〇年代以降始まった、各種の改革を経て、国民の自由な活動の範囲が広がる一方、自由な活動から生じ得る紛争を、法によって公正に解決することが、より強く求められることとなった」とした上で、「新たな時代の自由かつ公正な社会の担い手をはぐくむためには、法教育が必要不可欠である」との認識を示した。ここに法教育とは、広義には「法や司法に関する教育全般を指す言葉である」が、より具体的には、「法律専門家ではない一般の人々が、法や司法制度、これらの基礎になっている価値を理解し、法的なものの考え方を身に付けるための教育」のことで、「法律の条文や制度を覚える知識型の教育ではなく法や、ルールの背景にある価値観や司法制度の機能、意義を考える思考型の教育であること、社会に参加することの重要性を意識付ける社会参加型の教育であること」を特色とするとされる。

法務省は法教育を普及させるため、二〇〇五（平成一七）年五月に法教育推進協議会を発足させ、二〇一三（平成二五）年度には小学生向けに、二〇一四（平成二六）年度には中学生向けに、そして二〇一八（平成三〇）年度には高校生向けに、それぞれ教材を作成している。その構成は、小学校三・四年生向けが「友だち同士のけんかとその解決」「約束をすること、守ること」、五・六年生向けが「もめごとの解決」「情報化社会における表現の自由と知る権利」、中学生用が「ルールづくり」「私法と消費者保護」「憲法の意義」「司法」、高校生用が「ルールづくり」「私法と契約」「紛争解決・司法」で、それぞれ指導計画や単元や指導案などが示されている。法教育という特別の教科や、そのための特別の時間が設けられるわけではなく、法務省の教材も、例えば小学校では、「友だち同士のけんかとその解決」は特別活動の時間に、「情報化社会における表現の自由と知る権利」は社会科の時間に行われることを想定している。

法務省からの働きかけに応え、自治体においても法教育への取り組みが行われている。その形態は、都道府県の弁護士会や行政書士会や法務局などが講師を派遣したり、裁判の傍聴、模擬裁判やルール作りなどを行っている。例えば群馬県は県レベルの法教育推進協議会を設置し、その運営要領は、本県で学ぶ子どもたちに法的なものの見方や考え方を育成するとともに、学校関係者や保護者等と連携し子どもたちの健全育成の推進を図るため、学校関係者や保護者等と連携して、「学校への出前授業の実施及びＰＴＡ等への研修会等への講師派遣等の推進及び関連情報の提供」「学校における法教育等に関わる授業の支援（示範授業・授業研究会等の実施、研究協議会等の開催、法教育に関わるカリキュラムの構築、教材開発、情報提供等）」「その他（裁判傍聴、模擬裁判、法に関わる作文や小論文の募集等）」を行う、としている。二〇一五（平成二七）年六月に公職選挙法が改正され、二〇一六年（平成二八年）から選挙権年齢を二〇歳以上から一八歳以上に引き下げられたことや、「自己責任」でトラブルに臨むことを求められるようになりつつあること等により、学校における法教育の重要性は今後さらに強調されていくであろうが、裁判所見学ツアーとか模擬裁判などのパフォーマンスを重ねるだけでは、そのめざすところは必ずしも十分には果たせない。

かつて一九四七（昭和二二）年八月、文部省は中学一年の社会科教科書として、「憲法」「民主主義とは」「国際平和主義」「主権在民主義」「天皇陛下」「戦争の放棄」「基本的人権」「国会」「政党」「内閣」「司法」「財政」「地方自治」「改正」「最高法規」の全一五章から成る『新しい憲法のはなし』を発行した。そこでは例えば「主権在民主義」の章で、「こんどの憲法は、民主主義の憲法ですから、国民ぜんたいの考えで国を治めてゆきます。そうすると、国民ぜんたいがいちばん、えらいといわなければなりません」と記述され、「基本的人権」では、「人間は、草木とちがって、たゞ生きてゆくというだけではなく、人間らしい生活をしてゆかなければなりません。この人間らしい生活には、必要なものが二つあります。それは『自由』ということと、『平等』ということです」と記述された。大日本帝国憲法に代わって制定公布された新しい憲法の理念が、素朴にではあるが、印象深い挿絵を付し、未来に希望を託して生き生きと説かれている。この教科書は、戦後わが国における法教育の優れた教材であったが、一九五〇（昭和二五）年六月の朝鮮戦争勃発を境に使用されなくなった。

憲法・教育基本法体制のもとで新設された社会科の授業などで教師たちは、人権を尊重し、民主主義を成熟させ、戦争の惨禍を繰り返さないよう取り組んできた。憲法の基本原理である人権尊重・国民主権主義・平和主義に対する人々の意識は、しかし年を経て、憲法制定当時ほどの新鮮さや熱気を帯びておらず、憲法改正の波が次第に強まる中、人々はむしろあえて憲法の理念を思い起こそうとせず、現実の国際状況を引き合いにしながら、反故にしようとさえしているかのようである。日本国憲法はもとより不磨の大典ではないが、これが制定された歴史的背景に鑑みるなら、その歴史的教訓を記憶し続けるべきなのであって、押し付けられたとか社会情勢が変化したとかの理由で安易に書き変えるべき文書ではない。目下進められている法教育は、グローバル社会に直面し、国際競争に打ち勝とうとしているわが国において、規制緩和や自己責任に向けての力量を子どものうちから養うことを意図して学校教育の中に組み込もうとしたもので、憲法理念から逸(そ)れていく契機を孕んでいるような印象を受ける。教育は、政治（及び宗教）とは一線を画し、自由と自律と中立性・独立性を保持しながら営まれることを理念とするが、実際にはその理念とは裏腹に、あるいはそうした理念は空虚な「戯言(たわごと)」にすぎないと言わんばかりに、政治は教育に抜き差しならぬ影響を及ぼすのであり、現に政治によって左右され翻弄されてきた。現場教師の創意と工夫により展開されてきたこれまでの人権教育や主権者教育や平和教育が、行政主導のこの新たな法教育とどのように関わり合っていくかは、これからの教育のあり方ひいては日本のあり方にも小さからぬ影響を及ぼすに違いない。

引用・出典・参考文献

・文部省内教育史編纂会編修『明治以降教育制度発達史』第三巻、第五巻　龍吟社　昭和一六年

・文部省『学制百二十年史』ぎょうせい　平成四年
・石川　謙『近代日本教育制度史料』第五巻、第七巻、第二五巻　大日本雄弁講談社　昭和三一〜三三年
・文部省『学制百年史』帝国地方行政学会　昭和五〇年
・文部省『学制百二十年史』ぎょうせい　平成四年
・碓井正久編著『社会教育』第一法規　昭和四五年
・碓井正久教育論集Ⅰ『社会教育の教育学』国土社　一九九四年
・寺中作雄『公民館の建設：新しい町村の文化施設』公民館協会　昭和二一年
・国立教育政策研究所社会教育実践研究センター『二訂　生涯学習概論ハンドブック』平成三〇年
・生涯学習・社会教育行政研究会『生涯学習・社会教育行政必携　令和二年版』第一法規　二〇一九年
・森部英生『社会教育の裁判と判例』エイデル研究所　二〇〇六年
・佐藤一子『「学びの空間」としての公民館』岩波書店　二〇一八年
・高木八尺編『人権宣言集』岩波文庫　昭和三二年
・WEB：国連子どもの権利委員会総括所見日本語――日本弁護士連合会
・Wikipedia：京都朝鮮学校公園占用抗議事件
・門田秀夫・植田　都『人権問題の歴史と教育』明石書店　二〇〇一年
・森部英生『教育トラブルの解決と処理』ぎょうせい　二〇〇七年
・村野四郎『詩人の鶏』酒井書店　昭和三二年
・樋口陽一『リベラル・デモクラシーの現在』岩波新書　二〇一九年

あとがき

二〇二〇年初頭に始まった新型コロナウイルス感染拡大の世界的パンデミック状況のもと、わが国では、東京オリンピック・パラリンピックの延期が決定され、学校は長期の臨時休校となりました。「国難」の語が飛び交い、四月には「非常事態宣言」が出され、それがさらに延長となり、解除されてからも、集会や往来や企業活動等感染拡大や「第二波」への警戒を名目にあれこれと制約を受けて、人々の生活に甚大かつ深刻な影響が及びました。不安と混乱につけ込んだ悪質な商法や詐欺が横行し、過度に神経質となった人々の間で、感染者たちに対する種々の差別や、「自粛」をめぐる無用の監視・非難・攻撃も生じました。諸外国の中には、感染拡大防止を理由に強権を発動した権力者や、事態を政治的に利用した政党・政派の領袖・幹部もいました。グローバル化と新自由主義によって加速された高度文明社会の脆弱さと醜悪さが、奇しくもコロナ禍によって改めてあぶり出されたのです。

非常事態宣言が出される直前には、障害者施設「津久井やまゆり園」での殺傷事件に係る裁判で被告人に死刑が（横浜地裁令和二年三月一六日判決）、児童を虐待死させた父親に重い懲役刑が（千葉地裁令和二年三月一九日）、それぞれ言い渡されました。

気が滅入る出来事が続くさなかに、私は本稿を書き終えました。

本書の執筆を思い立ったのは、大学を退職して二年半ほど経った二〇一九年の秋のことです。在職当時は山積みになっていた蔵書や資料はすでにほとんど「断捨離」してしまっており、講義用に控えてあったノートやメモ類も、授業のたびに学生たちに配布していたペーパーも、残っていません。手元に何もない状態で本を書こうなどというのはいかにも無謀なことでした。

長い間教員養成の仕事に携わっていた私は在職中、自分の本来の「専門」である教育法学のほか、教育制度、教育行政、教育管理、学校経営、教育原理、教育方法、生徒指導、特別活動、教師論、社会教育、教育史等々、あげくの果てに道徳教育さえをも担当しました。本書の執筆にあたっては、かつて担当したこれら科目の、その多くはにわか仕込みで準備した授業を思い浮かべ、最近の教育学テキストがどのような内容と構成になっているかなどを参考に、とりあえず目次を作成することから始めました。何度も目次を練り直し、盛り込むべき具体的内容と、そこで参照・引用すべき文献や資料のリストを作り、執筆を開始しました。

執筆の途中で文献・資料に当たる必要が生じると、そのたびにパソコンを閉じ、急いで近くの大学図書館や県立図書館・市立図書館に出向きました。知り合いの若い研究者や、かつて勤務していた大学の附属図書館に頼んで、コピーを送ってもらったことも何度かありました。今は校長先生を務めている「教え子」に電話して、現場の様子を聞き取りもしました。若い頃はがむしゃらに論文らしき駄作を書きなぐっていたものですが、この齢になってもまだ辛うじて、物を書く気力はどこかに残っていたようです。「雀百まで踊り忘れず」。

私は大学で、最初は教員の見習いとして助手を二年間、その後国立大学で二九年間、定年を待たずにそこを辞めて私立大学に転出して二年間、さらに別の私大に移って八年間、主に小・中学校の教師を養成する学部で仕事してきました。国立大学に就職して初めの数年間は、「学園紛争」の後ではありましたが、まだ「大学・学部の自治」「学問・教授の自由」の名残があり、それなりに大学らしい雰囲気の中で教育・研究に従事することができていました。学生たちも自由で批判精神に富んでいて、キャンパスには政治問題を扱ったタテカン（手書きの大きな立て看板）もありました。しかし、まもなく、自治会に関係していると教員採用に不利になるという噂が学生たちの間に流れ、あるいは流され、自治会と学生新聞が消えてなくなりました。

教育改革が進行するにつれ、大学も変質しました。規制緩和に伴って、設立者の個人的な信念や家訓めいた理念を掲げる私立大学があちこちに新設されました。文部科学省の「学校基本調査（令和元年度）」によると、私たちの世代が進学した頃（一九六〇年度）には、国公私立・計二四五校であった大学は、今や（二〇一九年度）計七八六校に及んでいます。何をするのかよくわからないキラキラネームの学部も見受けられます。校舎やロビーや庭園が豪華なこと、楽しいサークルがいっぱいあること、学生の面倒見がよいこと、資格が幾つも取れること、就職率が高いことなどが、大学の社会的な評価の決め手だとする経営感覚が大学人の間に浸透しました。オープンキャンパスなるものを開催して周辺の高校生や進路担当教師や保護者たちを集め、見栄えのするデータをかざしながら大学の特色をアピールし、学園グッズを配布し、学生食堂で特別メニューのランチを提供し、学内ツアーと称してキャンパス内を連れ歩いたりすることが、定例行事になりました。あたかも大学が自らを商品として売り出しているようでした。一方で、大学の教員たちは、研究業績の評価の流れが質から量に移ったことにより、ウケを狙った「論文」を量産することに汲々としています。丸山真男や藤田省三が言う「学問の芸能化」現象でしょうか。

現職時代には私も人並に幾つかの学会に所属しましたが、どの学会でも役員就任などとは縁遠く、終始「その他大勢の会員の一人」で過ごしました。それを奇貨として私は気の向くまま、好き勝手なエッセイを書いてきました。大学を退き、学会からも身を引いて、一段と自由になった今、誰にも気兼ねなく、この国の教育を自分なりに眺め直そうとしたのが本書です。同時に、本書はまた、大学にあって私自身がこの国の大学（教員養成学部）の「高度文明的歪み」の一端を担ったことに対する、自己批判でもあります。

ひと通り書き終えた後も、足りないところや抜けたところ、直したい箇所が次から次へと出てきましたが、加除訂正を繰り返してもきりがないので、とりあえずこれで打ち止めにします。最後まで読み進んでくださった読者に深甚の敬意と感謝を表します。お疲れになったことでしょう。ありがとうございました。

出版事情が極めて厳しい折、本書の公刊を快くお引き受けくださった川島書店には、心からお礼申し上げます。編集部の松田博明さんには、一九八七年に同書店から拙著『入門教育学十五講』を出させて頂いた折にもお世話になりました。三〇余年ぶりに再びご一緒できて感無量です。

二〇二〇年七月　名古屋市菊住にて

森部　英生

最高裁判所（年月日順）

大審院（年月日順）

高等裁判所（年月日順）

判例索引

〈わ 行〉

〈ま 行〉

〈や 行〉

〈ら 行〉

〈さ 行〉

事項・人名索引

著者略歴

森部　英生（もりべ　ひでお）
1942年生　群馬大学名誉教授　博士（教育学）
東京教育大学（現筑波大学）教育学部（教育学専攻）、同・文学部（法律政治学専攻）卒業
東京大学大学院教育学研究科修士課程修了、同・博士課程単位取得退学
東京大学助手、群馬大学教育学部長、東京福祉大学教育学部長、高崎健康福祉大学人間発達学部長、上越教育大学監事など歴任
専門は教育法学

主な単著
『入門教育学十五講』（川島書店　1987年）
『学校管理職のための教育判例研究』（学校運営研究会　1991年）
『社会教育の裁判と判例』（エイデル研究所　2006年）
『教育トラブルの解決と処理』（ぎょうせい　2007年）
主な共編著
『生徒指導の研究』（大石勝男と共編　亜紀書房　1992年）
『生涯教育・スポーツの法と裁判』（三浦嘉久と共著　エイデル研究所　1994年）
『教育法要説』（入澤 充と共著　道和書院　2008年）

書き下ろし
教育学特別講義

2020年9月30日　第1刷発行

著　者　森　部　英　生
発行者　中　村　裕　二
発行所　㈲　川　島　書　店

〒165-0026
東京都中野区新井 2-16-7
電話 03-3388-5065
（営業・編集）電話 048-286-9001
FAX 048-287-6070

© 2020
Printed in Japan

印刷・製本　モリモト印刷株式会社

落丁・乱丁本はお取替いたします　振替・00170-5-34102

＊定価はカバーに表示してあります

ISBN978-4-7610-0939-7　C3037

学校のパラダイム転換

高橋勝 著

本書は，現代の学校が直面している諸問題について，教育人間学的アプローチを試みたもので，従来の学校観にかわる新しい学校のパラダイム（枠組み）が，著者のみずみずしい文章をとおして語られていく。「子どもの自己形成空間」につづく待望の姉妹篇。　★四六・228頁 本体2,200円

ISBN 978-4-7610-0610-5

山峡の学校史

花井信 著

第一部は群馬県吾妻郡の地域学校史。第二部は日本近代教育史研究を開拓した唐沢富太郎・海老原治善・中野光・中内敏夫の研究を批判的に跡づける。戦中下に生きた人たちの同時代教育史と訣別する，団塊世代の著者による新しい地域学校史の試み。　★A5・246頁 本体4,000円

ISBN 978-4-7610-0876-5

教育の原理を学ぶ

遠藤克弥・山﨑真之 著

本書は，教育のおかれた困難な現状を意識して，教育を考える/教育の目的と目標/欧米の教育の歴史と思想/学校教育制度/教育課程/教育の方法を考える/子どもが育つ教育経営，という内容によって，教育の原理を読み解くことに努めた，新テキスト。　★A5・160頁 本体1,900円

ISBN 978-4-7610-0902-1

詩のあしおと―学級通信の片隅から

堀 徹造 著

日刊の学級通信を，新任の頃から30年にわたって続けてきた著者は，毎号通信の片隅に，詩を掲載してきました。取り上げてきた1700を超える膨大な詩人の作品の中から，選りすぐりをまとめたのが本書で，読むと自分も詩をつくってみたくなります。（書評より）　★四六・146頁 本体1,600円

ISBN 978-4-7610-0909-0

日本教育の根本的変革

村井実 著

私の率直な見解は，「教育」というのは，少なくとも日本では，もともと日本国民個々人の人間的成長や充実や成熟を意図したものではなく，またそうしたことに役立とうという性質のものでもなかったのではないか？ということである。著者渾身の問題提起の書。　★四六・186頁 本体2,000円

ISBN 978-4-7610-0896-3

川 島 書 店

http://kawashima-pb.kazekusa.co.jp/（価格は税別 2019年12月現在）